政务传播实务

张志安 著

中山大学出版社
SUN YAT-SEN UNIVERSITY PRESS

·广州·

版权所有　翻印必究

图书在版编目（CIP）数据

政务传播实务/张志安著.—广州：中山大学出版社，2019.12
ISBN 978 - 7 - 306 - 06792 - 0

Ⅰ.①政… Ⅱ.①张… Ⅲ.①国家行政机关—宣传工作—研究—中国 Ⅳ.①D63

中国版本图书馆 CIP 数据核字（2019）第 279191 号

出 版 人：王天琪
策划编辑：徐诗荣
责任编辑：徐诗荣
封面设计：宋鹏飞　林绵华
责任校对：王　睿
责任技编：何雅涛
出版发行：中山大学出版社
电　　话：编辑部 020 - 84111996，84113349，84111997，84110779
　　　　　发行部 020 - 84111998，84111981，84111160
地　　址：广州市新港西路 135 号
邮　　编：510275　　　　传　真：020 - 84036565
网　　址：http://www.zsup.com.cn　E-mail：zdcbs@mail.sysu.edu.cn
印 刷 者：广州家联印刷有限公司
规　　格：787mm×1092mm　1/16　19.75 印张　313 千字
版次印次：2019 年 12 月第 1 版　2020 年 7 月第 2 次印刷
定　　价：45.00 元

如发现本书因印装质量影响阅读，请与出版社发行部联系调换本书是中山大学广东省舆情大数据分析与仿真重点实验室、广州大数据与公共传播重点研究基地、广州市青年马克思主义理论人才培养研究重点基地以及复旦大学媒介素质研究中心研究成果。感谢中共深圳市罗湖区委宣传部、广州市越秀区委宣传部的支持。

序一　当前舆论治理的瓶颈和突破路径

张涛甫

互联网成为当下中国最大的社会变量，由此引发的舆论问题，已经成为社会管理者的重大关切。甚至于有些人把舆论治理看成社会治理的重中之重，进而将其视为社会治理逻辑的首要前提。虽然这一认识不无道理，但如果过于强调舆论治理的重要性，就会走偏，从而进入认识的误区，进而陷入行动的误区。在社会结构中，舆论问题是面上问题，但不是支撑社会系统的支点性问题。舆论治理固然重要，但它只是社会治理的一部分，而且不是其最重要的那部分，更不能成为社会治理的全部。当下，舆论治理进入了空前的瓶颈期。这迫切需要我们尊重传播规律，正确对待舆论治理。

一、舆论治理：从无感到敏感

把社会舆论放在近40年的时间区间里加以观照，就会发现，我们对社会舆论的认识和实践，经历了一个周期性的变化，即从一个对社会舆论无感、盲目、被动的状态渐渐进入敏感、自觉、主动的状态。

以"SARS（非典型肺炎）事件"和"孙志刚事件"为标志，可分为两个时期。前一个时期，我国的社会治理者对舆论的敏感度整体不高，在应对舆论事件上，主动意识不强，应对也比较被动。有的管理者把注意力和精力主要用于实体性风险上——我称这种实体性风险为"硬风险"，而对于舆论风险这一类的"软风险"，我们的敏感度不高。这除了与社会管理者对社会舆论的认识程度有关以外，还主要与我国社会转型的阶段性特征有关。在前一个时期，中国改革的重心放在发展"硬实力"方面，即发展经济，大部分的注意力主要集中在发展GDP（国内生产总值）上。整个社会，从上到下，都在为经济发展打拼，对于经济之外的其他方面，有时不甚重视或无暇重视。这个时期的社会舆论处在一种"自生自灭"的状态，即便有舆论事件发生，也属于偶发现象，所以，一些社会治理者对此也不大用心。因此，在这个时期，对于社会舆论特别是舆论事件的反应是冷感的、盲目的、被动的。

但这种状态难以为继，随着社会转型的深入推进，社会张力加大，社会矛盾在累积，积少成多。当有些社会情绪得不到及时的纾解，日积月累，就会变成高悬于社会之上的社会情绪"堰塞湖"。社会学家把这种社会情绪称之为"结构性怨恨"。

这种"结构性怨恨"经过长期的淤积、发酵、沉淀，会转化为社会化激情的土壤。若遇到宣泄的出口，就会奔涌出来，形成舆论波澜，甚至会兴起舆论风暴。在互联网语境下，这种社会情绪就会在网络空间呈现出来，且更具有传染性，表现也更为明显。尤其是在互联网"极化"机理驱动之下，极端社会心态野蛮扩张。这种极端的社会心态有些是因为社会转型带来的结构失衡造成的。

社会情绪作为社会结构河床上的流体，其波动起伏由社会结构河床决定。在社会转型时期，出现社会情绪的异样反应，甚至出现一些激烈反应，不值得大惊小怪。但如果一种逆向流动的社会情绪成为常态，甚至激烈的社会情绪成为常态，就不正常了，一旦这种社会情绪被固化为某种结构性的社会心理基调，即沉淀为社会"结构性怨恨"，就会蓄积为一种不可小觑的心理势能，这种心理势能遇到某种社会机遇，或受到某些外力的引动，可能会释放出巨大的社会能量，对现有的社会秩序或结构造成冲击或威胁，甚至会引发出乎意表的社会危机。①

舆论治理就是被这种不断加压的舆情局势推上社会管理议程的。"发展是硬道理"，发展GDP固然重要，但仅靠GDP"单飞"，那发展也是不可持续的。当"软风险"快速累积时，则会引发舆论危机的集中释放。以"SARS事件"和"孙志刚事件"为标志，舆论事件开始进入多发期。"SARS事件"属于天灾，是纯粹的小概率事件，但引爆的不安全感则是深广的；"孙志刚事件"则是地地道道的人祸，因个别社会管理者的权力

---

① 张涛甫：《防止"结构性怨恨"引发改革危机》，载《南方都市报》2012年3月29日。

任性，导致一个公民的非正常死亡。"SARS事件"和"孙志刚事件"，引爆了社会舆论的大地震，释放天量级的舆论当量。以此为标志，中国进入舆论治理快车道，其中一个重要的变化就是政府新闻发言人制度的全面推进。国务院和各大部委的新闻发言人密集出笼，紧随其后的是地方新闻发言人也次第出炉，形成了"新闻发言人热"。此后，舆论治理成为各级管理者的关注重点，大家无不意识到舆论的重要性。尤其是在互联网语境下，一次意外的行动差失，造成舆情侧漏失控，就会让地方或部门的形象严重受损。

当下，各级社会管理者对于舆情的重视几乎是"满格"的、全方位的：不仅在思想上高度重视，在行动上也很重视。有些管理者，为了防止出现舆情事件，宁愿让其他事情慢下来，也要把舆情问题安顿好，做好舆论风险的防范和舆情处置工作。相对于此前的不重视、不敏感、不作为而言，现在的社会管理者对舆论的重视、敏感、主动，无疑是一种进步。

二、舆论治理瓶颈

对舆论的重视、敏感、主动，存在"度"的把握问题。如果从一个极端走向另一个极端，就会造成新的不平衡，引发新的危机。当下的舆论治理，就面临这样的境遇。主要表现如下：

1. 舆论"过敏"

对社会舆论无感、冷漠肯定是不对的，但也不能过于敏感。在互联网高度发达的今天，舆论传播从技术上实现了全国联网，无远弗届，"天涯若比邻"，舆论流动突破了时空的限制，即使是"天涯海角"也并非舆论的死角；舆论表达突破了传统社会网络的制约，"罐头式"的管理也并非万无一失；技术活性带来了舆论表达的活力，舆论表达易如反掌。

在这种语境下，舆论风险高企，进而成为社会管理的压倒性风险。如果把"软风险"升级为首要风险，而忽视"软风险"背后的"硬风险"，这就在风险认识上进入了误区，是一种本末倒置。舆论治理固然重要，但它不具有排他性和唯一性。舆情是社会的"皮肤"，规制的设立与实施应该帮助管理者明确——从舆情的表达中发现和解决社会深层问题这一首要目标，因为舆情的发生其实是由现实的社会问题、社会矛盾来决定的，如果仅仅把它看作是话题引导的问题，那是治标不治本的。①

舆论本质上是一种社会表征，而不是社会本质性的结构。当前有些人把舆论视为重中之重，是一种"过敏"的反应。把舆论问题看得过于沉重，势必造成认识上的扭曲和行动上的变形。我们应以一种平常心待之：既不能看得太轻，也不能看得过重。

2. 舆论认知偏向

当前社会舆论所处的语境所发生的深刻变化，多是由互联网这一中国社会最大社会变量撬动的。相对于传统舆论环境，互联网舆论环境的关联变量更加复杂，舆论的生成、演化机理也更加复杂，把握舆论规律的难度空前巨大，其成本也特别高。

然而，时下我们对于舆论的认知，未知远远大于已知。无论是学界还是业界，双方对于社会舆论的认知、理解还流于表面化、片面化、简单化。业界对于舆论认知的把握多来自一线的经验，从丰富的经验材料中提炼出规律性和相关性，但缺乏理论抽象和本质性提炼；学界对于社会舆论的把握，也相对滞后、片面和表面。比如，学界对于"后真相"现象的解释，还多停留在概念的层面，人云亦云者甚多，很少有人真正在理论上把它说清楚。"后真相"的本质在于"真相"建构的场景、主题、机制发生了深刻的变化。在"真相"情境"去在场"化的情景下，虚拟空间与现实空间可任意切换、穿越，事实与其发生的场景可间离开来。人们见证"事实"也不一定要在场，更多人对于事实的感知都源自不在场的"围观"。这种由远离现场的"围观"所建构的"真相"，必然是基于围观者立场的信息选择和拼贴，带有主观建构性。

我们对于社会舆论的认知、理解的表面化、片面化、简单化还表现在：仅仅在舆论的表层上把握舆论，而不能深入到舆论地表之下，深层次地探求引发舆论的社会心理和社会结构之因。其中，社会心态是绕不过的关键层面。如果不深究社会心态的结构、机理和逻辑，仅在表象层面兜圈子，则难以触及社会舆论的深层逻辑。社会心态是在一定时期的社会环境

---

① 喻国明：《网络舆情治理的要素设计与操作关键》，载《新闻与写作》2017年第1期。

和文化影响下形成的，社会中多数成员表现出的普遍的、一致的心理特点和行为模式，并成为影响每个个体成员行为的模板。① 在一个剧烈变动的社会中，社会心态既是社会变迁的表达和展示，也是社会建构的一个无法忽视的社会心理资源与条件。

正因为如此，"民意"和"民心"的重要性总是作为政府部门的行政基础不断被提及。可以说，社会心态是社会的"晴雨表"和"风向标"。人们通常把社会心态分为社会认知、社会态度与价值观念、社会情绪和社会行为策略，但实际上这些内容是时刻融合在一起的。②

3. 舆论治理的目标与逻辑不清晰

如今，有些社会管理者把社会治理的重心放在舆论治理上。这是值得警惕的偏向。学者喻国明认为，网络舆情治理规制的首要目标不是"治"舆论，而是透过舆论发现和解决社会问题，并在规制构建中体现网络舆论场域的复杂性要求，理解和把握网络内容生产机制中的关联性，保护意见成分的多样性规制的第一要义是治理目标。科学正确的管理应将舆情的反映作为一个重要的参照系来安排社会政策和进行社会管理，以实现社会运作的科学调整和改善。所以，一定要发挥舆情作为调整社会政策的重要参照系的功能。如果就舆情而说舆情，有时是没有答案的，因为这并不是一个简单的技巧和应对方式的问题，而是整个社会系统中的重要一环。明确这一点，对于把握舆情的社会治理在方向上和基本逻辑上是否正确非常重要。③ 一些地方将治理工作的重心从"疏浚河道和河床"转移到"导流河水"上了，也就是说，将治理重点从社会治理转移到了舆论治理上了，这种重心的转移，实际上是忽视了社会治理和舆论治理亦即"硬风险"与"软风险"之间的紧密联系，致使整体的治理效果大打折扣。

---

① 王俊秀：《关注社会情绪 促进社会认同 凝聚社会共识——2012—2013年中国社会心态研究》，载《民主与科学》2013年第1期。
② 王俊秀：《中国社会心态：问题与建议》，载《中国党政干部论坛》2011年第5期。
③ 喻国明：《网络舆情治理的要素设计与操作关键》，载《新闻与写作》2017年第1期。

三、舆论治理的突破路径

1. 对舆论风险需要用正确的姿态予以重视

在网络社交飞速发展的今天,网上的舆论风险居高不下,舆论危机易发,这是我们重视舆论治理的理由。但重视归重视,我们还需要以正确的姿态来对待它。对待潜在的网络舆论风险,我们不应当过于敏感,而应当科学、正确地来看待。

其实,舆论反应是社会系统的正常反应。如果社会系统不正常,出现系统失衡或结构失调,就会从社会舆论上反映出来,这是社会问题由里及表的反映。我们应当通过对社会舆论这一表征,来观察社会系统失调的症状,进而研究其病理,这正如中医通过"望闻听切"来探察病理一样。我们不应当把舆论看成社会第一性的问题。如果我们将社会舆论孤立地看待,只是就舆论看舆论,把舆论治理作为社会治理的根本问题加以处置,而不能从一个完整的社会系统出发去进行治理,这无疑是舍本求末,弄错了问题的方向。

2. 缩小认知的未知面,致力于舆论规律的认知突破

在互联网语境下,网民心态异常复杂,其行为变幻莫测,要将网民的注意力和舆论表达导入预定的轨道,其难度超乎想象。在不同的网络场域,网民行为的具体表现也会不同。学界对中国当下复杂的舆论规律的把握也存在不足,对不同舆论场域舆论机理的洞察还远远不够,面对一个个理论"盲井",舆论治理的质量和效果甚为有限。

近年来,学界利用大数据技术进行社会情绪和社会心态分析,这方面的技术取得了较大的进展。这一技术手段,为探求互联网舆论场景中的群体态度和集群表达行为,提供了一个相对有效的路径。但是,数据挖掘和自然语言处理对于海量舆情数据的打捞和梳理,局限性还很大,仅仅找到关联变量的相关性,还不能等同于发掘了舆论规律,也就是说,大数据技术只为探索舆论规律提供了一个入口,我们前方的未知面还很大。

3. 打通社会舆论、社会心态、社会结构纵贯线

社会舆论、社会心态、社会结构构成了中国舆论治理的三维框架。这

个三维框架构建了中国舆论治理的理论逻辑和实践基座。此前,无论是在理论层面还是在实践层面,均将三者割裂开来,造成了理论和实践的双重局限。

社会舆论是悬浮于社会心态和社会结构之上的流体意识,是社会态度和社会情绪的即兴表达。社会舆论浮游于公共空间,显现于公众视野,它是看得见的社会意识景观。但其流动、易逝,变动不居,把握难度较大,对舆论风险的预判和防范难度也很大。

社会心态是"中间层",它在社会舆论和社会结构之间充当中间变量。社会舆论与社会心态的联系比较直接,社会舆论是社会心态的即时表达,当某种社会心态被某个公共话题引爆,就会以舆论的形式表现出来。

社会结构则是舆论治理的底座。它处于社会舆论和社会心态的底层,成为支撑社会舆论、社会心态的基础硬件。社会结构若是断裂的,意味着社会河床也会断裂,那么处于它之上的社会舆论和社会心态也不可能是平静的,有什么样的社会结构,可能就有什么样的社会意识。[①] 有效的舆论治理,必须贯通社会舆论、社会心态、社会结构,由表及里,全线贯通。如果只是在舆论治理这个层面兜圈子,则难及根本。

(本文作者张涛甫系复旦大学新闻学院教授、执行院长,教育部"长江学者"特聘教授。本文首发于《新闻与写作》2018年第6期,第65~68页。本书收录时有所修订。)

---

① 张涛甫:《传播格局转型与新宣传》,载《现代传播》2017年第7期。

序二　互联网、政务传播与国家治理现代化

张志安　吴　涛

中国已经成为世界互联网大国。继 1994 年首次接入国际互联网后，经过 20 多年的发展，截至 2018 年 12 月，我国网民规模达 8.29 亿，手机网民规模已达 8.17 亿[①]。互联网尤其是移动互联网普及带来的大规模用户"即时在线"、互联网产业的高速增长给经济结构带来的刺激和调整、互联网舆论对社会心理的冲击和意识形态的影响，都构成了当下中国社会加速转型的重要动因和背景。充分认识和把握互联网带来的压力、机遇和挑战，是国家治理、公共管理和政务传播领域亟须思考的问题。

一、互联网治理与国家治理的同构性

过去 20 多年，互联网技术的迅速普及和互联网应用的日新月异，既催生了庞大的网络产业，也带来了巨大的社会压力：一则，互联网作为"媒介"，可能发挥信息突破的管道作用，让过去政府或可有效控制的信息借助边缘突破的方式获得相当程度上的传播；二则，互联网作为"技术"，尤其是社交媒体的传播效能，会给一部分试图进行社会动员的公众赋权，从而更可能基于线上交往而产生线下行动；三则，互联网作为"空间"，给公众的意见表达和舆论监督提供了前所未有的平台，直接生成的网络舆论以及由此形成的民间舆论场可能会对相关治理造成一定压力。

身处网络社会崛起所带来的全新社会景观，互联网治理已成为国家治

---

① 中国互联网络信息中心：《第 43 次〈中国互联网络发展状况统计报告〉》，见中国互联网络信息中心网（http://www.cnnic.net.cn/hlwfzyj/hlwxzbg/hlwtjbg/201902/t20190228_70645.htm）。

理的重要组成部分。以美国为例，已经依靠先发优势建立起网络空间的国家整体战略部署，并形成比较成熟的互联网治理体系，具体体现为顶层设计能力（国家战略层面的重视和制度设计）、社会化能力（建立由政府、协会、企业、智库等多元行为主体共同参与的管理体系）、协同化能力（建立由其他公司、部门组织间信息交流、合作共享机制）三种能力。这三种能力的背后，体现的是国家治理过程中对自由、开放等互联网治理核心精神的认识。

实际上，互联网治理可以为国家治理提供丰富的资源和动力。国家治理理念中包含着开放、平等、对话、协商的意蕴，而这种意蕴跟互联网治理的内在精神是高度契合的，因此，互联网治理跟国家治理具有相当程度的同构性。

二、互联网给政务传播和国家治理带来的机遇

作为技术工具的互联网能够为新闻发布、政务传播、国家治理带来诸多新机遇。

1. 在互联网时代，公众参与公共决策更加便利，这有助于提高政府决策的科学性、透明性和参与性

互联网的技术特点使得信息传播方式更加开放、传播范围更广、传播成本更低。借助于互联网，更多的社会公众参与到信息传播的过程中来，公民也有了更多的知情权、表达权和监督权。如果相关部门能够改变传统的管制思维，建立准确有效的舆论分析和民意研判体系，在公共政策制定和社会治理过程中充分尊重民意，将有助于提升决策的开放性和科学性。在这方面，各级地方政府要更擅于跟踪和研判网络舆论，不断完善突发事件舆情应对和风险沟通体系，并且在公共决策中更加注重舆情风险评估等工作。

2. 借助互联网平台，新闻发布、信息公开等政务传播的速度更快、效率更高，而且更具灵活性和自主性

大力加快政府网站、政务微博、政务微信、政务客户端建设，并投入人力、物力做好运营维护和交流互动，可以使政府信息公开、新闻发布的

平台更多元、速度更及时、范围更广泛，由此，有利于实现更具有灵活性、自主性、可控性的政务传播。以目前规模已达数十万个的政务新媒体为例，它们在信息发布、危机管理、政务服务等多元功能上已发挥重要作用，成为网络舆论场中积极设置议题、回应社会关切、正面引导舆论的行动者。

3. 各级政府可以充分利用互联网开展网络问政和社会监督，助力国家治理现代化

一些政府部门存在的行政效率不高等问题，在某种程度上成为我国实现国家治理现代化必须跨越的障碍，而借助互联网、依靠人民群众的社会监督则可以更加有效地解决这些问题。例如，电子政务的发展有助于提高行政效率，而网络举报制度有利于遏制官员腐败。

综上所述，互联网不仅能够为普通公民参与国家治理提供前所未有的技术赋权，而且能够切实推动政府治理水平和效率的提升。

三、互联网给国家治理带来的挑战

当然，我们也应看到互联网也给国家治理带来了一系列挑战。作为国家治理的有机组成部分，互联网治理的好坏也是影响国家安全、经济发展与社会认同的重要因素。

首先，互联网安全事关国家安全，需要国家主导、多方协同，强化网络安全保障。我国在成为互联网大国的同时也正遭受着大量攻击性风险。病毒传播、信息窃取、黑客攻击等严重危害着国家安全。保障网络安全已经成为各国互联网治理的共识。但是，想要充分保障网络安全、建设网络强国，仅仅依靠政府是不够的，我们还需要建立与其他公私部门组织间的信息共享机制，与企业、科研机构、国际组织等网络空间行为主体密切配合，形成紧密沟通、高效协同、开放合作的机制和体系。

其次，互联网是经济发展的引擎，政府如何以市场为主导、以服务为本位，形成促进互联网经济健康发展的科学治理体系，无疑是当务之急。截至2019年2月，腾讯、阿里巴巴的市值均已达4000多亿美元，伴随着这些互联网巨头崛起的是整个互联网经济的高速发展和中国正在日益形成

的全球领先地位。与此同时，在相应的产业治理方面，我国却还没有做好领先全球的准备。

实际上，中国互联网产业长期在没有专门政府部门的管理下"野蛮生长"。在互联网经济发展过程中，长期存在的一个问题是互联网产业发展的速度要远远快于政府政策出台的速度。可以说，我国互联网经济的繁荣在很大程度上应该归功于"市场"这只"看不见的手"。按照现代治理理论，对于我国的互联网产业，我们大可依赖市场自身，建设服务型政府。因此，我们可以依靠各私营组织、行业组织来充当治理的主体，以行业自律、行业公约为治理手段，最终实现互联网产业的健康发展。

最后，互联网的多元化有时会扩大社会分歧，所以，加强社会信任、弥合社会分歧也是网络治理的重要目标。互联网在给予公民更多表达空间、参与公共事务机会的同时，也产生了降低社会认同、影响社会理性的负面效应：网络谣言屡屡出现，有时还会造成社会恐慌，破坏公民群体之间的相互信任；网络舆论众声喧哗，既有公民的合理诉求，亦不乏偏颇过激之语，"网络舆论场"与"官方舆论场"的错位往往造成官民对话的艰难；网络暴力更是从线上延伸到线下，利用互联网作为传播工具进行网络动员，冲击着一些公民的日常生活乃至人身安全；等等。而这些问题的解决，不仅仅是政府的事，更需要全社会的参与和努力。

总之，互联网正改变着国家的政治、经济、社会、文化和技术生态，在互联网影响和创造的全新社会场域中，政府须应对新的治理环境，实现从效率优先到公平公正、从被动应付到积极应对、从"善政"到"善治"的治理转型。

（本文作者张志安系中山大学传播与设计学院院长、教授，吴涛系南京师范大学新闻传播学院讲师。本文主要内容原以《互联网对国家治理的挑战与机遇》为题首发于《中国社会科学报》2015年1月21日B01版。本书收录时有所修订。）

目录 CONTENTS

第一章 网络生态与政务传播

新新闻生态系统的变革与未来　/ 3
政务传播的移动互联网策略　/ 9
网络谣言的监管困境与治理逻辑　/ 15

第二章 新闻发布与公共沟通

中国互联网25年与新闻发布变迁　/ 25
新闻发布助力改革开放：回顾与展望　/ 33
新闻发布：公开与控制的双重反思　/ 41
新闻发布的制约因素及保障机制　/ 47
新媒体环境下的新闻发布协同机制　/ 54
社交媒体新闻发布的类型、功效与策略　/ 60
隐性新闻发布的类型、动因及反思　/ 68
从社会关切看新闻发布稿的优化策略　/ 78
新闻发布评估"国家榜"的多重意义　/ 85
新闻发布评估机制变迁与体系构建　/ 89
新闻发言人的现场沟通技巧　/ 99
新闻发布20条：说什么和不说什么　/ 105

第三章 舆情分析与舆论引导

互联网时代舆论引导范式的新思考 / 111
网民社会心态与舆论引导范式转型 / 121
大数据在网络舆情分析中的应用 / 134
大数据中的网民心态与媒体舆论引导 / 147
从"长安剑"现象看政法舆论引导创新 / 151
人工智能对新闻舆论及意识形态工作的影响 / 156
网络技术、人工智能和舆论传播的机遇及挑战 / 166

第四章 政务微博与政务微信

社交媒体传播风险及其管理策略 / 175
政务微博微信：互动机制与深化路径 / 184
政务微博和政务微信：传承与协同 / 189
政务微博推动社会治理的路径思考 / 197
政务微博的三种定位模式 / 204
政务微博运营的 25 条法则 / 209
政务微信的社会功能及提升对策 / 213
政务微信运营的关键策略 / 219

第五章 基层宣传与城市传播

大数据在对外传播实践中的应用 / 227
城市传播的媒体呈现及提升策略 / 232
基层政府的宣传报道与外宣策划 / 240

附 录

媒体生态新格局和舆论引导新机制 / 247
"玻璃房"内官员如何提高"媒商" / 256
想法不改变,念不好"一本政经" / 261
媒体有公信力,政府才更有公信力 / 266
本土微博兴起尚待顶层设计 / 272
新闻执政:干部能力新要求 / 277

参考文献 / 284

第一章

网络生态与政务传播

新新闻生态系统的变革与未来

在互联网尤其是以微博、微信和客户端为代表的移动互联网影响下,中国新闻业的生态系统正在发生根本性变革。面向新新闻生态系统的当下与未来,笔者认为,有三个关键词对媒体运营者和传播管理者来说非常重要。一是心态,结合美国报业融合的最新趋势和欧美学者的研究成果,我们可以考察学界和业界面对媒介融合的复杂心态和文化冲突;二是变化,主要是中国报业和媒体机构当前和未来的变化;三是趋势,即对未来新闻业报道方式和行业变革生态的一些想法。本文试图围绕心态、变化和趋势这三个关键词,简要分析新新闻生态系统的特征及趋势,也为政务沟通实践提供重要的业态观察和行业参照。

一、面对新新闻生态系统的心态

互联网深刻改变着传统新闻业,新闻业的生态系统正在发生根本性变化,新新闻生态系统中,有一些趋势比较明显。

1. 大型传媒企业将在变局中获胜

对大部分小型或中型媒体来说,它们无法阻止传统用户的大量流失,以及广告和发行收入的快速下滑;超大型传媒企业则可以通过多元业务的经营优势,与中小传媒企业通过交叉补贴的方式建立优势互补,探索可持续发展的运营模式。比如,我给你我的用户和渠道,你给我你的优质内容,重新寻找新的内容生产、信息分发与价值变现的产业链。

2. 非营利性新闻业的兴起

美国传统报业在快速衰落,但学者们对新闻业并不悲观,因为社会有一种价值共识:严肃新闻业对社会发展至关重要。过去这些年,大量基金开始支持互联网平台去做众筹或非营利性的调查报道,且网络原创的深度报道已经多次获得普利策新闻奖。这种针对严肃新闻业的价值共识,不管在哪个社会、哪个时代，都是非常重要的。

3. 新的新闻加工方式

当下的新闻生产，不仅需要原创也需要整合，不仅需要脚踏实地的采访报道，也需要具有独特价值的选择、加工和创造。这是一种新闻生产的代替性模式，社会化的生产方式与原来专业化的生产方式相互协同，更加强调用户思维、"草根"参与和开放合作。

4. 传播权力向受众的转移

以专业新闻从业者为中心的传统模式，其垄断性的中心不复存在，新新闻生态系统正由"以新闻工作者为中心"转向"以受众为中心"。不过，很多传统媒体的管理者并不十分愿意接受这种传播权力的转移，他们一方面坚守专业价值，另一方面也体现出一定的文化保守性。

今天的传媒业在面对融合转型和新新闻生态系统时，两种心态或语境的冲突非常明显：一种是"职业语境"，包括坚守新闻专业精神，注重专业化生产，强调传统媒体的权威，突出真实、真相等专业理念，秉承精英主义的价值观；另一种是"变革语境"，包括强调替代性生产模式，注重社会化生产，强调新媒体的影响和价值，突出产品、体验等用户需求，秉承"草根"、开放、去中心化的价值观。

这两种心态的冲突，在传统媒体内部以及学界和业界相互对峙、相互交织，缺乏足够的共识。比如，管理层深感转型任务的迫切，认为一定要找到新路，这是"向死而生"的战略需要；而对基层编辑或记者来说，却并不认可所在媒体转型的路径选择，同时也更多看到体制机制的限制因素。

此外，很多传统媒体在数字化转型过程中所遵循的内在逻辑是：在"面对冲击—被动响应"的总体模式下，变革的动力来自外部而非内部；变革与反变革的冲突伴随着转型的全过程，并表现出一种来自职业文化层面的主动抵抗。总体上，"职业语境"仍然主导着新闻记者的自我认知、角色协调和职业行为模式。

二、中国新新闻生态的最新变化

几百年前，我们的生活节奏还是由时钟决定的，后来，旧的媒介

（报纸、广播、电视等）如同旧的时钟，在很大程度上决定着我们的生活节奏，也决定着我们的传播模式和交往方式。但是今天，互联网尤其是移动互联网带来的变化，重构了人类社会的互动关系和信息链条，随时随地的"在线连接"塑造出了新传播、新交往和新关系。如果我们还是把互联网当成是继传统媒体之后的"新媒体"，没有把它当成一种结构性的力量去看待，那么，我们的观念和认知显然还停留在"旧世界"中。

回到中国新闻业，不少人不太愿意把一些"新新闻人"当成是新闻业的新行动者，但在我看来，他们已经不折不扣地成为"中国新闻业的新行动者"：政务微博、政务微信的"小编"；大学新闻专业学生，他们做的社区新闻报道在很多时候并不比专业记者差；重大事件的目击者，他们在第一时间提供鲜活的现场图片和信息；科技博客、商业博客等专栏作者，他们的评论中不时有内幕信息爆料；爆料者、"人肉搜索"者，也在挖掘真相；摄影摄像"发烧友"，他们提供的原生态视频很受欢迎；某些抗争事件的传播者、社会运动的倡导者，他们尽管有"私利"，但可以持续提供重要事件的信息；企业自媒体的编辑、"写手"、"软文"改编者，也在提供行业报道和评论服务；社会组织的新媒体编辑；等等。

当我们把他们作为新闻业的新行动者去看待的时候，当下的中国新闻业出现了新的"金字塔"（见图1-1）。

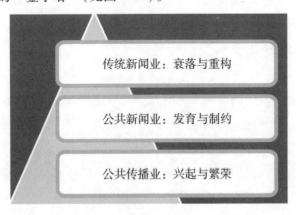

图1-1 当下中国新闻业的"金字塔"

1. 传统新闻业

第一层是"传统新闻业",它在"金字塔"的最上端,以传统媒体从业者为代表,其特点和优势,第一是严格把关,对事实负责;第二是追求专业,强调信息的质量。概括起来,核心价值是"把关和专业"。

2. 公共新闻业

第二层是"公共新闻业",比如微信及微博的主编、大学里进行社区新闻报道的学生等。他们最大的特点是"对话与协作"。他们也在持续不断地提供新闻,但不再是传统的、封闭的、原创的、组织化的生产,而是开放的、参与式的、边界日益模糊的生产。

3. 公共传播业

第三层是"公共传播业",比如今日头条①,它有"公共新闻业"的一些特点,但主要提供"公共传播业"的功能,给用户提供包括新闻、资讯、服务等在内的各类信息,同时也搭建桥梁,让公众参与、评论和对话。

这就是今天我们中国新闻生态系统正在发生的变化,从"金字塔"的顶端慢慢开始到中端转变,再向底层变化,从而产生一个新的传播链条。在这些变化当中,我们需要更多注重的是公共传播业,它将以何种姿态和生态出现、生长和发展,直接关乎传媒发展和社会进步。

三、未来媒体业的变革趋势

有一些观点对中国媒体未来的发展趋势做了描述。比方说,党报可能会越来越具有符号化、知识化生产的意义,更应该为公务员读者群提供公共治理的知识。此外,党报为更多基层政府提供网站制作、专题宣传或舆情研判等服务,也在一定程度上强化了公关化的色彩。而对于大部分的都市报来说,由于缺乏足够的政策红利,难以得到政府的财政补助,除了多数会逐步退出市场外,还很可能会变成数据化、营销化、小型化的公司联

---

① 今日头条是北京字节跳动科技有限公司(简称为"字节跳动")开发的基于数据挖掘的推荐引擎产品,是一款为用户推荐信息、提供连接人与信息的服务的产品。

合体。

当下和未来中国媒体的生态中，从类型来看，主要有专业媒体、机构媒体、自媒体、平台媒体四种。从属性来讲，国有媒体在国家的支持之下，会占据舆论场中的重要位置；以腾讯等为代表的门户网站，以今日头条为代表的资讯客户端，以微博、微信为代表的社交媒体，具有资本、技术和算法[①]方面的平台综合竞争优势，会是未来媒体的中坚力量和信息传播的枢纽；此外，也会有一些非营利性媒体的出现。

值得注意的还有虚拟现实（VR）技术、人工智能（AI）对新闻业的影响。中山大学传播与设计学院在2015年拍摄了国内新闻院校第一部VR短片《舞狮》，也在加快筹建VR报道实验室。单纯的VR技术可以完成全景拍摄，然后体验者戴上可穿戴设备，便可以进入虚拟场景或真实场景，体验身临其境、置身其中的视觉、听觉感受。这种技术如果应用于极端新闻事件，观众就可以立刻"成为"如"巴黎袭击"中的亲历者——在你之后就是恐怖分子的追赶，身边就是急速奔跑的市民。

这就是未来的媒体类型和报道变革。在任何重大事件发生的现场，都有VR的拍摄装置。那么，我们只要戴上VR眼镜，就可以立即"抵达现场"。这时候，我们还需要媒体做现场报道吗？很多时候，几乎不需要。那么，新闻媒体的价值何在？专业媒体要做的更多是深度调查和价值阐释。由此，笔者尝试对未来媒体业提出三点考虑：

第一，电视、报纸等传统媒体作为传播介质会日趋衰落吗？本质上，我们关注的不是介质本身或渠道，而是这个渠道背后传统媒体业存在的核心价值和精神在互联网时代能否继续延续。

第二，当虚拟与现实的边界被打破、互联网与物联网边界也被打破并深度融合的时候，新闻又在哪里？它还将以今天的形式存在吗？新闻不仅是信息、不仅是现场，新闻更是体验、更是互动，新闻的功能也不仅是告知和监督，也是对话和共识。

第三，当虚拟现实技术被广泛运用，当观看设备变得廉价和普及，任

---

① 算法（algorithm）为信息技术领域的术语，是指解题方案的准确而完整的描述，是一系列解决问题的清晰指令，算法代表着用系统的方法描述解决问题的策略机制。

何事件发生后,我们都可直接调取现场拍摄的 VR 视频,戴上眼镜便身临其境。这个时候,记者的作用又何在呢?从"虚拟现实"到"扩展现实",从"讲述现场"到"就在现场",还需要报道吗?记者的价值或许是给读者提供分析、对话和阐释。

面对未来媒体业的这些变化,新闻传播教育要跳出传统的、面向媒体机构培养"新闻传播"人才的定位,走向为社会各行各业培养"公共传播"人才,为政府、企业、社会组织甚至自媒体去培养更广泛的公共传播人才。他们的能力不仅是采写编评、挖掘真相,还包括如何促进对话与公共交流。另外,当人们随时处于"在线链接"状态的时候,他们也许更加渴望非链接状态下的交流和互动,如何培养学生管理冲突的能力、善于沟通和交流的能力,也十分重要。所以,"人际传播"的知识、技巧和思维也需要加强。

政府宣传管理部门和政务传播领域的工作者,也要充分认识和把握新新闻生态系统的变革特点和发展趋势,尤其是强化对移动互联网传播技术的理解和洞察,从而更加懂得善用互联网为正能量传播服务,更加善于把握舆论生态规律来做好社会心态调适工作,更加高效地运用新媒体平台进行政务传播和公共沟通。这方面的创新探索至少可以从三个方面入手:其一,通过新新闻系统中呈现的网络舆情来把握公众社会心态和意识形态特征;其二,运用政务微博、微信、客户端等机构媒体平台,实践互动性、即时性与自主性更强的信息公开和舆论引导;其三,在不断变化的新新闻生态系统中,适应传播权力结构边缘和中心的关系重构,以政务传播的专业化来促进国家治理的现代化。

(本文作者为张志安。本文主要内容以《新新闻生态系统:当下与未来》为题首发于《新闻战线》2016 年第 7 期,第 44~46 页。本书收录时有所修订。)

政务传播的移动互联网策略

在移动互联网时代,随着政府部门、媒体和企事业单位的官方微博、微信公众号以及新闻客户端的兴起,网络舆论的生态也发生着巨大变化。作为政府信息公开、增强公信力的重要手段,在新的舆论生态中,政务传播要发挥其应有作用也必须适应移动互联网时代的传播规律。本文以新闻网站对2015年两会①的宣传报道为例,简要介绍政务传播的移动互联网策略。

一、移动互联网激发政务传播的理念转变

随着智能手机的普及、网络服务的升级换代,人们利用手机、平板电脑等移动终端设备连接互联网越来越便捷,移动互联网时代已经来临。相对于PC(个人电脑)互联网,移动互联网环境下的信息传播具有三个基本特征:

1. 信息传播即时化

移动互联网用户可以随时随地获取信息,也能够以最快的速度发布信息,每个人都可以成为信息的发散源头,信息的交互无时无刻不在发生,用户参与度显著提升。随时随地通过移动设备和移动网络来获取信息,使得信息传播的即时价值更加凸显,重要信息的传播速度必须符合事先、迅速乃至同步的原则。

2. 阅读习惯碎片化

使用移动终端连接互联网不受时间、地域的限制,用户使用移动互联

---

① 两会是对自1959年以来历年召开的中华人民共和国全国人民代表大会和中国人民政治协商会议的统称。由于两场会议会期基本重合,而且对于国家运作的重要程度都非常的高,故简称为"两会"。

网的时间和注意力也更加碎片化。人们对于信息的时效性、新鲜性、趣味性的需求也就更高，碎片化、"浅阅读"逐渐成为趋势。

3. 传播主体多元化

在移动互联网时代，个人和机构都可以利用社交媒体发布信息，信息传播的门槛降低，信息发布主体多元化，政府、媒体、企业、社会组织和个人都成为积极的传播主体。主体身份的多元化，必然导致话语权的分散、价值观的多元，这为传统的舆论场带来了复杂的变化：移动互联网成为不同多元主体交汇、交锋、交融的移动舆论场。①

如何在话语权相对分散的舆论场中把握议程设置的主动权和舆论导向的影响力，是政务传播面临的重要挑战。同时，利用移动互联网延伸政务传播渠道，加强政府公开力度，提高政府部门信息传播的自主权，也是政务传播拥有的重要机遇。为此，政务传播要在理念、平台和产品上都进行一定的转变。

第一，理念变化。转变政务传播模式，最重要的是转变理念：由过去的单向传播转变为双向沟通，由自上而下的宣传转变为对话的机制和沟通的姿态。移动互联网是大众互联网、去中心化的互联网，政府、媒体和个体作为平等的参与主体，要在移动互联网中实现信息互动，消除信息不对称。因此，政务传播的主体应该把自己当成移动舆论场的参与者之一，以平等的视角、对话的姿态来跟网民进行沟通。

第二，平台变化。基于移动互联网的微博、微信、新闻客户端（简称为"两微一端"），是政务传播新增的信息发布平台，政府部门要积极开设、运营和使用。尤其是在危机事件信息发布过程中，要更加善于利用"两微一端"在第一时间发布基本事实、阻止谣言传播，发挥"黄金一小时"乃至"黄金半小时"的作用。

作为政务传播的不同渠道，微博、微信和新闻客户端在功能和定位上应既有区分，又有协同。新闻客户端主要作为新闻信息的发布平台；政务微博则在信息公开、政民互动、舆情监测方面具有不可替代的作用；政务

---

① 孙芳令：《移动网络舆论场的现状与引导》，载《青年记者》2014年第32期，第68~69页。

微信则是移动化的民生服务平台,是精准化的信息推送平台,是零距离的政民互动平台,也是创新型的公共服务空间。① 三者之间,不是替代关系而是互补关系。

第三,内容变化。除了理念的革新和平台的延伸,更为关键的是推出适应移动互联网特征的政务传播内容或产品。从内容的角度看,政务传播的创新实践具体体现在选题、栏目、表达方式、叙述风格、话语体系等各方面的创新。其中,关键在于如何把握移动互联网技术的传播规律和特点,根据网民接触信息的习惯和需求来提供真正具有吸引力和说服力的信息。

二、移动互联网上的政务传播策略

全国两会作为我国的重要政治事件,是观察政务传播转型是否成功的一个具有代表意义的窗口。2015年两会期间,各大新闻网站结合移动互联网的传播热潮,在政务传播的形态、方式和产品上都做了一些创新实践。综合其报道表现,可以总结出一些不仅适用于两会报道,同样也适用于常规政务传播的操作策略。

1. 贴近和共鸣

政务传播的贴近性,首先体现在表达风格的活泼、清新,贴近网民的阅读习惯和语言使用风格。移动互联网的主要使用群体是年轻人,他们喜欢亲切、流行、新潮、口语、幽默的语言风格,传统的政治话语已经很难吸引他们的注意力。因此,要吸引年轻人的关注和阅读,首先要改变政务传播的语言风格,把相对严肃、死板的官式话语变为清新、活泼的网络话语。

在两会报道中,各大网站和"两微一端"在语言风格上体现了鲜明的特色,这从报道的新闻标题中可见一斑。例如,在2015年全国两会期间,人民日报微信公众号发布的《该交账了!李克强去年两会上的承诺都兑现了吗?》,用简明、有趣的语言总结了政府部门上一年的工作成绩;

---

① 张志安、曹艳辉:《政务微博微信实用手册》,南方日报出版社2014年版,第3~4页。

腾讯网推出的"中国新常态"两会专题中,设置了"解码新常态"的内容板块,《反腐,根本停不下来》《楼市冷股市热:大妈归来?》《恐袭针对普通民众,中国该如何破》等文章,使用了大量年轻网民惯用的语言来解读严肃的"新常态",读来令人亲切。

其次,贴近性表现为报道方式的多样化,利用图片、视频等多种形式实现立体传播,抓住网民的兴趣点,吸引网民注意力。两会期间,综观各大新闻网站,新闻视频和图片已经成为比文字报道篇幅更大的报道形式。以网易的"新常态"专题为例,就采用时下流行的H5[①]样式呈现了"我所期待的新常态"和"能感知的生活新常态",贴近现实、便于理解。又如,央视新闻客户端发布的动画《揭秘两会"最神秘嘉宾"》,用1分30秒的视频介绍了两会上列席、旁听这两种人士的身份,《一份提案议案是怎么形成的》则用漫画形式介绍一份提案和议案的形成过程。

最后,贴近与共鸣也表现在从网民的角度出发,找准宏观政策和网民切身利益的结合点,从网民关心的角度切入传播和解读公共政策。比如,在2015年全国两会期间,人民日报微信公众号推送的文章《"两会"这样影响"小明"的生活》,利用图解新闻的形式,通过虚拟人物"小明",分析了两会对每个人可能带来的影响。搜狐网的"启明说两会"节目,推出的一期节目《可能影响你生活的9场发布会》,也注重从对每个人生活影响的角度切入解读新闻发布会。此外,该网站两会专题中针对政府工作报告提炼出一个"百姓阅读版",把15000多字的报告总结为工作回顾、工作目标和工作重点三个方面,从百姓的视角出发来解读政府工作报告,浅显易懂。

2. 简洁和凝练

网民的移动互联网阅读呈现碎片化趋势,因此,基于移动互联网的政务传播也不宜做到面面俱到,只能简洁提炼和凝练表达,利用数据新闻、词条、关键词解读等,让复杂的时政信息传播变得简明易懂。这样既提高了读者的阅读效率,也符合移动传播的内容特点。

---

① H5是指第5代HTML(超文本标记语言),也指用H5语言制作的数字产品。

比如为实现简洁高效的传播效果，不少媒体都开始采用"新闻懒人包"[①]的传播形式。顾名思义，"新闻懒人包"就是在海量信息中，为"懒人"挑选出最具有价值的新闻信息，并通过图解、动画等形式梳理出新闻概要，帮助用户在最短的时间内掌握事件的来龙去脉与核心问题。在2015年全国两会报道中，新闻网站和"两微一端"也广泛应用了"新闻懒人包"的形式。新华网官方微博发布的《三分钟速览全国政协常委会工作报告》《9张图，告诉你政协那些事》等，以图片形式解读政协常委会的工作报告。新华网微信公众号发布的《1000字看懂人大发布会有哪些干货》，简练总结出人大新闻发布会的12条要点。人民日报微信公众号发布的文章《从A到Z，两会热串起来》，通过26个字母和词语，总结了两会的热点词汇。这些两会的"新闻懒人包"，将复杂、严肃的两会新闻，浓缩成了简洁易懂的两会概要，有效传达了两会的重要信息。

3. 参与和互动

即时交互性是移动互联网的重要特征。在移动互联网中，实现政务传播的交互性，不仅能够吸引公众关注公共议题，提高公众的政治参与度，也有利于打通两个舆论场[②]，形成有效的讨论。

在2015年两会的新闻报道中，各大网站和新闻客户端也利用各种手段，增加公众参与和互动的渠道。如人民网开设的"问总理，上头条"专题栏目，网友可以将自己拍摄的短视频上传到这个栏目，针对政府工作向总理提建议。其中一则网友建议《让医保卡早日实现全国"漫游"》的33秒微视频得到8339次播放，另一则《加大食品安全监管力度，吃上放心食品》的24秒微视频得到2219次播放。中国政府网联合多家网站发起"2015年政府工作报告我来写——我为政府工作献一策"的活动，公开征集社会各界对2015年政府工作报告的意见与建议。

此外，微信"摇电视"的互动功能，也被运用于这次两会报道中。中央电视台（简称为"央视"）新闻频道从2015年3月3日起推出两会

---

① 吴志润：《"懒人包"：不容忽视的舆论宣传"利器"》，载《传媒》2014年第8期，第53页。

② 两个舆论场指民众的口头舆论场和媒体营造的舆论场。见张征、陈海峰《简论"两个舆论场"的内涵与价值》，载《当代传播》2014年第3期，第14页。

报道特别节目《两会解码·群策群力》,这档节目邀请专家、学者、百姓共话两会,由电视"两会解码 群策群力"栏目与手机"群策群力"界面组成。2015年全国两会期间,观众对着央视新闻频道摇手机,随时可以进入《两会解码·群策群力》等5款新媒体产品的交互页面。传统电视节目与观众互动较弱,而"摇电视"打破了电视和观众"分离"的困境,重新搭建了电视与用户之间的桥梁,有利于提升观众参与感、强化互动性。

三、小结

在移动互联网环境下,为了实现更好的传播效果,政务传播必须在理念、平台和产品上实现一定的转变。政务传播的最终目的是推动政府信息公开,实现政民之间的理性对话。为此,必须厘清宣传诉求与网民需求的差异,找准政策、理念和网民利益之间的结合点,既把握移动传播的特点和规律,更追求政务传播的公开和服务的价值内涵。

(本文作者为张志安、刘文骁。本文主要内容以《政务传播的移动互联网策略——以新闻网站的全国两会报道为例》为题首发于《新闻与写作》2015年第5期,第51~53页。本书收录时有所修订。)

网络谣言的监管困境与治理逻辑

与传统媒体占主导的传播环境相比，网络环境下尤其是移动互联网时代的谣言传播呈现出新特点和新规律，这对网络谣言治理提出了新挑战和新要求。目前，我国对网络谣言的治理主要从三个方面展开：一是网络管理部门的行政监管；二是网络运营商及互联网企业的平台辟谣；三是呼吁网民提高媒介素养，倡导不信谣、不传谣。总体上看，这三种治谣举措对打击网络谣言、净化互联网信息环境起到了重要作用，但彼此之间的协同性不够强，也难以充分实现常态化、持续性的治谣效果。当下，网络谣言的治理仍面临较多的监管困境，为了进一步提高网络谣言治理的效率，需要改善网络谣言的治理路径，逐渐实现从行政逻辑向治理逻辑的转变，切实增强网络谣言治理乃至互联网治理体系与管理能力。

一、新媒体环境下网络谣言的监管困境

当下，我们对网络谣言的监管面临一系列新问题。一方面，行业自律或企业管理有难度，以微信平台为例，很多公众号是难以区分地域的，但是却需要采取属地管理。此外，微信是具有垄断优势的应用平台，缺乏建立规则的行业社群。另一方面，针对海量的新媒体账号，各类互联网服务提供商既要做账号和内容监管，还需要做平台资质审核、网络谣言辟谣以及配合行政部门监管，压力较大，难度不小。综合起来看，新媒体环境下，网络谣言的监管困境主要体现在以下四个方面。

1. 造谣主体难以确定

以微博、论坛为例，因为用户的匿名性，生产谣言的行为主体难以被追踪。此外，由于谣言文本的开放性，作为传谣主体的普通网民会就自己掌握的信息资源和社会经验对谣言文本进行补充、修改，一条被广泛传播的谣言与其最初的文本内容相去甚远，造谣主体的责任因此变得难以界

定。相比之下，微信谣言多来自公众号，谣言文本是相对封闭的，网民只能通过不断转发来实现谣言的传播，在微信平台上，制造谣言的行为主体是比较明确的。但是微信空间的私密性与圈群效应，使得谣言传播路径基本不可见，在社会基层不断堆积的虚假信息及失控舆情不易排遣，也不易发现，如果只依靠网民的谣言举报，覆盖范围和删帖效率自然有限。

另外，行政部门要求作为网络信息发布平台的互联网企业，承担对网络谣言进行监管的责任，管理的方式主要是直接删除或屏蔽谣言。然而，因为网络空间的开放与自由，互联网企业只能依据网民举报和行政命令对虚假信息进行事后处理。通常情况下，互联网企业作为渠道管理主体的法律责任难以明确界定。

2. 有效引导舆论的难度有所增加

近年来，公民知情权与表达自由逐渐成为深入人心的法律观念，二者之间的逻辑关联在网络空间中被不断强化，这是网民解读网络管理行为常用的话语资源。当前，官方对于网络谣言的认定和处理方式还不够丰富。以平台辟谣机制为例，绝大多数微信谣言是经网民举报之后确认的。理论上，我们认定被举报数越高的公众号文章或传谣网站，越可能是虚假信息。但对于其他举报数较少的信息，比如一些观点类文章，将其认定为网络谣言并没有足够充分的法律依据。

由此可见，灵活的行政指令机动性强，治谣效率高，但是缺点在于有时候可能会突破知情权、个人观点表达与社会责任的边界，造成网民情绪反弹或过度限制网民的表达权利，可能会给社会情绪的真实宣泄、公共意见的充分表达和网络舆论的有效引导增加难度。

3. 相关法律法规及行业规范还需要进一步完善

我国针对互联网信息传播秩序及国家安全陆续出台了不少法律法规，譬如《中华人民共和国计算机信息系统安全保护条例》《全国人民代表大会常务委员会关于维护互联网安全的决定》《互联网信息服务管理办法》《中华人民共和国电子签名法》《全国人民代表大会常务委员会关于加强网络信息保护的决定》《信息网络传播权保护条例》等。尤其是于2017年6月1日起开始施行的《中华人民共和国网络安全法》，这是我国第一部全面规范网络空间安全管理方面问题的基础性法律，是我国网络空间法治建设的重要里程碑，对保障我国网络安全和发展利益起到巨大的作用。但是，由于互联网的飞速发展，这些法律法规的有些内容还需要根据最新情况进一步完善。

此外，我国互联网行业的自律规则也相对薄弱，目前只有一部《中国互联网行业自律公约》。一方面，自律监管准则难以在不同网络平台之间达成较大共识，形成行业社群规则；另一方面，多数行业自律规范制度过于原则、操作性不强。值得注意的是，2014年8月7日颁布的《即时通信工具公众信息服务发展管理暂行规定》确立了适合即时通信网络时期以市场为基础的、灵活的、提供回应性服务的国家治理方式，首次明确建立统一协调、权责明确、运转有效的监管体系。但是，其关键在于如何在施行过程中与相关的法律法规、与其他的互联网管理规定实现接嵌配套，在维护社会秩序和保障表达自由之间寻找平衡点，协调依法治谣和行业自律的边界。

4. 辟谣成本比较高

要想实现对网络谣言的有效治理，辟谣是很重要的一环，不同种类的谣言，其辟谣主体是不同的。譬如时政类与社会类谣言，由于这两类谣言中所含有的信息多是垄断性或新闻性的，所以辟谣的职责应由媒体或各级政府部门来承担，谣言产生时，辟谣主体可以利用手中掌握的权威信息予以澄清，达到辟谣效果。但是，从信息生产成本的角度来看，以网络谣言为代表的无效信息，近乎没有生产成本，而以专业新闻报道、科普辟谣文章为代表的有效信息则需要严格质证后的事实、严谨的推理与思考[1]，对信息生产主体的权威性及其生产成本的要求都较高。

此外，从人口社会学的角度来看，最易传播谣言的是部分中老年群体，他们平均受教育程度低，经历过长期的信息匮乏，由于信息饥渴，对各类能消磨时间的故事津津有味，并不介意是否编造，对无效信息有着更大的容忍程度。[2] 因此，在新媒体环境下创立和维系良好的辟谣生态有着

---

[1] 参见新浪认证博客"破破的桥"《退朋友圈保智商》，见新浪网（http://blog.sina.com.cn/s/blog_56fc0caa0102vrvq.html? tj=1）。

[2] 参见新浪认证博客"破破的桥"《退朋友圈保智商》，见新浪网（http://blog.sina.com.cn/s/blog_56fc0caa0102vrvq.html? tj=1）。

不小的困难,"不是没有人辟谣,而是辟谣生态出了问题或者说辟谣生态失序,这方面主要表现为辟谣主体不够权威,传谣主体与辟谣主体之间的信息机制尚未建立。为了最大限度地规避风险,人们在很多时候仍然会选择相信谣言"[①]。

二、网络谣言的治理逻辑

谣言作为网络空间的"信息雾霾",降低信息传播与接收的效率和质量,威胁网络空间的自由和秩序。鉴于谣言监管面临的困境,要想实现新媒体环境下对网络谣言的有序、有效监管,关键在于转变网络谣言的治理路径,从行政逻辑转向治理逻辑,这也是国家治理体系与治理能力现代化的具体体现。

简单来说,与行政逻辑所凸显的个体意志不同,治理逻辑强调的不是控制而是协调。治理涉及公共部门,也包括私人部门,治理不是一种正式的制度,而是一种持续的互动;与行政逻辑相同的是,治理作为一种政治管理过程,也需要权威和权力,治理逻辑的最终目的也是为了维持正常的社会秩序。[②] 笔者认为,实现网络谣言的治理逻辑可以从法治为先、企业共治、社会参与和长效机制四个方面着手。

1. 法治为先:完善常态化的治谣机制

新媒体环境下,引起广泛关注的社会事件,往往是网络谣言在特定时空范围内集中爆发的主要推动力,谣言的滋生和传播常常与网络舆情的起伏变化相勾连。为了防止谣言对网络舆情的误导,网络管理部门以重大事件为驱动的应激式干预已经成为网络谣言监管的常态机制。这种做法有利于树立政府在管控谣言方面的权威,也能够在一定程度上遏制突发事件谣言的滋生和蔓延态势,但并非谣言监管的治本之策。以微信平台的谣言治理现状为例,删除屏蔽、账号注销、关闭网站等行政举措容易混淆事实性

[①] 参见新浪认证博客"破破的桥"《退朋友圈保智商》,见新浪网(http://blog.sina.com.cn/s/blog_56fc0caa0102vrvq.html?tj=1)。

[②] 俞可平:《治理与善治》,社会科学文献出版社2000年版,第5页。

谣言与观点类文章的区别,引发网民质疑,从而可能会降低政府在网络管理方面的公信力。

为了提高网络谣言监管的有效性与公信力,注重谣言监管的针对性立法,减少重大事件驱动、应激式的行政监管,将行政逻辑主导的治谣常态机制转变为治理逻辑主导的治谣长效机制是关键。对此,相关立法工作应该明确网络谣言的法律定义,明确事实性谣言与观点类文章的区别,清晰界定造谣主体的法律责任与平台运营商的监管责任,厘清表达自由与社会责任的权利和义务边界,制订针对不同的互联网平台体现差异化的惩治举措,在整体上寻求表达自由与信息秩序的平衡,彰显"既要提倡自由,也要保持秩序,自由是秩序的目的,秩序是自由的保障"的互联网治理精神[1]。

2. 企业共治:创建共享的谣言数据库

"责任的转移"(transfer of responsibility)是治理理论中对政府在为社会和经济问题寻求解答过程中,存在的界线和责任方面模糊之点的强调。[2] 也就是说,除了公共机构之外,企业和服务型的社会组织同样负有一定的社会责任,他们也是特定社会问题的治理主体。网络谣言的治理逻辑要求互联网企业作为治理主体,以"企业共治"的方式与政府进行互动,对法治进行补充。有数据显示,在不同的互联网平台中,如微博、微信、论坛等,存在大量相同、类似的网络谣言文本。不少谣言文本本来已经在一个网络平台(比如论坛)中被辟谣,但当它们重新出现在微博、微信等其他平台上时,又再获得大量转发;有些谣言属于不讲究时效性的"老段子"(前后出现的时间间隔可达数年),往往会每隔一段时间就在不同网络平台上出现。

鉴于此,为了提高辟谣效率,作为平等治理主体的互联网企业,可以尝试在网络谣言的协作治理方面打通平台管理上的壁垒,比如创建一个大型的共享的谣言素材数据库,开展联合辟谣。同时,互联网企业可以就用

---

[1] 参见新华网《习近平总书记在第二届互联网大会开幕式上的讲话》,见新华网(http://news.xinhuanet.com/politics/2015-12/16/c_1117481089.htm)。

[2] 格里·斯托克:《作为理论的治理:五个论点》,转引自俞可平主编《治理与善治》,社会科学文献出版社2000年版,第31~51页。

户平台的资质审核、声誉等级、账号监管、内容监管等方面达成一定程度的共识,在一定范围内制定跨平台的行业协作规则。

3. 社会参与:提高多元主体在谣言治理方面的参与度

谣言不仅是一种"虚假信息",还是一种"风险叙事",谣言文本所触及的社会议题并非无远弗届,它与大众媒体"风险话语"的建构范围有相当大的重合度。常见的风险议题比如环境风险(如水污染、土壤污染)、科技风险(如 PX 项目、垃圾焚烧项目、核电项目、电子辐射、转基因技术)、健康风险(如食品安全、医疗、药品、保健、传染性疾病)、公共安全(如水灾、地震、恐怖主义袭击)、气候变化风险(如温室气体、PM2.5)[①] 以及一般的社会风险(如金钱、社会秩序、防骗、亲子、呼吁求救)等。

大多数谣言的一个共同特征在于攀附权威,利用有关部门、专家、媒体所谓的"事实"与"观点"来伪装谣言,提高其权威性和可信性。对此,可以鼓励多元主体,提高他们在谣言治理方面的社会参与度,建立有效的激励机制,比如依托各种政府公共机构的专家资源、民间智库,创建辟谣基金,成立专注辟谣的各类志愿服务组织等。专业人群在不同的互联网平台上,有针对性地揭示各类"风险"的虚假性,对社会关注度高的议题进行权威辟谣,使受众能够对谣言的虚假性有一个科学理性的认识,类似的网络谣言即使"改头换面",也难以获得广泛传播。

4. 长效机制:建立网络谣言治理的长效机制

如果说,前述三点策略所强调的治理逻辑更偏向对造谣主体的治理,那么,这里提到的治理逻辑意在凸显对传谣主体即普通公众的治理。研究表明,谣言的滋生总是依托特定的时空环境,当下中国,网络谣言的生产和传播共处于转型社会与风险社会的双重语境。对于传播谣言的主体,其传谣动机可以有两种解读方式,一是他们相信谣言文本中所描述的信息是真实的;二是他们根据自己的知识、情感、信任以及价值等因素的互动,

---

① 曾繁旭、戴佳:《中国式传播风险:语境、脉络与问题》,载《西南民族大学学报》2015 年第 4 期,第 185~188 页。

对那些他们难以确定的信息产生了风险感知。①

网络谣言的生产与传播过程,以造谣者对风险的叙事和受众对风险的感知为基础,子虚乌有的恶意造谣和媒介素养低下的无意传谣背后,展现的是一种社会文化现象的内在关联性。所以,理解公众对社会风险议题的感知惯性,重视对公众社会心态的调整也是转变网络谣言治理路径的基础。从宏观视角来看,就谣言治理对网民社会心态的调整至少包括两个不同面向:一是回应民众的现实关切,有效治理真实存在的各种社会风险议题,增强政府权威性;二是各类媒体平台积极反映民众对社会热点议题的心声,畅通信息表达机制,正确引导社会舆论,营造健康的谣言治理氛围,提高媒体公信力。不难发现,心态调适虽然不能够在谣言治理中产生立竿见影的效果,但是它显然能够配合前面几种措施,诉诸网络谣言治理的长效机制。

综上所述,新媒体环境下,面对网络谣言治理的新挑战与新困境,我们倡导改善网络谣言的治理路径,从自上而下、政府主导、应激救急、随机干预的行政逻辑转向法治为先、上下互动、多元共治、长效机制的治理逻辑,逐步搭建起由网络管理部门、互联网企业、专家智库、协会组织等多元主体共同参与的谣言治理体系,加快实现互联网治理能力的现代化。

(本文作者为张志安、束开荣。本文的主要内容首发于《新闻与写作》2016年第5期,第54~57页。本书收录时有所修订。)

---

① 张志安、束开荣、何凌南:《微信谣言的主题与特征》,载《新闻与写作》2016年第1期,第60~64页。

第二章

新闻发布与公共沟通

中国互联网 25 年与新闻发布变迁

1994 年 4 月 20 日，通过一条 64K 的国际专线，中国全功能接入国际互联网，从此进入互联网时代。25 年里，中国互联网经历了数次变迁。从 Web1.0、Web2.0 到如今方兴未艾的移动互联网大潮，网络越来越显示出其强大的力量。它改变了传统金字塔式自上而下、高度集中的信息流动模式，形成了平等性强、实时交互的网状信息传播模式，为公众提供了网络论坛、微博、微信等多种平台表达意见，参与公共决策。

在改变舆论结构和沟通方式的同时，互联网更推动了信息公开制度的建立。其高效能、多渠道的特点，促使政府不断革新新闻发布理念，加大信息公开力度，革新舆情处理方式。可以说，中国互联网快速发展的 25 年，也是中国新闻发布快速发展的 25 年。因此，在互联网 25 年背景下考察互联网技术、生态和结构对新闻发布的影响，具有重要意义。

一、政府新闻发布呈现的新特征

1. 新闻发布理念：从"捂盖子"到透明公开

互联网生成的网络舆论，推动了政府信息公开的程度。

1983 年年初，我国新闻发布制度相关文件出台。制度实施初期，不少政府部门仍有顾虑，不能做到在第一时间发声，当遇到新闻事件时，习惯于"捂着几天不说话"，最后往往被舆论倒逼表态。当时的某些地方政府有关部门在突发事件发生后，面对记者采访，他们习惯于用"无可奉告"来应对媒体，常常导致问题因信息不畅而搁置累积。

进入互联网时代，每个人都可能成为"报道者"和消息源，人们聚集在网络社区、论坛交流信息和观点，对政府相关机构和涉及公共管理的领域进行舆论监督，形成了十分活跃的公共话语空间，互联网也逐渐成为社会舆论场的中心。面对日益壮大的网络舆论，封堵信息的旧思维方式显然已经不能适应新的形势。2003年的"非典"爆发，促使政府革新新闻发布理念。疫情初期，有关"非典"的相关消息因各种原因并没有得到及时、有效、准确的发布，公众无法通过正常途径获知疫情，只能通过网络获取消息。而权威、有效信息的缺失又导致谣言滋生、疫情蔓延，政府的公信力受到极大影响。2003年4月20日，时任卫生部副部长高强主持新闻发布会，首次披露北京"非典"疫情真实数据。从次日开始，原卫生部开始每天向公众报告疫情，传授预防措施，多地召开新闻发布会，终于使民间的恐慌情绪得到缓解。

"非典"事件之后，政府对网络舆情予以极大重视，正式建立信息公开和新闻发言人制度，确立了透明公开的新闻发布理念，实现了突发事件信息从"捂盖子"到透明公开的历史性跨越。时任卫生部新闻发言人毛群安曾表示，过去大家对信息公开有恐惧，总觉得公开了，是不是民众就会很恐慌、社会不稳定。但事实证明，信息公开了，反而有益于稳定人们的情绪。

2. 新闻发布动因：从政府信息公开到社会治理驱动

互联网激发的公民参与，增强了政府信息公开的主动性。

从网站、论坛、博客再到微博、微信，信息传播方式的变革深刻地影响着人们的观念和行为，网民的主体性和参与性日益凸显。在对各种社会热点、盲点问题的在线讨论中，公众的政治参与意识、权力监督意识得以增强，监督范围也从日常的政务信息扩大到对贪腐行为的监督。在新闻发布制度实施初期，信息公开是最大动因，而在逐步实施过程中，政府新闻发布的动因更多地来源于互联网语境下公民对国家治理提出的新要求，即透明、公开。因此，新闻发布不再仅是政府工作职责的一部分，公众的主动要求和网络监督日益成为不可忽视的外在动力。

大量网民在线晒出申请政府信息公开的结果，微博集体"围观"带来的"聚光效应"，都给相关部门带来了很大压力。2011年"7·23"甬温线特别重大铁路交通事故发生，公众在第一时间通过微博发布消息，网民不断在微博上对原铁道部的处理方法提出质疑，要求政府彻查事故起因，形成了强大的网络舆论。如记者陈宝成就以个人身份在微博上向原铁道部办公厅申请政府信息公开，要求公开死伤者信息；2011年8月15

日，原铁道部做出书面回复，称相关信息媒体已有公布，可通过媒体查询。2011年12月6日，国家安全生产监督管理总局新闻发言人再一次向公众通报了"7·23"甬温线特别重大铁路交通事故调查进展，称集中调查阶段已经结束，调查报告正在汇总和整理之中，并表示将"给人民群众一个真诚、负责任的交代"。在"7·23"甬温线特别重大铁路交通事故中，网民的参与和监督促进政府相关部门加快了对事故的调查进展，提高了相关信息公开的主动性。

3. 新闻发布平台：从单一到多元

互联网沟通的多元平台，极大地丰富了政府信息公开的渠道。

2013年10月15日，国务院办公厅下发了《关于进一步加强政府信息公开回应社会关切提升政府公信力的意见》，明确指出要"着力建设基于新媒体的政务信息发布和与公众互动交流的新渠道。各地区各部门应积极探索利用政务微博、微信等新媒体及时发布各类权威政务信息，尤其是涉及公众重大关切的公共事件和政策法规方面的信息，并充分利用新媒体的互动功能，以及时、便捷的方式与公众进行互动交流"①。政务微信、政务微博已成为与政府新闻发言人制度、政府网站并列的第三种政务公开途径，政府信息发布平台日益多元化。

微博具有海量的信息和广泛的传播面，偏向公开发布的媒体属性，缺点是无效信息多，政府发布的信息很容易被淹没。微信遵循信息的一对一直线传递，更偏向封闭式沟通的社交属性，精准有效，信息送达率高，方便政府与公众随时随地进行点对点的信息发布和互动交流，服务功能强。当应急事件发生时，政府积极利用好这两种平台，通过微博迅速广泛地发布新闻，通过微信与民众精准沟通，令二者功能互补，能更好地实现新闻发布。

2013年4月20日，在四川芦山7级地震发生19分钟后的8点21分，成都市政府新闻办微信公众号"微成都"便发布了震情消息，13万关注此账号的市民第一时间在手机上收到了官方权威消息，人们逐渐从广场散

---

① 《国办：加强政府信息公开回应社会关切提升政府公信力》，见人民网（http://politics.people.com.cn/n/2013/1015/c1001-23204203.html）。

去。在震中地带，地震导致当地通讯中断，微信便成为政府发布信息的主要媒介，人们通过手机将自己的地理位置、救助内容、现场照片等发送给"芦山地震救助"官方微信平台，而后，政府再通过"@芦山地震救助"官方微博账号将求助信息对外发布。政府微信与微博平台的高效协同，使得灾区内外信息得到良好沟通，稳定了救灾秩序。

4. 新闻发布速度：从"黄金24小时"法则到"1小时公开"原则

互联网传播的巨大效能，大大加快了政府信息公开的速度。

从过去传统的"黄金24小时"发布原则，到后来的"黄金4小时"法则，再到如今的"1小时公开"原则，其背后的理念转变都与网络新媒体密切相关。

"黄金24小时"是政府新闻发布的传统观点，即在事发24小时内发布权威消息主导舆论，以平息社会突发事件。随着互联网时代的到来，这一适用于报纸、电视等传统媒体"每日新闻"模式的发布原则失效。以QQ群、网络论坛、博客为代表的即时通信工具和网络媒介迅速崛起，信息的接收者同时成为信息的发布者，新闻内容趋向碎片化，新闻周期再一次缩短，传播速度由以小时计变为以分秒计。在数小时内，一项突发事件就可能在网络上迅速传播、发酵为影响广泛的重大舆论事件。基于此种趋势，人民网舆情监测室提出了"黄金4小时"法则。这4小时考虑了政府厘清事实真相、各部门间协调工作和完成信息披露文书所需要的时间，进一步缩短了新闻发布时限，要求政府在第一时间发声、第一时间处理问题，做社会突发事件的"第一定义者"，实现政府反应周期与新闻周期同步。

随着微博、微信等新一代网络社交媒介的出现和普及，信息传播速度以秒计算，政府新闻发布的时效进一步缩短至1小时。在重大公共事件发生后，政府可以通过政务微博、政务微信快速发布消息。南京市政府就曾于2011年6月出台《关于进一步加强政务微博建设的意见》，其中明确规定，对于灾害性、突发性事件，要在事件发生后的1小时内或获得信息的第一时间，通过官方微博发布信息。

二、互联网时代，政府新闻发布面临的新问题

1. 公众网络监督日益兴起，信息公开程度需要更透明

互联网具有开放性、广泛性、参与性与即时性的特点，它拓展了信息交流的方式和交流范围，公众可借助网络论坛、微博、微信等多种平台自由地表达观点和意见，关注社会事务，对涉及公共领域的事件进行监督。同时，新媒体对大众的技术赋权打破了信息垄断，公众不再如过去一样被动地等待相关部门发布信息，而是借助更为自由、公开化的网络媒介主动寻求答案，形成强有力的网络舆论监督。而有些部门的信息公开工作依然存在行政化、地方化、部门化的问题，未能真正实现信息的"完全公开透明"。

随着移动互联网时代的到来，信息传播的速度更快、范围更广、成本更低，网络舆论监督的主体、渠道和范围也将更为广泛，对此，政府信息发布需做到更及时、更公开、更透明，以培育良性的网络舆论监督，推动公众与政府的共同进步。

2. 网络谣言、虚假信息快速传播，新闻发布渠道需要更强大

在网络环境下，信息传播的速度不断加快，人们获取信息的方式更加多元化，辨识谣言和虚假信息的难度也随之增加，导致其危害性和破坏力呈几何级数上升。近年来，网络谣言事件频发，严重影响了社会秩序。网络谣言、虚假信息快速传播的背后，折射出政府相关部门权威信息以及强有力的新闻发布管道的不足。

自《中华人民共和国政府信息公开条例》（简称为"《信息公开条例》"）施行以来，一些政府部门虽然建立了网站、微博、微信等网络问政平台，但对平台的建设程度不够。面对网络谣言、虚假信息的肆虐，政府一方面要予以大力打击，另一方面更要善于使用新兴媒介，加强对微博、微信平台的建设，做到应急处理和信息公开的同步进行，才能将谣言"挤走"，从而巩固主流话语地位，赢得公众信任。

3. 网络舆论主体复杂多元，应对批评心态需要更平和

2019年2月28日，中国互联网络信息中心（CNNIC）发布第43次

《中国互联网络发展状况统计报告》。该报告显示，截至 2018 年 12 月，中国网民数量已达到 8.29 亿，互联网普及率为 59.60%，其中手机网民达 8.17 亿[①]。而当前我国正处于社会转型期，各种社会矛盾突出，来自不同行业、不同阶层以及不同文化层次的网民对同一社会事件、政治话题的看法都不尽相同，其中难免存在语言暴力、极端宣泄等非理性表达。尤其是涉及公众切身利益的公共事件发生时，如垃圾焚烧厂、核电站选址等，网上的负面舆论有时会喷涌而起，有关部门屡屡陷入沟通的困境，舆论引导的效果降低。在进行新闻发布时，对于舆论中非理性、发泄式的言论，政府应站在公众的立场进行真切交流，以平和、宽容的心态引导舆论走向理性。

三、互联网时代政府新闻发布的改进策略

为了优化新媒体环境下的新闻发布效果，提高信息公开效率，政府还需进一步寻找完善之策，笔者认为应从以下四个方面进行。

1. 细化《信息公开条例》，增强其可操作性

2007 年 4 月，《信息公开条例》正式公布，依法公开信息成为政府的法定义务，新闻发布工作因此也有了法律保障。但由于此条例对于公开与保密的信息标准范围并未清晰界定，使得新闻发布工作在具体操作时难以把握标准。加上各地新闻发布工作发展的不平衡，容易导致信息公开的区域化、部门化。因此，各级政府应对《信息公开条例》进行细化，明确新闻发布的内容、范围、工作流程和机构设置，建立健全新闻发言人的职责保障、监督和问责机制，为新闻发布工作提供有力的法律依据。

2. 高效协同多种发布平台，引导公众理性参与

在新媒体时代，单一的新闻发布渠道已经无法满足公众获知信息的需求。面对瞬息万变的网络舆论环境，各级政府相关部门只有加强新闻发布

---

① 中国互联网络信息中心：《第 43 次〈中国互联网络发展状况统计报告〉》，见中国互联网络信息中心网（http://www.cnnic.net.cn/hlwfzyj/hlwxzbg/hlwtjbg/201902/t20190228_70645.htm）。

平台的系统化、集群化建设，尤其是政务微博群、政务微信群的建设，才能确保在突发事件发生时第一时间发声，扩大主流话语的覆盖面和传播度，减少公众对相关信息的误读。同时，有效利用三大需求——公众对政府信息公开和便民信息的需求、政府自身提高信息公开水平和工作效率的需求、上级相关部门的需求，推动政府相关部门采纳微博、微信等新媒体技术。通过多种新媒体发布平台的协同，政府相关部门可实时监测和掌握舆论走向，对网络负面信息提前形成应对举措，引导公民理性地参与网络舆论监督。

3. 正确看待舆论监督和批评，建立开放包容心态

我国拥有世界上数量最多的网民，其主体构成十分复杂。在新闻发布工作中，政府相关部门将受到民众最广泛的舆论监督，其中难免会夹杂一些"杂音"（非理性的声音）。面对舆论中非理性的批评和极端化的情感宣泄，相关部门应以更开放包容的心态、更机敏的舆情反应程度，做到勇于并善于倾听，并适时地加以解释和引导，而非一概抹杀。公众的意见不论合理与否，在某种程度上也能成为政府工作的借鉴，甚至可以为新闻发布相关部门提供新的工作思路。正如公安部原新闻发言人武和平所说："在网民的骂声中听取诤言，在咒语中体察民情，在板砖中提高公信力，在网民监督下做好工作。"[①]

4. 协调新闻发布制度与其他配套制度的关系，加强领导重视

新闻发布制度对体制环境的要求很全面，仅仅公开信息并不意味着就能解决所有问题。一些政府新闻发布工作中的失败案例，很多都是因为相关制度不配套或是配套制度运行效率不高所致。因此，亟须加快配套工作制度的建设，协调新闻发布制度与配套制度的关系，以更好地发挥合力。而这方面的工作往往涉及新闻发布制度实施细则的制定，也涉及配套制度的建立，还可能涉及相关领域的体制改革，覆盖面较广，需要统筹协调和系统推进，因此，还需加强各级行政机关尤其是相关部门领导对新闻发布

---

① 桂杰、唐琴：《武和平：在网民骂声中听取诤言》，载《中国青年报》2012年4月15日第3版。

工作的重视，推动落实配套制度的建设。

（本文作者为张志安、罗雪圆。本文主要内容原以《中国互联网20年与新闻发布变迁》为题首发于《新闻与写作》2014年第6期，第63～66页。本书收录时有所修订。）

新闻发布助力改革开放：回顾与展望

一、40年新闻发布制度建设回顾

回顾新闻发布工作的40年，经历了"从内向外"和"从外向内"的两个转变，而新闻发布工作在这两个重要转变的基础上最终实现了"内外一致""内外互促"的统一关系。

1. 第一阶段：从内向外，建立新闻发言人制度，助推改革开放和对外传播

外交部新闻发言人制度诞生于我国改革开放之初，是我国建立新闻发言人制度的最初尝试。随着改革开放的深化和逐步推进，新闻发布制度也不断完善，成为改革开放的重要展示方式。改革开放之初，世界需要了解中国，中国需要走向世界，外交部率先实施新闻发布制度可谓领风气之先。

1980年4月8日，中共中央决定成立对外宣传小组，并以此作为党在国际宣传以及对港澳台侨宣传方面的协调策划机构。1983年2月，中共中央宣传部、中央对外宣传小组联合发布《关于实施〈建立新闻发言人制度〉和加强对外国记者工作的意见》，要求外交部和对外交往较多的国务院各部门建立制度，定期或不定期地发布新闻。该意见与《新闻发言人工作暂行条例》主导了我国政府新闻发布制度的改革。1983年3月1日，时任外交部新闻司司长齐怀远被任命为第一任外交部新闻发言人，并举行了首次新闻发布会。1983年4月23日，中华全国新闻工作者协会（简称为"中国记协"）首次向中外记者介绍国务院各部委和人民团体的新闻发言人，正式宣布中国建立新闻发言人制度。此后，新华通讯社虽然

继续承担部分政府新闻发布工作,但已不再是政府新闻发布的唯一途径。①

新闻发言人制度的建立,折射出中国对外开放力度的强化和对外传播思想的变化。改革开放初期,中国加快走向世界,需要向世界说明开放的中国、进步的中国和发展的中国。从改革开放以来新闻发布的"启动"节奏看,其最初使命主要是对外传播,"从内向外"地讲好中国故事,以增进全球化进程中世界各国对中国的认知和文化认同。

2. 第二阶段:从外向内,完善新闻发布制度,扩大政府透明度,提升公信力

2003年是中国新闻发言人制度建设中的一个重要节点。该年年初,中央提出建立和健全国务院新闻办、中央各部门、各省市区人民政府三个层次新闻发布制度建设的要求。同年,"非典"的发生,暴露出一些行业和地方政府部门在收集、发布信息过程中存在的漏洞与问题。在中央政府的要求与敦促下,国家各部委、各级政府机构纷纷设立新闻发言人,建立新闻发布制度。由此,2003年成为新闻发言人制度建设年。

此后,新闻发布制度不断健全,从中央到地方、从党委机构到政府部门,逐渐实现了全覆盖和常态化。2004年12月28日,国务院新闻办首次对外公布了62个部委和75位新闻发言人的联系方式。2006年,教育部、公安部、卫生部率先开始进行新闻发言人定时、定点、自主新闻发布。2007年,国务院颁布《中华人民共和国政府信息公开条例》,明确"公开为原则、不公开为例外"原则,对新闻发布制度提供了制度保障。该条例自2008年5月1日起施行。2010年6月,中共中央宣传部等中央部委的11位党委新闻发言人集体亮相,受到国内外舆论的高度关注。

同时,各级政府部门高度重视对新闻发言人的业务培训,一年一度的发言人培训班成为常规安排,促使新闻发言人队伍日趋专业化和职业化。2011年2月,全国首次党委新闻发言人培训班在北京举办,来自13个党中央部门的新闻发言人以及来自全国各地相关部门的200多人参加了培

---

① 闫雨辰:《论政府新闻发言人制度的成因及其对我国新闻事业的影响》,载《新闻世界》2012年第2期,第8～9、13页。

训。与此同时，国务院国有资产监督管理委员会（简称为"国资委"）直属121家大型中央企业通过新华网将各自新闻发言人的姓名及联系方式等资料向社会公布。至此，各级政府、党委新闻发言人基本到位，中国新闻发言人制度体系逐渐成形。

新闻发布工作机制的建立，离不开信息公开制度的建立和完善。为了给新闻发布创造良好的制度保障，中共中央办公厅、国务院办公厅相继出台多项通知和文件，不断细化信息公开的重点领域和具体要求。2013年7月，国务院办公厅印发了《当前政府信息公开重点工作安排》，明确提出，"争取2015年之前全面实现全国市、县级政府全面公开'三公'经费"。2013年10月，《国务院办公厅关于进一步加强政府信息公开回应社会关切提升政府公信力的意见》发布，提出国务院各部门要建立健全例行新闻发布制度。

2016年2月17日，中共中央办公厅、国务院办公厅印发的《关于全面推进政务公开工作的意见》中，既明确了信息公开的具体要求，也规定了信息公开的责任主体。该文件要求，地方政府要加强突发事件的信息发布，对涉及本地区或本部门的热点问题，"按照程序及时发布权威信息，讲清事实真相、政策措施以及处置结果等"。此外，"负责处置的地方和部门是信息发布第一责任人，要快速反应、及时发声，根据处置进展动态发布信息"。有研究指出，通过2013年以来的这些政策保障，我国新闻发言人制度已经提升到信息公开和舆论引导的战略层面，伴随新闻发言人队伍的壮大和发言人制度的完善，新闻发布和舆论引导的效果获得极大提升。①

从互联网到移动互联网，新闻发布制度实施过程中的平台选择和传播渠道紧跟技术变革的趋势，越来越移动化和智能化。2008年年底，中央政府部门和地方省市一级全部建立了政府门户网站。2011年，各级党政机关和领导干部纷纷开通微博，利用微博进行信息发布，这一年因此成为"微博政务元年"。目前，微博、微信、微头条、客户端这"三微一端"

---

① 刘笑盈：《当前新闻发言人制度建设的进展与挑战》，载《对外传播》2016年第12期，第9~12页。

已成为各级党政机关在互联网新闻发布和信息公开上的标配,发展势头迅猛的抖音政务号亦开辟了政务信息传播的新载体。

此外,新闻发布的形态也在持续创新,从过去单一的文本信息逐渐拓展到图文、数据、短视频等融合形态。有观点预测,由于短视频符合碎片化的阅读场景和公众高效获取信息的习惯,也更加符合新生代网民群体的媒介使用偏好,短视频将成为未来新闻发布的主要方式。①

二、改革开放与新闻发布的关系特征

综观过去40年的新闻发布工作和改革开放事业,我们可以从三个维度来总结其内在关系特征。

1. 新闻发布与改革开放同步:既见证改革开放又助力改革开放

从社会转型和国家发展的历程看,20世纪80年代对外开放、公众面对启蒙浪潮,90年代市场化快速推进、社会监督热潮兴起,21世纪以来中国日益融入全球化进程、不断推进国家治理能力的现代化。新闻发布工作的制度化推进过程,始终与改革开放同步,既见证了改革开放的历史,又以不同方式助力改革开放的推进,不同时代改革和发展的主题,在新闻发布制度建设和实践过程中均得到有效贯彻。

2. 新闻发布与信息公开同步:既依赖于信息公开又促进信息公开

新闻发布制度在建立、完善和实施过程中,与信息公开制度的建立密切相关。新闻发布工作既有效促进了政府信息公开,信息公开制度也从机制上确保了新闻发布工作的顺利开展,由此构建了以政府为主导的公共传播和风险沟通的新观念与新体系。比如,2003年"非典"发生初期,一些地区和部门存在瞒报"非典"感染人数的情况,经媒体曝光后,各级和各地卫生部门快速响应,开始进行每日疫情发布工作,重新赢得公众的信赖,有力地恢复和提升了政府公信力。

值得一提的是,新闻发布工作在探索中也出现了"隐性新闻发布"

---

① 陈溯:《专家:短视频将成未来新闻发布主要方式》,见中国新闻网(http://www.chinanews.com/cul/2018/10-10/8646613.shtml)。

的特殊现象。作为传统官方新闻发布的补充或替代，政府部门还会通过其他非官方或半官方渠道来发布官方信息，即所谓的"隐性发布"。但由于"隐性发布"没有做到足够的信息公开，没有向社会充分告知发布主体的身份，从而在一定程度上对发布效果有所制约。[1]

3. 新闻发布与媒体改革同步：既依托媒体变革又引领媒体发展

新闻发布工作必须紧跟媒体行业发展和变革趋势。在传统媒体占据主导的时代，新闻发布会、新闻通气会是政府部门做好新闻发布工作的主要形式。而伴随微博、微信、头条号、抖音等社交媒体传播手段的兴起，全国各地各级政府部门建设了数十万个政务机构号，由此大大提升了新闻发布的自主权和影响力。微博发布、微信发布等，逐渐成为新媒体语境下新闻发布的主要形式。从线下新闻发布走向线上新闻发布，从以传统媒体为主要信息中介的新闻发布走向多元利益主体协同的新闻发布，从"以我为主"的单向传播式的新闻发布走向"你问我答"的双向交流式的新闻发布，媒体变革成为新闻发布工作的重要助推器。

三、面向未来的新闻发布实践创新

尽管我国的新闻发布制度取得了巨大成绩，国务院新闻办负责人仍然没有回避当前新闻发布工作存在的挑战和问题，比如，一些部门和地区新闻发布议题设置能力和发布效果亟待提高；在新闻发布会上讲成绩、进展过多，但回应社会关切不够；一些部门和地区发布活动数量过少，有些依然没有建立定时定点的例行新闻发布制度，回应公众信息需求不及时；等等。[2]

面向未来，新闻发布工作要继续探索、持续创新，就要服务于国家的改革与发展，促进国家治理现代化和信息工作制度的完善。具体来说，可以从以下三个方面着手。

---

[1] 张志安、李春凤：《隐性新闻发布的类型、动因及反思》，载《新闻与写作》2017 年第 12 期，第 65～69 页。

[2] 吴姗：《全国新闻发布考核结果首次公布 新闻发布哪家强？》，见人民网（http://media.people.com.cn/n1/2017/0524/c14677-29295404.html）。

1. 以新闻发布助力国家治理现代化：实现互动沟通而非单向传播，促进问题解决而非只是阐释问题

综观改革开放的40年，也是中国新闻发布制度从探索到建设不断发展和完善的40年。未来新闻发布要产生信息公开和舆论引导的实效，必须在舆情和沟通过程中把握重要问题，从国家治理现代化的战略高度以新闻发布来服务和推动国家治理。

（1）从塑造政党认同的角度来看，新闻发布制度有利于公众及时了解事实真相，避免不实消息的流传，维护社会稳定。同时，通过议程设置，有利于加强舆论引导，放大社会正能量。新闻发布制度的建立为我国政府、政党形象在公众心中的提升起到了很好的作用。

（2）从服务地方治理的角度来看，新闻发布制度为政府与公众的沟通和公众参与搭建了有效平台，有利于建立透明的、有公信力的地方政府形象。政府权威信息的发布为公众正确认识现实问题、参与意见、献计献策提供了可能，也使公众参与公共事务及社会治理成为可能。

（3）从讲好中国故事的角度来看，新闻发布为各国媒体提供了有关中国事务的权威信息，在让世界了解中国、维护国家利益和形象、助推民族自豪感和凝聚力等方面起到了重要作用。同时，满足了国内公众对外事务的知情权和参与权，践行了中国外交是人民外交的理念，培育了政府与民众的密切关系。外交部发言人扮演着中国对外传播与交流的重要角色，要做到习近平总书记提出的"创新对外传播方式，讲好中国故事，传播好中国声音"。

2. 以新闻发布创新讲好中国故事的模式：不满足事实披露层面，而追求更高层次的价值认同

过去的新闻发布，主要传播方式是及时披露事实，而在未来，比事实传播更重要的是表达价值。以深圳市罗湖区在全国率先开展的基层政府"双周发布"的新闻实践为例，自启动以来，一系列反映罗湖产业、消费、交通、医疗、教育、街区等发展成效的亮点和话题，逐步勾勒出罗湖的全息画像,塑造了一个"具体、形象、有厚度、有温度"的城区形象。① 有学者认为,罗湖"双周发布"可以实现政治、经济、文化影响力对区域发展价值的转化和提升,也有评论员指出,罗湖将面临一场全国性的价值再发现。② 总体上来看,传统新闻发布在回应社会关切、引导主流舆论时,多通过正面事实和积极信息的披露,从"历史合法性"和"绩效合法性"两个维度来强化国家的制度认同和政党认同。而未来,以"绩效正当性"为主的新闻发布话语,要不断走向"价值正当性"和"文化正当性"为主的新闻发布话语。在这一方面,只有围绕国家发展的重大议题,不断探索具有说服力、公信力和影响力的阐释话语和主导框架,才能追求公众更高层面的价值认同。

3. 以新闻发布来构建公共沟通体系和创新宣传思想工作:注重实效而非只是强化过程或创新形式

总体上来看,网络化社会形态下的信息传播,正经历深层次的技术革命和业态重塑。新闻发布工作对构建政府的公共传播体系、创新宣传思想工作都具有重要意义。为此,应充分借鉴传播学的政治传播、社会心理学的心态调适和政治学的意识形态等跨学科理论资源,不断提高新闻发布工作者的舆论观和心态观,提高新闻发布工作对"时、度、效"目标的追求和把握。

伴随智能互联网、移动互联网应用的日益普及,信息传播的速度更快、范围更广、成本更低,网络监督的主体、渠道和范围也将更为广泛。2016年4月19日,习近平总书记在网络安全与信息化工作座谈会上提出,要以信息化推进国家治理体系和治理能力现代化,统筹发展电子政务。③ 自2010年以来,中国各级政府相继开通政务微博、微信,搭建政府与公众沟通的新机制和新平台,推进可沟通型政府的建设。一项以关于

---

① 吉学方:《框架中的"舞者"——深圳罗湖区"双周发布"新闻实践的场域理论分析》,载《特区经济》2018年第11期,第137~140页。

② 严圣禾:《大数据显示深圳罗湖的价值正在被重新发现》,见光明网(http://difang.gmw.cn/sz/2018-01/20/content_27401612.htm)。

③ 姜洁:《习近平主持召开网络安全和信息化工作座谈会》,载《人民日报》2016年4月20日第1版。

上海市政府新闻办主管的政务新媒体"上海发布"为案例的研究发现,把公共服务与政治沟通有机结合是其成功的重要原因。① "上海发布"推送的信息丰富全面、贴近性强,提供了政府和公众直接沟通、互动的平台。由此可见,依托互联网、新媒体和移动传播的新载体,政府新闻发布正努力做到更及时、更公开、更透明,以不断提升政府治理能力现代化。②

我国的新闻发布工作已经在实践中逐渐明确了"谁来说"的制度性安排和"怎么说"的技术性问题,接下来,重点要解决的是"说得怎样"的问题,即新闻发布的实效评估。③ 归根结底,检验新闻发布工作是否成功的关键标准在于:公众的质疑是否减少了,各种流言是否被澄清了,目标群体的身份认同和国家认同感是否提升了。新闻发布工作是政府公共传播体系的重要组成部分,只有与信息公开、对外传播、宣传思想等工作保持高度协同,中国的新闻发布工作才能实现满足公众知情权、促进公众表达权、发挥媒体监督权的多重功能。

(本文作者为张志安。本文主要内容首发于《人民论坛·学术前沿》2019年第9期,第84～89页。本书收录时有所修订。)

---

① 张涛甫、徐亦舒:《政治沟通的制度调适——基于"澎湃新闻""上海发布""上海网信办"的考量》,载《中国地质大学学报(社会科学版)》2018年第2期,第139～146页。

② 张志安、罗雪圆:《中国互联网20年与新闻发布变迁》,载《新闻与写作》2014年第6期,第63～66页。

③ 张志安、李春凤:《新闻发布评估机制变迁与构建研究》,载《新闻与写作》2017年第10期,第64～68页。

新闻发布：公开与控制的双重反思

1983年，时任外交部新闻司司长齐怀远出现在外交部的记者招待会上，成为我国最早的政府新闻发言人。此后经过30多年的发展，新闻发言人制度建设从中央到地方全面铺开。在这个过程中，有两个重要的节点：一是2003年的"非典"。"非典"初期，卫生部门信息不公开，采取瞒报漏报的方式，不仅加重了疫情防治的困难，还造成了社会恐慌。在媒体的监督和政府的改革下，时任北京市代市长王岐山出席新闻发布会，发布疫情数字和处理措施。此后，关于公共疫情的信息公开逐渐成为"常规"，中央文件中不断提及政府新闻发布制度建设的重要性。二是2008年，《中华人民共和国政府信息公开条例》（简称为"《信息公开条例》"）正式施行，新闻发布工作有了法理依据和实施框架，走上了制度化、常规化发展的快车道。

一、公民知情权与《信息公开条例》

1945年，肯特·库柏首次使用"知情权"一词，意指公民有权知道其应该知道的信息，国家应保障公民在最大范围内获取信息的权力，特别是有关国家政务信息的权力。[①]"二战"后，公民权利意识、参政意识不断高涨，伴随着民主运动进程中对政府信息公开的强烈需要，知情权的理念也不断深入人心。以美国的《信息自由法》为代表，西方各国也紧跟这一时代潮流，掀起了一轮政府信息公开法的立法高潮。如今，政府实施信息公开、保护公民知情权已成为全球共识。

根据我国《信息公开条例》的相关规定，公民获得政府信息的途径主要有两种：一是"主动公开"，即各级政府主动向社会公开公共事务的

---

① 李晓虎：《中国新闻发布制度》，复旦大学新闻学院博士学位论文，2007年。

相关信息；二是"依申请公开"，即公民、法人或者其他组织主动向行政机关申请获取政府信息。当下，新闻发布是各级政府主动公开信息的主要渠道，也是公民实现知情权的最主要途径。

我国的《信息公开条例》对新闻发布还缺乏具体化和机制化的要求。该条例第七条规定："行政机关应当建立健全政府信息发布协调机制。行政机关发布政府信息涉及其他行政机关的，应当与有关行政机关进行沟通、确认，保证行政机关发布的政府信息准确一致。行政机关发布政府信息依照国家有关规定需要批准的，未经批准不得发布。"这一规定的出发点显然是为了保持政府信息公开的权威性和一致性，但在实际操作中却易造成信息公开行政化、区域化、部门化等诸多的问题。不同部门、不同区域和不同领导之间发布理念不一，信息公开认识程度不同乃至个人私交等都会影响到不同地区、部门间就同一新闻发布问题的沟通协商批准，从而影响了新闻发布信息公开价值的最大化。

此外，在新闻发布制度建设过程中，新闻发言人的行政级别也制约着第七条规定中各相关行政机关之间的沟通协商。目前，各机关的新闻发言人都由办公室主任或宣传岗的人员担任，他们在新闻发布过程中无法完整了解危机事件的全过程。

当下，在制度层面，新闻发言人如果由职位相对较低的岗位来担任，就会制约新闻发布统筹协调的效率及其信息公开的价值。另外，尽管2003年我国就启动了第一批政府新闻发言人培训，但整体上看，高素质的新闻发言人仍然比较稀缺。为了改变这种局面，一方面要加快新闻发言人培训的力度；另一方面更要大力倡导信息公开意识，树立"人人皆是新闻发言人"的观念。

二、新闻发布的控制因素

影响新闻发布的控制因素，至少有以下三个方面。

1. 设置了新闻发言人岗位，却没有建立配套的新闻发布机制

曾有媒体统计，在第一批接受培训的100余位新闻发言人中，有19

位从未发言。① 回顾我国新闻发布的历史，其建设一直是自上而下的推动路径，下级政府机关缺乏主动性。即使有新闻发言人，对于什么情形下必须进行新闻发布、何时发布没有十分具体的规定，也没有明确的如果未及时发布造成严重损失的追究机制。新闻发布运用之妙全在乎各级领导一心之间。

2. "公开的例外"往往成为某些部门不做新闻发布的借口

有时候，新闻发布会异化成为一道新闻封锁墙，一些部门以新闻发布为由拒绝接受采访，将所有的信息公开责任全部推给新闻发言人，而一些新闻发言人在新闻发布会上又以事关机密等为由搪塞敷衍。

信息公开对应的是信息保密，新闻发布中必然涉及政府对发布信息的筛选审核。《信息公开条例》的第十四条明文规定："行政机关在公开政府信息前，应当依照《中华人民共和国保守国家秘密法》以及其他法律、法规和国家有关规定对拟公开的政府信息进行审查。"

不可否认，保护国家机密的确必要。西方各国奉行的也是"以公开为原则，不公开为例外"，对于政府信息也不是全部公开。我国的复杂性在于，新闻发布、信息公开本就处于发展的初级阶段，某些部门机关以条例的第十四条为依据，动辄以事涉国家机密、单位机密为由在发布会上"无可奉告"。只发布愿意公开的信息，不愿意公开的信息贴上机密的标签束之高阁，由此新闻发布沦为可有可无的形式。

3. 如果新闻发言人发布不实内容，并没有严苛的追惩制度

如果新闻发布的信息是虚假信息，则新闻发布会进一步沦为"官谣"的温床。相关人员会以条例的第十四条为武器，以保护机密为由甚至夹杂着不足为外人道的部门利益或个人私利，在新闻发布、官方控制与公众知情权信息公开之间展开或明或暗的博弈。

抛开《信息公开条例》，从信息传播的过程看，新闻发布这一形式本身从一开始就确立了政府的主动地位。行政机关作为信息源控制着新闻发

---

① 新京报：《完善新闻发言人制度，建透明政府》，见新浪网（http://news.sina.com.cn/pl/2013-09-26/023928301466.shtml）。

布的信息量和信息真实与否，牢牢掌控着议程设置的主导权。

在新闻发布过程中，媒体和记者不能仅仅依赖于某些部门机关的自觉。如何督促相关部门最大限度地公开信息、满足公众的知情权，是反思新闻发布制度时必须要力图解决的问题。

三、新闻发布中的媒体依赖与突破策略

新闻媒体是公共事务的监督者，但无论从我国的媒介现状还是新闻生产的现实来看，新闻媒体要承担起真正的监督功能还有一段很远的路要走。

1. 从我国的媒介现状来说，媒体参加发布会往往"照章全收"

以地方政府的新闻发布为例，一些当地媒体在参加新闻发布会的时候，经常只会带着录音笔、拿来统发稿，按照"规定动作"进行报道。记者往往充当了具体部门的传声筒而不是信息的拓荒者，更不是问题的质疑者。在新闻发布会上，媒体之间心照不宣，提出的问题不痛不痒，往往是"你好我好大家好"的一团和气。

地方新闻发布会习惯性的一团和气之下，偶尔也会有暗流涌动。一些地方政府新闻发言人设立记者黑名单，将一些过往报道中让他们不满意、"抹黑"他们的媒体、记者排除在新闻发布会之外，形成新闻封锁。

在一些中央部委召开的新闻发布会上，中国媒体的记者本应该更了解中国国情，更能提出有针对性、切中肯綮的问题，结果反而是外媒记者大出风头。面对不痛不痒的问题，恐怕即使做了充分准备的新闻发言人或高级别领导，也会对这种走过场、没干货的记者提问感到索然无味。

当然，笔者并不是在期待每一场新闻发布会上媒体总要抱有质疑态度，尤其对于定期、常规进行的新闻发布会大可不必带有"刻板印象"或"主观立场"。但在突发事件和危机事件发生时，媒体在新闻发布会上还是应该学会有所追问、有所质疑，站在公众的角度深挖关键信息。

2. 从新闻生产的角度来看，依赖新闻发布会会影响记者的独立调查

信息源决定了新闻的可信度，而声望、权威、权力、专业是判断信息源是否可信的通常标准。信息源的全面、深入获取是一项高成本的工作，

新闻机构和新闻从业者不可能"漫天撒网",必须要有所取舍,但在取舍过程中很容易产生依赖。正如新闻社会学家塔奇曼所言:"新闻从业者更倾向于选择体制内的信息源,而不是普通人提供的信息。"新闻发布制度恰恰很容易加深记者对官方信息源的依赖。

记者过度依赖新闻发布会,会导致他们习惯于在"集中时间、集中地点"听新闻发言人说话,于是在报道信息源上存在过度依赖。新闻发布会不仅容易加深记者对官方信息源的依赖,还容易在新闻框架上直接影响报道的方向和角度。新闻发布机关主动对信息进行分类,并按照有利于自己的方式对信息进行选择、强调、删除等框架建构。新闻媒体和记者如果没有充分的自主性,就会在新闻报道中完全按照官方提供的信息框架进行传播。

2005年,时任国务院新闻办主任的赵启正论及新闻发布会发言人与记者关系时曾言:"记者是个新闻人,他追求的是新闻。他不是你的学生,不是你的部下,不是你的朋友,也不是你的敌人,他是你的挑战者。""挑战者"的角色定位,恰恰体现出对记者的职业要求:不偏听偏信,不盲目接受,而要保持独立判断、进行独立调查。

记者要想摆脱对新闻发布会作为消息来源的过度依赖,就要对新闻发布会保持一种审慎质疑的态度,同时在新闻发布的官方信息源之外利用互联网、个人私交、深度调查等方式来拓宽信息源。一般来说,记者要在发布会之外发掘相关新闻线索,采访相关人员,进行更多的独立调查。同时,在新闻写作过程中,要有意识避免受给定框架的过度影响,进行独立判断和客观报道。如果发现新闻发布有所隐瞒、造假,新闻媒体不仅要有勇气,而且有义务将事实真相揭露出来。

2013年10月,国务院办公厅下发了《关于进一步加强政府信息公开回应社会关切提升政府公信力的意见》,强调要完善主动发布机制建设和新闻发言人制度建设。在未来的新闻发布制度化建设中,政府部门要排除非合理的、私人利益的因素,积极扩大信息公开的范围;新闻记者则要摆脱对官方的完全依赖,承担起"挑战者"的角色,由此,公民的知情权才有可能得到更好的保障。

（本文作者为张志安、吴涛。本文主要内容首发于《新闻与写作》2014年第2期，第64~66页。本书收录时有所修订。）

新闻发布的制约因素及保障机制

以 1983 年中国记协正式宣布建立新闻发言人制度为起点，我国新闻发布制度主要历经两个阶段：1983—2003 年为制度初建期，新闻发布受关注程度较低；2003 年至今步入快速发展阶段，新闻发布制度伴随社会变迁不断完善。① 2003 年，普遍被视为"新闻发布元年"，当年发生的"非典"事件促使政府更加重视对突发事件的危机管理，更加强调通过新闻发布来提高政府的信息透明度。2008 年 5 月 1 日，《中华人民共和国政府信息公开条例》正式实施，为新闻发布制度提供了理念指导框架和法律基础。

伴随着新媒体蓬勃发展尤其是社交媒体的日益普及，公众的网络表达和政治参与意识不断提高，新闻发布工作面临着一系列新挑战，传统的新闻发布形式和效果在实践中遭遇瓶颈，基层的新闻发布存在责任主体不明确、发言人专业素养不足、"微发布"平台管理失范、激励考核机制不健全等问题。近年来，中共中央办公厅、国务院办公厅相继发文，针对新闻发布和政务公开工作做出一系列要求，本文试图结合这些政策文件，主要从"谁来说""说什么""怎么说"三个方面进行解读，并重点探讨新闻发布工作面临的限制因素及其保障机制。

一、谁来说：如何打破行政壁垒

每当发生重大公共危机事件，新闻发布和信息公开的时间往往非常紧迫，而网络谣言的传播速度通常比真相来得快。面对这种情况，有的地方政府相关部门仍然按照传统做法，寄望于所属的宣传部门来面对媒体、接受采访和组织新闻发布，由此导致相关信息公开不及时、重点信息缺失、

---

① 冯春梅：《中国政府新闻发布变迁》，清华大学出版社 2015 年版，第 54～59 页。

虚假信息扩散的结果。因此，要真正解决"谁来说"的问题，就是要明确新闻发布的责任主体，打破现有的行政壁垒。

一方面，要确立第一责任主体。目前，我国政府部门新闻发言人大致有三类来源：部门主管领导、秘书长或办公厅主任、宣传部门负责人。国务院办公厅于2016年8月下发了《国务院办公厅关于在政务公开工作中进一步做好政务舆情回应的通知》（简称为"《舆情回应通知》"），从制度层面明确政务舆情回应的责任主体，依照属地管理、分级负责、谁主管谁负责原则，特别强调新闻发布的第一责任主体是涉事政府部门，而非宣传部门。依据《舆情回应通知》的文件要求，宣传部门在新闻发布过程中主要扮演协调者和顾问者角色，而发生危机的具体责任部门才是新闻发布的主导者和实施者。不过，如果同一个危机事件涉及多个政府相关部门的主管责任时，仍有可能需要依据实际情况来认真明确第一责任主体。只有责任主体明确了，才能真正解决好在新闻发布时"谁来说"的问题。

另一方面，要为责任主体助力和减压。政府部门的主要领导肩负着双重角色，他们既是政府部门的形象代言人，又是公众获知政府信息的权威信息源。要真正鼓励主要领导走上前台、参与新闻发布，就需要建立相应的配套机制，尤其是激励机制和容错机制。中央办公厅、国务院办公厅在2016年2月下发的《关于全面推进政务公开工作的意见》（简称为"《政务公开意见》"）中，明确指出要"把政务公开工作纳入绩效考核体系，加大分值权重"，落实好的予以表彰，不到位的通报批评，不公开或公开不当的依法追责，[1] 由此建立相应的奖惩措施。同时，《舆情回应通知》还强调要给新闻发言人一定的自主空间，宽容他们可能出现的失误，允许事后纠错。[2] "人非圣贤，孰能无过"，容错机制的提出具有特别重要的意义，也能在一定程度上为那些勇担当、敢说话的发言人减压，让他们能够更加从容、自信地面对媒体和公众。

---

[1] 国务院办公厅：《关于全面推进政务公开工作的意见》，见中华人民共和国中央人民政府网（http://www.gov.cn/zhengce/content/2016-11/15/content_5132852.htm）。

[2] 国务院办公厅：《国务院办公厅关于在政务公开工作中进一步做好政务舆情回应的通知》，见中华人民共和国中央人民政府网（http://www.gov.cn/zhengce/content/2016-08/12/content_5099138.htm）。

解决"谁来说"的问题,既要靠基层新闻发布制度对责任主体的细化、可操作化规定,更需要培养新闻发言人的担当意识。归根结底,在面对公众质疑和媒体批评时,能够直面问题的新闻发言人,往往内心真正对民意抱有敬畏之心、对公开具有责任意识。

二、说什么:如何改变单向传播

新闻发布的本质不在于发布信息,而在于回应关切,即根据公众的信息需求,由政府相关部门来披露真相、解释疑惑、澄清谬误、化解矛盾。因此,新闻发布的过程并非单向的信息通报,而应当在新闻发布过程中努力实现双向的对话交流和互动沟通。近年来,政府新闻发布制度主动求变趋势明显,但在具体实施过程中,一些相关部门的传播理念和思维方式或多或少地存在需要改进和提高的地方,有的还不能完全适应新媒体环境下舆论引导的规律和要求,有的还需要更多地改变沟通范式、回应社会关切。

1. 回应社会关切

"社会关切"一词较早由国务院办公厅于2013年10月发布的《关于进一步加强政府信息公开回应社会关切提升政府公信力的意见》提出。在信息选择、筛选、发布的过程中,作为信息掌握者的政府相关部门,建构文稿和框架时需摆脱过去那种程式化、重复单一的话语逻辑,而应当采用有的放矢、针对多数人关注的焦点优先回应的措施。

从回应范围看,自2013年以来,国务院在《信息公开条例》规定公开的11类政府信息基础上,要求大力推进行政审批、财政预决算和"三公"经费公开、保障性住房、食药安全、环境保护、安全生产、价格和收费、征地拆迁、教育为重点的公共企事业等9类重点领域的信息公开。[①] 依据《信息公开条例》规定的范围,这些领域的新闻发布工作必须更加注重发布频次、质量和范围,以保证信息公开的速度、广度和力度。

---

① 夏琼、覃进:《准确地把真实情况告诉公众——谈政府新闻发布制度化的内容把关》,载《新闻战线》2015年第23期,第98~100页。

从回应时效看,新闻发布通常可区分为日常事务的常规发布和突发事件的危机发布两类。前者对举行新闻发布会有定时、定点要求,主要由公众关注度高、民生关联性强的政府相关部门来实施。针对重大突发事件,《舆情回应通知》特别规定:最迟24小时内举行新闻发布会,对其他政务舆情,也必须48小时内回应。实际上,人民网舆情监测室曾针对新媒体环境下的新闻发布工作,提出过"黄金4小时原则",其对新闻发布的效率要求显然更高。《舆情回应通知》中对回应时效的要求,要想真正得到贯彻,还需要"对涉及特别重大、重大突发事件的政务舆情"做进一步界定,更具体地细化规定哪些类型和哪些情况达到了"重大"的层次。

2. 厘清信息边界

政务信息阳光透明存有界限,在《信息公开条例》第二章"公开的范围"中列明了应主动公开的信息,但并未对不能公开的政府信息做深入解释。近年来,国务院办公厅下发的文件也始终秉持"公开为原则,不公开为例外"的相似理念,并要求各部门在具体操作中细化权力清单、责任清单、负面清单。

厘清新闻发布的信息边界,可以让新闻发言人在实施新闻发布时能够依据相关规定,认真履行信息公开的职责,避免给人造成搪塞问题、掩瞒事实的印象。因此,哪些信息不能说的标准由谁来判断、判断其不予公开的具体理由是什么、不公开的原因是否需要向公众披露,关于这些方面的制度还有待细化和完善。

总体上,新闻发布应遵循真诚具体、有理有据的原则,不宜使用高度模糊①的句式,或以不便公开为理由而回避公开。公布信息不能公开的原因本身也是信息公开,也可以在允许的范围内向公众作充分说明,这样做有助于消除疑虑,提高政府新闻发布的公信力。

3. 强化舆情监测

回应社会关切的前提在于精准把握公众的情绪、心态和信息需求,强

---

① 高度模糊指话语本身与交际主体关联度低,即记者难从发言人的回答中得出与问题存在关联的结果。参见李海燕《新闻发言人用语策略解读》,载《新闻战线》2014年第10期,第119～120页。

化监测水平、注重舆情研判、增进社会洞察,是政府新闻发布的重要组成部分和先决条件。《舆情回应通知》第一条就指出:各级政府及其部门要高度重视政务舆情回应工作,切实增加舆情意识,建立健全政务舆情的监测、研判、回应机制。

新闻发布机构要对信息实现精准及时的收集,必须充分利用舆情监测获取的信息,由此判断舆情走向,及时了解公众关切,在此基础上,才能有针对性地拟定发布主题、确立发布框架,通过有效的议题设置让新闻发布的信息和公众关切的内容真正保持信息对称。

三、怎么说:如何创新话语和渠道

据中国互联网络信息中心(CNNIC)发布的第43次《中国互联网发展状况统计报告》显示,截至2018年12月,中国网民规模达到8.29亿,互联网普及率达59.60%,手机网民达8.17亿。[①] 在移动互联时代,公众接收政府信息渠道转移,互联网成为民意生成的集散地,为吸引网民尤其是年轻网民的关注,新闻发布就需要更加具备互动性、即时性和趣味性。《政务公开意见》第十一条强调,要注意运用数字化、图表图解、音视频等方式提高政策解读的针对性、科学性;第十二条规定,要搭建政民互动平台,积极探索公众参与新模式。要解决新闻发布"怎么说"的问题,需要从渠道创新和话语创新两个维度进行实践。

1. 渠道创新:搭建自媒体矩阵

传统的新闻发布多以新闻发布、政策吹风会、记者招待会、媒体采访等形式为主,与会人员多来自主流媒体,最终都通过主流媒体的新闻报道来传播新闻发布的具体内容。当前,随着微博、微信、政务客户端、政府网站等"两微一端一网"的兴起,提供了大众参与新闻发布的可能,为新闻发布提供了新渠道和新平台。如今,政府相关部门在社交媒体中自建

---

① 中国互联网络信息中心:《第43次〈中国互联网络发展状况统计报告〉》,见中国互联网络信息中心网(http://www.cnnic.net.cn/hlwfzyj/hlwxzbg/hlwtjbg/201902/t20190228_70645.htm)。

官方账号，打造信息矩阵，实现了从"现场发布"到"网络发布"的转变。相较于传统新闻发布会的模式，机构媒体矩阵模式的优势在于，既可以滚动发布动态实时信息，又能及时把握舆论脉动，还可以在线增进沟通反馈、快速扩大传播范围。通过常态化的实施微博发布、微信发布等工作，新闻发布正逐渐朝着"线上互动、线下跟进"的趋势发展，极大地提升了政府新闻发布工作的自主性、灵活性和可控性。

2. 话语创新：平衡专业性和通俗性

从传播学角度来看，大部分公众接受的是"喜闻乐见"的话语方式，因此，新闻发言人应当是通过改善个人的话语特色让其能成为被公众理解和接受的"角色"。王君超认为，发言人代表国家、集团、部门的利益，但也能有自我发挥的空间。① 这里的自我发挥空间，更多体现在新闻发布的表达方式和话语创新上。

具体来说，新闻发布中的"新闻"应当改变以往笼统、抽象、俯视的话语体系，应该更多地运用人性化、具体化、专业性和通俗性相结合的话语体系。具体的话语创新，则又可以从两方面着手：其一，发言人要多用公众易于接受的词语，如网言网语；其二，发布形式要注重视觉化、个性化表达，节约公众信息解码的时间和精力。比如2015年的全国两会报道，多家主流媒体推出数据新闻产品，央视新闻频道推出《数字两会》，央视网同步推出"漫画两会"，均以比较具有亲和力的话语吸引网民了解2015年政府的目标和任务。

四、结语

当前，政府新闻发布理念正在逐渐向以公众诉求为主转变，相继建立问责激励机制、拓宽发布渠道、创新发布话语，逐步形成学者与媒体、公众形成良性沟通的互动机制。在"谁来说""说什么""怎么说"的基础上，后续新闻发布制度建设的重点可围绕"说的实"来展开，即建立新

---

① 杨雪梅：《中国新闻发言人遭遇"七年之痒"》，载《人民日报》2011年8月12日第17版。

闻发布的实效评估机制。

新闻发布过程能否让公众满意？新闻发布的舆论引导效果怎样？能否有效转变公众对部门形象的认知和态度？这些都体现在实效评估的结果中。2008年实施的《信息公开条例》曾提出建立"社会评议制度"，但在现实中并未完全落实。因此，新闻发布主管部门或应考虑组建包含媒体人、专业学者、公众等在内的第三方评估机制，为常规尤其是非常规的新闻发布提供意见指导。未来，新闻发布制度建设仍需要依照"谁来说""说什么""怎么说""说的实"的多重逻辑进一步完善。

（本文作者为张志安、周嘉琳。本文主要内容原以《谁来说、说什么、怎么说——新闻发布制约因素及保障机制》为题首发于《新闻与写作》2017年第1期，第69～72页。本书收录时有所修订。）

新媒体环境下的新闻发布协同机制

基于 Web2.0 时代的新媒体技术不仅改变了人们的生活方式，而且影响着中国的媒体生态及治理方式。在新媒体环境下，新闻发布面临着多方对话语权的挑战，同时也受到技术、体制、理念等因素的影响。新闻发布的本质，不仅是上传下达，而且是回应社会关切，尤其是在灾难及突发事件发生后能起到满足公众需要、缓解社会情绪、维护社会稳定的作用。

从传播速度、覆盖范围、舆论引导的角度看，重大公共危机发生后，如果单纯依靠传统的新闻发布会进行新闻发布，其效果正在变得越来越有限。一方面，发布会之后的传统媒体报道会有"延时"，往往无法在第一时间将信息推送至利益相关者和关切事件的公众；另一方面，传统媒体的报道空间毕竟"容量"有限，无法适应"边掌握事实、边进行发布"的滚动传播需求。因此，在新媒体环境下构建新闻发布的协同机制变得必要且紧迫。

所谓协同机制，是指将各股力量整合、协调起来以发挥整体效应的机制。[①] 在新媒体环境下探讨新闻发布协同机制的目的在于：整合、协调新闻发布会与政府网站、微博、微信等多种平台、资源，建设新闻发布的新体系，探索新闻发布的新策略。

一、新媒体环境下新闻发布面临的新挑战

新媒体环境下的新闻发布时效性更强、成本更低、受众的参与更广泛，实现了政府相关部门与众人对话和互动的信息传播机制。不过，传统的新闻发布在新媒体环境下面临着更多的挑战。

---

① 汪锦军：《构建公共服务的协同机制：一个界定性框架》，载《中国行政管理》2012 年第 1 期，第 18～22 页。

1. 技术的公众赋权："草根"拥有"麦克风"

新媒体技术具有匿名性、多元化、门槛低、自主性强等特点，技术赋权为公众创造了自由发言的机会，塑造了"人人都有麦克风"的格局。"草根"阶层正在利用新技术发出自己的声音、掌握话语权的主动权。同时，一些传统媒体受到新媒体的挑战和冲击，其发行量和影响力正在不断下滑。在这种背景下，如果有些政府相关部门在新闻发布过程中依然理念守旧、沟通不畅、不善于利用新媒体技术和平台，则容易发生发布迟缓、内容模糊、效果有限的不良结果，并最终影响政府的公信力和权威性。

2. 固化的情感结构：正面引导效果受限

在新媒体环境下，公众针对公共事件的网络表达情绪和舆论中往往伴随着"不信任"的现象，由此导致有时新闻发布的正面舆论引导效果大打折扣。因此，在进行新闻发布时，发布者要遵循客观、真实、坦诚、公开的原则。而且，在面对公众批评时要更加宽容，针对批评性和质疑性观点进行反思和回应。

3. 多元的舆论场域：意见领袖作用不容忽视

新华社前总编南振中曾提出"官方舆论场"和"民间舆论场"的说法，由此强调打通两个舆论场的必要性。在新媒体环境下，"民间舆论场"越来越多地体现在论坛、微博等网络平台之中，而且呈现"微博化生存"的态势。当前，微博上的意见领袖往往掌握了较大的话语权，他们对危机事件理性或非理性的表达往往影响着事件舆论的走向。意见领袖往往能够为他人提供信息，对身边人的决定产生影响，具有较高的活跃度和积极性，并且对网络舆论具有较强的引导作用。在网络多元舆论的格局下，各种声音交织，如何争取意见领袖的共鸣成为新闻发布的新挑战。

二、新媒体环境下新闻发布的机制再造

面对新媒体环境对新闻发布产生的新挑战，政府相关部门应该综合利用政府网站、微博、微信等新媒体渠道与传统的新闻发布会建立"协同机制"，拓宽新闻发布的渠道，提升新闻发布的效果。比如，2014年全国两会首次采用微信发布信息，启用了"人大会议新闻中心"和"政协大

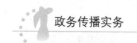

会新闻组"两个微信公众号,拓宽了两会对外发布信息的渠道。具体来说,如何创新新闻发布的方式、实现新闻发布的机制再造,至少要从以下四个方面来着力。

1. 理念:坚持信息公开

首先是要公开,而且要最大限度地实现信息公开。2013年,国务院办公厅下发了《关于进一步加强政府信息公开回应社会关切提升政府公信力的意见》,文件明确指出:"着力建设基于新媒体的政务信息发布和与公众互动交流的新渠道。各地区各部门应积极探索利用政务微博、微信等新媒体及时发布各类权威政务信息,尤其是涉及公众重大关切的公共事件和政策法规方面的信息,并充分利用新媒体的互动功能,以及时、便捷的方式与公众进行互动交流。"依托新媒体提供的技术平台,新闻发布可以较之过去实现更高效率的信息公开。

其次是要沟通。新闻发布的本质不是"发布",而是"交流"或"对话"。政府相关部门要转变单向发布的观念,遵循传播规律,把握受众特点,有的放矢地针对公众质疑和需求来进行高效传播。以微信公众号为例,"广东共青团"政务微信号开通后,不仅固定推送图文消息、发布政务信息,而且开展互动赠书等活动,与公众进行互动,这种形式既开拓了信息发布的渠道,也增进了与受众的交流机会。

最后是要反思。《信息公开条例》在具体实施过程中,有时还存在部门化、地方化、行政化等问题,因此,面对公众的批评和监督,政府相关部门要视之为社会问责,并将其作为推动国家治理的重要动力。

2. 平台:建设政府媒体

尽管政府可以邀请各大主流媒体来参加新闻发布会,但传统媒体会根据自己的定位和周期来筛选和加工,因此政府所要发布的信息未必能在第一时间、完整全面地传播出去。而在新媒体环境下,政府应重视机构媒体建设,为此有必要花更多的成本来建设新媒体平台。

(1)完善政府网站,打造信息公开平台。政府网站是权威信息的源头,网站设计上要易于操作,信息发布上要及时准确,应丰富服务板块并完善互动机制。

(2)发展政务微博,增进政民互动。政务微博在信息公开、政民互动、舆情监测方面具有不可替代的功能。目前,新浪微博都开通了政府服务平台,以实现信息资源的有效整合,如果善加利用,则完全可以将政务微博打造成"大众媒体"。

(3) 开设政务微信,打通服务渠道。政务微信通常有四种功能:移动化的民生服务平台、精准化的信息传播载体、零距离的政民互动频道、创新型的公共服务空间。与微博的大众化相比,微信相对窄众化、精准化,如果微信、微博双管齐下,则可实现信息的有效发布及精准到达。

3. 资源:善用有理性及专业表达能力的意见领袖

意见领袖往往具有"信息中介"和"观念影响"的双重功能,政府新闻发布如果善用意见领袖的资源,往往能收到事半功倍的效果。从信息中介的角度看,在重大事件发生后,政府相关部门可有效借助官方媒体微博,及时发布权威、准确的信息,以便让真相在第一时间赶在流言之前被广泛传播。在这方面,可利用的媒体微博有如"@人民日报""@央视新闻""@新华社发布"等。从观念引导的角度看,则要跟不同领域的"专业意见领袖"保持紧密沟通。这个群体多由学者、记者等构成,他们在不同领域的持续发声,有利于引导公众的理性思考。

4. 方式:实现渠道协同

要实现新媒体环境下新闻发布的机制再造,就需要进行不同渠道资源和效应的整合与协调,即借助新闻发布会、政务微博、主流媒体、意见领袖等来实施新型的新闻发布。

具体来说,当公共危机事件发生后,新闻发布对不同平台、形式的利用可有所选择、有所侧重。① 政务微博:既可坚持"1 小时黄金原则",在第一时间利用微博快速发布信息,又可利用政务微博"边掌握事实、边进行发布",滚动发布动态事实;② 新闻发布会:召开发布会的必要性主要在于对关键事实进行解释说明,同时通过记者问答环节来澄清误解、强调关键信息;③ 主流媒体:邀请具有影响力、公信力的权威媒体,准确报道危机事件的核心事实,有利于满足公众对核心信息的需求;④ 意见领袖:邀请在不同领域具有理性、专业表达能力的意见领袖,深入解读事实,深化公众认知。这四种不同渠道的综合利用,将极大地提升政府新闻发布的效率和效果。(见图 2-1)

图2-1 借助新闻发布会、政务微博、主流媒体、意见领袖等来实施新型的新闻发布

三、新媒体环境下新闻发布的关键策略

基于前文所说的挑战和机制,新媒体环境下的新闻发布有四个关键策略。

1. 政务传播过程中信息必须更加公开

常态下的信息公开主要发挥上传下达、信息服务的作用,在危机状态下的信息公开则主要发挥披露真相、满足知情的功能。在新媒体环境下,政府相关部门必须牢固树立"疏"而非"堵"的新闻发布理念。

2. 由于网络传播速度更快,政务传播建设的平台必须更加自主

在新闻发布过程中,要充分了解和把握不同发布平台的传播特点和技术属性,针对发布信息的特点和需要灵活选择最佳平台和渠道。其中,政务微博、政务微信应该成为自主新闻发布的重点渠道。

3. 由于新闻发布需要整合的资源更多,协同机制必须更加高效

在新媒体环境下,新闻发布在整合资源的基础上可以实现更加高效的协同,其中,与意见领袖保持互动、协作也很重要。

4. 新闻发布要采取开放和包容的心态

新闻发布要以开放、包容的心态来接纳网友的评论和质疑,在实践中

积极探索有效的对话方式。

总之,协同是从碎片化走向整体化的过程。影响新闻发布的因素越复杂,对协同机制的要求就越迫切,在新媒体环境下建立新闻发布的协同机制是必然趋势也是当务之急。

(本文作者为张志安、徐晓蕾。本文主要内容首发于《新闻与写作》2014年第4期,第59~61页。本书收录时有所修订。)

社交媒体新闻发布的类型、功效与策略

近年来,网络舆情事件频发,尽管这些事件的起因、类型和性质各有不同,但一经曝光,便会在微博、微信等社交媒体平台引发广泛讨论,再经过社会情绪的强化和网络舆论的生成,很可能由地方性事件扩散为全国性事件,由单一舆情演变为复杂舆情。因此,对社交媒体下的舆情处置、新闻发布和信息公开越来越需要用更高效的策略与方法来应对。

随着政务微博和政务微信的快速兴起,利用社交媒体进行新闻发布变得越来越常态化乃至机制化。基于移动互联网的社交媒体日益普及,探究社交媒体新闻发布的机制建设和策略的完善,能为创新"互联网+政务"新闻发布方式提供新的理念和实践启示。为此,本文将从社交媒体新闻发布的类型、功效与策略完善三方面来进行探讨。

一、社交媒体新闻发布的类型和特点

回顾社交媒体新闻发布的历程,大体有这样的发展轨迹:2011 年是政务微博元年,2013 年是政务微信元年,2016 年则是政务移动直播元年。2014 年 9 月 10 日,国家互联网信息办公室下发通知,强调"区分政务公众账号与政务微博的功能定位,实施'双微'联动、协同发展"[1]。可见,政务微博和政务微信公众号已成为社交媒体新闻发布的两大重要形式。2016 年 6 月 20 日,山东省潍坊市交警支队通过官方微博实时视频直播交警查酒驾,吸引超过 3 万人在线观看,政务信息的移动直播正成为社交媒体新闻发布的新形式。

当前,社交媒体新闻发布的类型主要有三种:政务微博发布、政务微

---

[1] 国家网信办:《大力推动即时通信工具政务公众账号发展》,见凤凰网(http://news.ifeng.com/a/20140910/41929306_0.shtml.)。

信发布和政务直播发布。

(一) 政务微博发布：滚动信息的大众化传播

截至 2018 年 12 月，经过新浪微博平台认证的政务机构微博达到 138253 个，政府部门、党委部门、社会团体等机构纷纷开设政务微博。其中，政府部门开设的政务微博数量最多，共开通 93215 个；其次为群体组织，共开通 30886 个。[①] 政务微博在新闻发布方面具有以下三个主要特点。

1. 开放性：传播范围更广

尽管微博新增了"好友可见"和"仅自己可见"的功能，但总体依然是相对开放的信息传播和舆论生成平台。通过微博来进行新闻发布，可以动态公开事实信息，实现信息的快速发布和多点传播。特别是在重大突发事件发生后，微博用户可以通过"政务微博发布"在第一时间了解事实、跟踪把握动态信息，并通过转发、"@"或评论的方式来扩大政务信息传播的范围。

2. 零散性：动态信息的碎片化传播

受限于微博 140 字的常规表达文本，相比其他形式的发布，政务微博发布的信息显得更加零散。由于微博发布便捷且成本较低，所以更新频率较快，采用多条连续发布的形式，滚动更新动态信息，可以在第一时间告知公众事件的进展，满足"边掌握事实、边进行发布"的滚动传播要求。

3. 互动性：把握网络舆论的基础性平台

政务微博发布后，公众可实时通过微博客户端转发或评论，即时与发布主体进行互动，直接反映公众对突发事件的关切——他们的赞同或反对立场、提出的质疑或补充的意见，这些都是新闻发布实施全过程中需要重视和关注的重要信息。在及时和有效掌握网络舆论特点的基础上，政务微博发布还可以强化政务沟通的互动性、信息发布的针对性和回应质疑的有

[①] 中国互联网络信息中心：《第 43 次〈中国互联网络发展状况统计报告〉》，见中国互联网络信息中心网（http://www.cnnic.net.cn/hlwfzyj/hlwxzbg/hlwtjbg/201902/t20190228_70645.htm）。

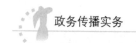

效性,从而实现促进公众理解、及时化解危机的目标。

(二)政务微信发布:信息解读的引导式传播

如果说政务微博是发布滚动信息、披露新闻动态的主战场,那么政务微信就是整合碎片信息、挖掘新闻深度、提供理性意见的分战场。

1. 精准推送:圈子化的传播效应

政务微信兼具信息传播和政务服务的双重功能,其新闻发布更具精准化和圈子化特征,地方政府的政务微信能为特定区域的"粉丝"群体提供定制信息,如"广州发布"主要针对广州、"中山发布"主要针对中山提供信息服务。突发事件发生后,微信公众号运营方可以整合相关的政策法规、会议内容、突发事件处理情况等内容,快而准地把信息推送到相对精准的用户群体,因而贴近性、针对性更强。

2. 深度引导:图文信息的整合传播

受限于政务微信的推送频率,其新闻发布更倾向于推送有一定深度的文章,包括对碎片化信息的整合和扩充,对已发生或流传的信息进行纠正纠偏,以及对重大敏感议题进行理性引导。如果要与政务微博的发布工作形成有效互补,我们可以重点利用微博披露动态消息,利用政务微信来提供观点、深度引导。

3. 创新传播:图文并茂的交互表达

相比政务微博的"九宫格"图片阅读方式,微信公众号的文章推送更具有形式创新的空间。文字、图片、表情GIF(动态图片)、图表、音频、H5等往往能结合在一起,使得文章更"接地气"和通俗易懂。例如,2017年3月12日,最高人民法院发布微信《VR、H5带您看2017全国"两会"最高人民法院工作报告》,直接扫二维码即可进入报告现场,除提供大数据的图表总结外,还借助VR技术来发布最高人民法院院长的工作报告,符合移动用户尤其是年轻网民对视觉化、沉浸式内容的浏览偏好。

(三)移动直播发布:动态信息的视觉化传播

网络直播大体经历了从文字直播到网站视频直播、再到移动直播的发展过程，政府机构也多次运用网络直播进行新闻发布和政务公开。比如，2013年济南市中级人民法院利用微博对薄熙来庭审现场及过程进行文字直播；2016年1月7日，北京市海淀区人民法院通过多种网络平台对深圳"快播"案进行近20小时的庭审直播；2017年，"一直播"平台联合多地交警部门，发起高速公路、机场、铁路的"2017春运直播"活动，每天直播近百场次。

不同于传统的图文发布直播和法院庭审网站直播，政务移动直播的本质在于塑造公众参与感，目的是使新闻发布更为视觉化和即时化。

1. 以过程公开实现参与式舆论引导

相比以往只能等待警方通报的结果公开，移动直播更能满足公众对过程公开的要求。通过收看移动直播，他们能亲眼见证事件的发生经过，能直接了解多元主体的诉求和回应，并且能在观看参与的过程中不断交流。2017年3月，深圳微博发布厅通过"一直播"平台，直播惠州港救援搁浅抹香鲸事件，近10万人次观看连续三场的直播，一方面，观看直播的受众真切感受到救援人员的努力，了解到救援措施的制订和实施；另一方面，让受众直接参与救援的分析讨论过程，由此实现了信息传播和舆论引导功能的有机结合。

2. 以去隔层化沟通取代自上而下的传播

传统的新闻发布流程主要是自上而下的，缺乏互动沟通和充分交流。新时代的政务传播更注重去隔层化沟通，即实现传播者和公众间的平等交流，以减少不同群体间的隔阂，增进利益相关者的沟通和理解。2016年10月18日，腾讯网直播北京朝阳法院对北京宏绣名仕公司依法采取强制执行措施的现场，250万人次上线围观参与，这次网络直播直观地展现了法院执行工作人员的日常工作。此外，2016年10月11日、13日和14日，重庆消防以"热血消防季"为主题，连续三天在"虎牙""花椒""映客"等直播平台上进行消防训练项目的直播，向公众展示良好的政务服务形象。

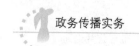

二、社交媒体新闻发布的主要功效

因为不同社交媒体具有不同的传播属性,所以政府相关部门应当综合运用多种社交媒体来打造"指尖上的发布"全渠道。这种组合式发布比单一式发布更能发挥多重功效,它的功效主要体现在推动信息公开、进行舆论引导和提高政府公信力三个方面。

(一)推动信息公开

社交媒体上的新闻发布,不仅发布频率可有所提升(如日常的一日数次的微博发布或微信推送,或突发事件的线上互动与直播),而且发布速度基本可以做到在第一时间发布(如事件发生后,可在数十分钟或几小时内利用微博或微信进行发布)。此外,发布信息也可以更加多样透明(包括对政策的制定、发布和解读,对重大事件的调查和结果公布,对公众质疑的积极回应等)。因此,由相关责任部门直接利用社交平台进行发布,可以更好地满足公众的知情权,切实推动信息公开制度的落实。

(二)进行舆论引导

通过监测社交媒体上的舆情态势,政府机构可以有的放矢地进行新闻发布,以有理有据的逻辑分析或全面的事实细节展现,在众声喧哗的网络空间中提供主流而权威的信息,进行主动有效的舆论导向。例如,2017年4月4日20时30分,广东省中山市小榄镇发生汽油爆炸案,网上流传出不少视频和照片,出现了各种猜疑和担忧。中山市公安局的官方微博"@平安中山"于当晚23时50分快速发布第一次通报,初步披露基本事实,4月5日7时15分又发布第二次通报,告知公众案件已被侦破,查明爆炸案只是私人恩怨的报复行为,由此有效地把握了舆论的导向,避免了可能出现的舆情危机。

(三)提高政府公信力

在某些涉及冲突的舆情事件中,一部分公众出于对弱者的同情,在事件发生初期会对一些政府相关部门提出质疑。在这种情况下，政府相关部门应通过多种社交媒体主动发布有说服力的证据、事实和相关信息，并邀请不同领域具有专业性和公信力的网络意见领袖提供理性观点，借助"主动说、大家说、权威说"的多元发布主体，推动公众理性思考，维护和提高政府公信力。此外，政府新闻发布的相关部门应当充分利用新媒体方式进行形态创新和话语创新，这样更有利于其树立可亲、可信的良好形象。比如，交警执法、法院执行、消防演练等多种形式的网络直播发布，就可以一改以往的神秘形象，切实拉近政府和公众之间的距离。

三、社交媒体新闻发布的基本策略

当前的社交媒体新闻发布还存在一些问题，比如"我说你听"的单向传播、"谁捅的娄子我不管"的冷漠态度、"我就是不回应"的逃避做法、"我爱怼谁就怼谁"的任性互动，以及"出了责任都是个人行为"的推卸理由。一些部门运用社交媒体进行新闻发布的意识和策略还需要切实加强。笔者认为，做好社交媒体新闻发布主要有以下基本策略。

（一）回应宜快不宜慢

过去新闻发布的速度一般要遵循"24小时黄金原则"，后来国务院相关文件要求对涉及特别重大、重大突发事件的政务舆情最迟要在5小时内发布权威信息，在24小时内举行新闻发布会，在48小时内回应社会关切。现在，借助社交媒体，政府相关部门完全可以实现"1小时黄金原则"，在第一时间先通过政务微博或政务微信来发布消息和表达立场。即便是在短时间内，政府相关部门尚没有办法调查清楚全部事实和主要原因，也可以快速发布"简要事实＋应急措施＋积极态度"。

（二）信息宜细不宜粗

新闻发布的信息要准确全面，宜细不宜粗，不要有含糊不清或自相矛盾之处。一旦公众发现信息错漏时，就会更加对政府相关部门发布的信息表示质疑甚至引发不满情绪。社交媒体发布的信息要不出纰漏，就必须做

到事实调查的严谨客观、发布内容的精细准确。

（三）情感宜顺不宜怼

新闻发布过程中要注意安抚公众情绪、适度调节情感。由于网络的匿名性和社交媒体的放大作用，网络事件往往裹挟着偏激性情绪甚至出现"结构性怨恨"。突发事件发生后，如果政府相关部门在社交媒体新闻发布过程中缺乏诚恳和善意的态度，甚至有时在发布的语言中折射出傲慢的姿态，则很可能会产生严重的负面影响。

如果能适时地利用好一些网络意见领袖所提供的专业的观点和论证，来对事实做出合情合理的解释，用理性温和的语态来进行新闻发布，则更易让公众接受认可。值得注意的是，当新闻发布会进行线上直播时，新闻发言人的表情、语态、陈述也会对公众的情绪产生影响，这时候要格外注意对公众的感知进行判断，并对公众的情绪进行积极的调节。

（四）渠道宜广不宜散

新闻发布过程中既要注意事件不同关联体的矩阵发布，又要注意不同社交媒体的协同效应，发布要做到广泛覆盖，但不宜过度分散。在突发公共事件及社会热点事件中，涉及的不同机构最好进行矩阵式发布，从不同方面做出积极回应。例如，2014年上线的"中山发布"政务微信，就整合了全市25个镇区与43个行政部门和单位的官方微信公众号，统筹共享资源，协同联动发声，发挥了集群效应。

不同社交媒体具有不同的传播属性，为达到更好的新闻发布效果，微信、微博和直播可以进行协同发布。例如，2016年8—9月，新浪微博联合公安部交通管理局共同发起的"全国交警直播月"活动，由全国29个城市的公安交管部门进行了29场执法直播，视频观看总量达1255万次，"执法直播台"话题的阅读量超过1.7亿次。同时，各大交警的微信公众号，也配合发表了这一直播过程以及交通守纪常识推广的相关文章。

（五）焦点宜准不宜杂

新闻发布要达到沟通和说服的效果，就不能在发布中"左顾右盼"，而必须回应质疑、突出重点，实现新闻发布和社会关切的精准对接。有的政府相关部门在新闻发布过程中，主要传递了"政府做了什么""政府还将做什么""政府对发生这个事情表示歉意"等信息。但实际上，公众可能最希望听到"为什么会发生这个事""谁应该对这个事负责""如何才能避免此类事件再发生"等信息。只有在新闻发布中准确回应公众最想获知的事情真相，才能奠定有效的沟通基础。

因此，当政府相关部门利用政务微博、政务微信和移动直播等多种形式进行新闻发布时，一定要注意把握不同平台和渠道的技术特性，实现精准信息而非杂乱信息的传播。依据不同的传播特性，政务微博应侧重"披露事实"，政务微信应侧重"解释事实"，而政务直播则应侧重"呈现事实"。

（本文作者为张志安、李春凤。本文主要内容首发于《新闻与写作》2017年第5期，第57～60页。本书收录时有所修订。）

隐性新闻发布的类型、动因及反思

在纷繁复杂的舆论场中，除了政务微博、政务微信、新闻发布会、政务直播、媒介采访等传统官方新闻发布渠道外，政府部门还会通过其他非官方或半官方渠道来发布官方信息，如在个人社交媒体账号上发布政府信息、用非认证的微信公众号来进行舆论引导等。这些非正式的新闻发布形式，作为传统官方发布的补充或替代，我们可以称之为"隐性新闻发布"。本文通过总结隐性新闻发布的主要类型及其功效，分析其社会及传播动因，并对此现象进行反思和总结。

一、隐性新闻发布的类型

隐性新闻发布，是指政府部门用不确定的身份或相对模糊的身份进行新闻发布，向公众公开或强化某类信息、释放某类舆论信号，但注重淡化官方发布的身份。据观察，目前隐性新闻发布主要有三种类型。

（一）依托个人平台，自主发布官方消息

这种新闻发布类型的特点是：依托普通网民或企业组织的身份来持续发布官方信息。除已经平台认证的政务微博、微信账号外，还存在一批以个人或企业身份注册、主要发布官方政策及官方消息的账号，如微信公众号"舆论热点"等。

"舆论热点"微信公众号注册于 2014 年 12 月 24 日，注册地为山东省，性别男，文章自称"司法系统的跑口记者"。但其微博账号注册于 2012 年 2 月 12 日，注册地为北京，身份认证为法制记者，供职单位未明。

相比大部分个人认证的账号，该公众号具有两个特点：

1. 多发布官方消息或趋向官方立场的评论

截至 2018 年 12 月 25 日,共推送 837 篇文章,内容均与法律、法院、法制人员相关。2015 年,该公众号多推送原创的法制新闻评论或法院工作报告,大部分未标明出处。2016 年至 2017 年 10 月期间共推送 596 篇文章,约 4 篇转载自"最高人民法院",约 335 篇文章转载自"最高法院新闻局",但目前最高法院新闻局尚未设立官方认证的微信公众号。

2. 多次获得独家报道的机会,与官方舆论形成共振

2016 年 2 月 26 日,北京市昌平区人民法院女法官马彩云遭遇枪击,不少网站发布此新闻后又删除,公众猜测被害原因,一时谣言四起。2 月 27 日 19 时,微信公众号"陕西高院"发文《强烈谴责枪杀法官的暴行!正义的国人都为正义呐喊吧!》。19 时 53 分,"舆论热点"发表哀悼微博,微信公众号同步推送短文证实女法官被害消息及谴责凶手。此后,不同政法媒体和法官纷纷发声,舆论趋于同情法官的遭遇和谴责凶手。28 日凌晨,"@最高人民法院"连发了两条微博谴责暴行,官方的首度表态博得舆论的赞同。后"舆论热点"微信公众号又推送多篇悼念文章,并在微博上独家报道"最高人民法院领导首次系黑色领带出席发布会"。此外,此微信公众号还曾独家发布房祖名的庭审视频、最高人民法院对于民间借贷及死刑等议题的回应,体现与最高人民法院的紧密联系。

(二)借助第三方平台,灵活发布官方消息

这种新闻发布类型的特点是,利用第三方个人或非官方机构运营的平台,发布官方消息或官方态度。这类信息,有时候不便以官方身份发布,或以官方身份发布时效果会大打折扣,因此由他者来发布就显得比较合适。微博"大 V"、微信大号因其庞大的粉丝群、突出的专业水平和理性中立的形象,成为官方消息在民间发布的重要渠道。

在 2017 年泸县初中生跳楼事件中,微博"大 V""@一个有点理想的记者"是舆论转折的关键节点之一。该"大 V"是辽宁某电视台记者,曾多次参与网络热点讨论,在微博平台上具有一定知名度。在舆情爆发早期,泸县警方回应较为被动。谣言不断,舆论几乎一面倒向受害者,责备警方调查不力。直至警方与受害者家属对话录音被公布后,舆论才出现反

转。2017年4月6日,微博"大V""@一个有点理想的记者"在微博公开了泸县警方、教育局人员与家属长达20多分钟的录音及文字稿。根据录音所示,受害者家属不肯配合警方,而且质疑警方不会公正处理。该录音公开后,《环球时报》等新闻媒体转载报道,不少网友从同情家属转变成"心疼"警察,认为受害者父母缺乏沟通诚意,不肯配合警察工作。

依托记者身份来发布官方消息,能充分利用记者的影响力和话语引导力来增强官方信息的可信度和传播度。在上述的泸县事件中,该录音材料具有一定导向性,若警方自行公布,那公众可能会猜测警方是故意向家属套话并录音剪辑,或认为警方有失风度,意图转移责任,将调查困难归因于家属不肯尸检。由第三方记者来发布,一定程度上可以推动公众对警方工作的理解,有助于舆情引导。

但官方在选择第三方平台时,应当思考如何使发布更为自然和更具公信力。"@一个有点理想的记者"作为外地记者,并未直接参与泸县事件的调查过程,其录音来源及官方立场可能会被质疑。因此,如果选择更具公信力的、参与程度更高的当地媒体平台如《四川日报》《成都商报》等,或许会取得更好的发布效果。

(三)采取模糊身份,发布正能量信息

这种新闻发布类型的特点是:身份模糊不清,作品富有创意,能应用多样表达形式来发布正能量信息,缩短公众与正面宣传的距离感。

"复兴路上工作室"是时政类新媒体传播的成功案例,其惯用较为活泼明快的动画形式来讲述严肃的政治话题,在国外传播范围较广。"复兴路上工作室"已出品了多个短片,主题均与党政外交治理紧密相关,短片《中国共产党与你一直在路上》在网络公开流行前就被中国社会科学院用作东南亚外交活动的开场白。2013年10月14日上传的《领导人是怎样炼成的》(中英文版本)首次以讲故事的形式介绍中国的干部选拔制度,并第一次将国家领导人卡通化,被广泛传播。

尽管工作室身份尚未得到官方证实,但其显然已经成为中国官方正能量传播的良好渠道,具有重要的借鉴意义。第一,"身世之谜"未解,提高受众的期待感,提升传播热度。第二,内容正面引导的同时,在配音、画面和表达方式上追求更有趣和更接地气。"复兴路上工作室"后，一批制作风格类似的工作室如"指尖上的中国工作室""朝阳工作室"，打造出"群众路线系列"动画视频等爆款作品。第三，为媒体报道的尺度、风格和分寸提供风向标。自"复兴路上工作室"将国家领导人漫画化后，《人民日报》等官方媒体也在积极探索更活泼的政治表述。在党的十九大召开期间，涌现出一批H5、VR、微视频等互动性、宣传性、趣味性与知识性兼备的优秀作品。

二、隐性新闻发布的动因

随着教育水平的提高、价值观的多元化和社会阶层群体的逐渐分化，官方舆论场与民间舆论场被明显区分。某些涉警涉法的舆情事件爆发后，当官方舆论与民间想象出现较大分歧时，来自官方舆论场的信息经常被质疑、论证甚至推翻否定，为官方发布工作增加许多困难。因此，传统的官方新闻发布方式要寻求新的路径，拓宽新思路。本文所探讨的隐性新闻发布方式，正是基于现有舆论环境下所做的新尝试。

（一）淡化官方色彩，降低刻板印象消极影响

刻板印象，即"定型化效应"，是指个体受自身的社会经验影响对社会的人或事具有"根深蒂固"的印象。不同对象易被划分为不同群体，因类型化的特征而被"标签化"，如新闻报道中的"官二代""富二代"等群体常与盛气凌人、霸道、强硬等特征挂钩。这些刻板印象会使个体在接收信息时易形成偏见，改变甚至扭曲原来的传播意义，造成传播障碍。

在大多数舆情事件中，面对官方口径和民间声音的冲突，公众无从辨别和归纳，思维模式从"信任"转向"怀疑"。在这种情况下，他们有时候更愿意相信非官方"大V"的独立性，跟随网络"大V"来进行信息筛选、理性分析、选择立场。

隐性新闻发布可以淡化官方色彩，在一定程度上能够打破公众的心理预期，减少其对官方的戒备情绪，并使其重新回归信息本身的逻辑分析；提供更理性的观点和传达积极的声音，配合常规的新闻发布，可能会产生

良好的传播功效。例如，2016年在外界担忧中国经济下行和转型，出现"唱衰"论调时，"复兴路上工作室"发布短片《中国经济真功夫》，用中国功夫的招式来理解中国经济新常态。在短片发布当天，国家发展和改革委员会（简称为"国家发改委"）新闻发布会披露一季度的部分数据来显示中国经济的回升，从侧面印证了短片的内容。短片与会议相呼应，从情感调动和理性数据两方面来恢复公众对中国经济运行的信心，争取公众的信任。

（二）克服传统新闻发布局限，争取舆情处置空间

传统的官方发布注重信息的权威性和客观性以及逻辑的严密性，既要查明事情真相和追究责任主体，又强调表达规范，这在一定程度上影响了时效性。传统发布机制的流程通常为：舆情事件发生后，当事部门需要开会讨论，研判舆情后上报主管部门，主管部门启动舆情应急机制，成立舆情应对小组，确定职责，安排和审查发布内容。日常信息发布，通常也要经历稿件编辑、上报宣传办主任审核、分管领导确认再发布的过程，呈现出流程繁复、领导判断、应变效率较低的局限性。

在网络信息快速传播的时代，舆情爆发急，社会情绪传染较快，公众希望尽快获知事件调查进展，传统的发布机制已不能完全适应当下的舆情环境。隐性新闻发布可以减轻官方认证的身份压力，克服传统新闻发布的局限性，发挥当事部门的积极主动性，缩短等待上级领导批复的时间，不定时地快速公布调查进展，满足公众的知情权。

在突发性舆情事件爆发时，哪怕事情真相未明或结果尚未查清，也要及时向公众公开调查进展和阶段性结果。如果官方的相关部门担心阶段性公布信息与最后结果不符，影响官方权威发布公信力的话，那么可以考虑采取隐性发布方式，用模糊身份来公开信息，减轻发布单位因官方身份所带来的舆论隐忧和决策压力。这样一方面可以缩短信息审核过程，发挥发布者的主观能动性，避免发布部门过于谨慎发布信息而错失最好的舆情处置时机；另一方面能减少发布风险，给官方相关部门回应处置赢得空间。

（三）顺应网络传播规律，释放个性化表达空间

网络对话语传播方式提出了新的要求。以往官方组织和主流媒体掌握的权威话语权，被下放到拥有不同"粉丝"量的自媒体。传统的宏大叙事、论理结合和春秋笔法更适于传统媒体的模块传播，而碎片化的网络时代更要求生动有趣的人际传播。网络直播的弹幕、层出不穷的网络新词、轻松幽默的语态、设身处地的情感代入等组成网络流行文化的特征。重构主流话语体系，用年轻人的话语方式来传播主流价值观，就要根据网络传播的特征来创新话语表达方式，探索个体化情感化表达。

面对网络传播的压力，政务新媒体也在探索创新的途径。但大多数政务新媒体因官方身份的诸多约束，话语表达把握不好度与分寸，有时候容易招致批评，如文风活泼会被视为不严肃、有失大气；文风严谨又会被视为不亲民、无聊枯燥等。

隐性新闻发布可以适当抛开官方身份的顾忌，将运营的媒体平台视为"试验田"，只要保证核心的价值观，就可以大胆运用年轻人喜闻乐见的表达方式，顺应网络语态和传播规律，释放个性话语空间，将制作的内容产品真正交付市场，再以市场反应为标准进行调整，遵循优胜劣汰的商品规律。仍以"复兴路上工作室"为例，其短片《领导人是怎样炼成的》就是一次自下而上的自发性传播，脱离官方指令和官方硬性推广，将传播权交给视频网站和观看者本身，反而取得极好的市场反响。其后的作品表达方式也不断创新，说唱、快闪、纪录片、卡通、微电影等多种拍摄方式结合，接地气、个性化、富有人情味的叙事话语表达，紧紧抓住网络新潮流，让正能量产品与现代性结合，让官方宣传更具趣味化。

（四）释放"决策气球"，调整舆论导向

"决策气球"是最早由美国政府推行的一种较为隐蔽的政策推销方式，即政府在出台某个政策前，先以消息人士的身份向媒体透露该政策的施行，试探公众反应。如果公众反响较好，就继续推动；如果公众强烈反对，官方就出面否认。以往，新闻媒体是释放"决策气球"的渠道和平台。从公众的角度看，他们会认为媒体平台发布的政策就是"板上钉钉"

的事情。而媒体报道受新闻生产机制的影响，有的媒体可能会选择某个角度有意识地引导公众对政策产生误读，从而放大政策的负面影响而忽视政策的正面作用。

在自媒体平台上，官方选择隐性发布，直接与公众沟通，自主设置话题，调动社会参与积极性，引导公众根据兴趣和自身经验来讨论，抛开预设立场，畅所欲言，形成良好的对话。官方的相关部门由此可以尽可能广泛地听取民意和了解舆情，从而调整舆论导向。如在前述的女法官被害事件中，在传统媒体失语的时候，"陕西高院"率先发声，"舆论热点"等自媒体跟进，以女法官的为人处事、持枪者的发难缘由、法制人员的艰辛工作为主题展开，公众从早期揣测枉法被害原因到为被害女法官鸣不平、对法制工作者工作表示理解，舆论偏向于同情法官。最高人民法院最后做出回应，表示谴责。

三、关于隐性新闻发布的反思

隐性新闻发布在一定程度上弥补了传统新闻发布方式在信息公开、舆情调控、形象宣传、正能量传播等方面的不足，有其存在的合理性和必要性，但同时也要反思这种新闻发布方式潜在的风险和问题，把握应用尺度和分寸。

（一）增加真实舆论场中的不确定信息

官方相关部门隐匿身份进行新闻发布，一定程度上可能会增加真实舆论场的不确定信息，这主要体现在三个方面。

1. 可能会形成舆论虚假一致的情况

因个体心理状况、社会经验、受教育程度、经济地位、主张诉求等差异，民间话语表达更加分散，更易受他人观点的影响。隐性新闻发布若用煽动性的话语或片面的事实来说服受众，会让公众误以为发布者为官方同盟，降低对信息本身的敏感性，情感接受多于理性思考，这就可能达成虚假的舆论一致情况。

2. 可能影响真实舆论场的形成

舆论场是指就某一中介性事项,不同社会群体和不同社会心理所共同构建的舆情空间。互联网上的舆论场作为公共空间,官方话语和民间话语都是其构成部分,拥有均等的表达权,是在公开平台上进行的平等讨论,公众可以在不断的观点碰撞中发展,培养理性思考的独立人格。从长远来看,隐性发布会影响思想的多样性发展和观点的自由表达。

3. 可能会导致舆论重点发生转移

由于信息表达主体的身份不够清晰,极易引发公众对模糊主体的猜测,会让讨论的重点发生转移。比如"复兴路上工作室"出品的作品本身兼具可读性和社会性,但部分报道和讨论热帖都把热点放在猜测其背后的身份,反而容易忽略作品本身的意义。

(二)较难通过透明性建立持久公信力

公开透明是提高政府公信力的前提。现代社会对信息公开透明的要求越来越高,体现在公共管理的各个层面,从办事流程、服务体现、政策风险评估到效果问责各个环节,都要社会的参与和监督。因此,越是信息公开透明,越能调动社会参与的积极性,越能体现政府的程序正义,越有利于持久公信力的建设。政府既是社会制度的制定者、执行者和维护者,又是社会秩序和社会治理的示范者,公众对政府犯错的容忍度较低,是因为他们潜意识里视官方为权威和模范,公开透明是政府给予公民监督最好的保证。

政府相关部门采取隐性新闻发布方式,以普通网民身份发布消息,与公众平等交流,一旦身份被公开,可能会引起公众不适和舆论反弹,他们可能会重新审视在重大舆情事件中官方的动机,会加深对官方发布的不理解,甚至质疑以往发布的信息是否存在遮掩或刻意引导,因此会影响官方持久公信力的形成。现实生活中最为鲜活的案例就是公众人物开小号被公布后,别人就会不断地研究其小号的全部内容,尤其关注争议性内容,更加从情感上来固化原有的刻板印象,以此来印证或颠覆之前对其的看法,这在一定程度上有损其信誉和影响力。

政务传播实务

(三) 相对模糊的公私边界影响风险控制的效度

官方机构在以正式身份进行新闻发布和信息披露时，强调标准和把关程序，严格审查信息的准确性和程序的合法性，恪守法律规章制度，注意语言表述的严谨性，避免产生误读误解。

当官方隐匿身份进行发布，打造类似私人自媒体或社会性机构媒体时，虽然可以顺应网络传播特点，以情绪化的个人表达、大胆的内容、多样的表现方式来达到更好的传播效果，但也容易导致不可控的风险，因为官方与非官方之间相对模糊的公私边界不好明确区分。若尺度把握不好或情感拿捏不准，很容易滋生类似的过界问题：①在内容选择上，是公布全部的已知信息，还是公布部分对己有利的信息——如何确保在满足公众信息需求的同时又不泄露内部机密、不影响最后的调查结果；②在话语表达上，是选择就事论事的理性表达，还是选择以情动人的情感化表达——如何确保在进行情感代入时不过分煽动公众，保持客观中立又具有人情味；③在回应姿态上，是选择亲民随和还是高冷自傲——如何确保在互动中不是随性随意的调侃；④在角色选择上，是参与其中的网民身份还是独立观察的第三者身份——如何确保在拉近网民距离的同时还能冷静抽离角色。

因此，在采取隐性新闻发布时，官方相关部门要注意相对模糊的公私边界，既不过分追求夸张的传播方式、过于讨好公众，又要恪守官方发布的基本原则，对自身发布的内容负责。

总而言之，隐性新闻发布是把双刃剑，既有其存在的合理性，可作为官方发布的补充或替代，为传统的官方表达创造更广阔的舆论空间和良好的舆论环境，又要注意其潜在的风险和问题。在实际应用中要遵守两点原则性要求：其一，秉承真实客观原则，在任何情况下都不可以主动说假话、爆假料，试图掩盖真相。在真相暴露的过程中，可能会出现信息失真的情况，但并非有意为之，后期也可以通过官方发布来修正或自行修正。其二，秉承以人为本的原则，在任何情况下都不损害公众的根本利益，不滥用话语权，要利用自身影响力去推动公众的理性思考和信息的有效传播,推动形成良好的真实的舆论环境。

(本文作者为张志安、李春凤。本文主要内容首发于《新闻与写作》2017年第12期,第65～69页。本书收录时有所修订。)

从社会关切看新闻发布稿的优化策略

在现代社会,风险与危机并存,如果处置不当,风险有时会转化为危机。社会学家乌尔里希·贝克在阐释"风险社会"这一概念时强调,"工业社会已经开始转型到风险社会,风险社会的主要特征表现为人类面临着威胁其生存的由社会制造的风险"[①]。我国当前处于经济发展和社会转型的关键时期,与公共利益相关的危机事件中,地方政府往往是应对风险、化解危机和新闻发布的主体。出于维护形象和化解风险的思维和体制惯性,一些基层政府部门的新闻发布内容往往缺乏对社会关切问题的回应和对风险感知的体悟,仍然将新闻发布当作"宣传通报"而非"风险沟通"的方式。

2014年11月22日,中央电视台连续曝光了广东省茂名市茂南区鳌头镇贩卖野生动物的相关情况。面对舆论监督,当地政府迅速采取应急措施,在第一时间进行新闻发布。笔者收集了该事件新闻发布稿的两篇素材稿进行文本分析,试图探讨风险感知、社会关切和新闻发布的关系,希望给基层政府部门的新闻发布策略提供理论参考和实践借鉴。

一、边掌握事实边进行传播:循序渐进的发布节奏

危机公关的新闻发布是循序渐进的工作,需要根据危机事件的调查进展和处置过程,边掌握事实边进行发布。从危机公关的"4R原则"看,危机事件初期的新闻发布要侧重表达"遗憾"(regret)等善意态度,中期则逐步公布"改革"(reform)和"赔偿"(restitution)等具体做法,后期则要在事件恢复常态时及时公布"恢复"(recovery)形象的相关措施。

---

① [德]乌尔里希·贝克:《风险社会》,何博闻译,译林出版社2004年版,第13页。

1. 危机事件爆发初期：态度第一，措施第二

一般来说，在危机事件爆发初期，基层政府应该发布的关键信息包括三个方面：基本事实，即危机事件的发生过程和直接影响；应急措施，即政府采取的应急做法和处置方式；善意态度，即政府对待危机事件的理性和负责态度。相比应急措施而言，诚恳的态度表达是第一位的。

2. 危机事件处置中期：通报进展，披露原因

传统的舆情处置和危机发布，基层政府往往不愿意披露政府失责的相关信息，而片面强调政府积极有为的处置措施。从社会关切的角度看，公众最关心的是政府采取了哪些措施来应对事件、什么原因导致这件事的发生、今后将会采取哪些措施来避免类似事情的再发生。因此，在危机事件处置中期，基层政府的新闻发布要及时通报事件的最新进展，一旦查明，则要及时披露导致事件发生的主要原因。

3. 危机事件平息后期：总结教训，修补机制

在危机事件爆发的后期，事件逐渐平息，在这个阶段，基层政府要总结经验教训，采取修补机制。为避免以后再次发生同样问题，要针对事件起因，制订防范策略，完善预警机制与实施整改方案。总体上看，作为政务传播的窗口，新闻发布工作要处理好"常态"和"非常态"的关系：平时要注意梳理和把握公众对政府部门的利益诉求，善于引导公众理性表达意见和思考问题；发生危机事件后，要善于通过政务微博等机构媒体及时自主地与公众进行沟通，善于紧扣网络舆论中涌现出的公众关切点来回应质疑，善于按照危机事件的发展过程来循序渐进地对外传播。

二、茂名民间贩卖野生动物事件的危机传播：新闻发布稿的调整策略

茂名民间贩卖野生动物事件被曝光后，当地相关部门在 2014 年 11 月 22 日当晚就撰写了拟发出的新闻发布稿，这篇拟发出的新闻发布稿的原文如下：

【标题】茂名市采取切实措施处置捕杀、贩卖野生动物的违法行为

【正文】2014年11月22日的中午和晚上,中央电视台新闻频道和第二频道曝光了茂名市茂南区鳌头镇贩卖野生动物的相关情况。

新闻曝光后,茂名市委和市政府高度重视,市委书记许光、市长李红军、副市长梁罗跃立即作出批示,要求采取一系列有力措施进行处置:一是森林公安部门立即对在逃的犯罪嫌疑人进行追捕,尽快将相关人员缉拿归案;二是从11月23日起,在全市范围内再次开展统一行动,对捕杀、贩卖野生动物的违法行为进行查处,掀起新一轮的打击高潮;三是在各种媒体上加大对保护野生动物的法律、法规的宣传力度,使相关知识家喻户晓,提高全市人民爱护、保护野生动物的自觉性。同时,对相关违法犯罪行为进行曝光,对法律处置结果进行公开,强化法律的震慑作用。

22日晚上,茂南区委、区政府、茂名市林业局组织茂南区各镇(街道)领导在茂南区鳌头镇政府召开了现场会,部署统一行动工作。执法人员对鳌头圩镇可疑场所进行了检查。从23日开始,茂名将在全市范围开展清查打击行动。

阅读这份拟发出的新闻发布通稿,不难发现从危机事件发生初期的新闻发布和传播规律看,其存在以下诸多问题。

1. **过度强调领导重视,未能及时回应社会关切**

如上文所述,在危机事件发生初期,公众最关切的问题是事件的基本事实、政府的应急措施和处置事件的态度。这份通稿的开头却用了不少的篇幅来介绍领导的重视和批示,一方面,容易给公众造成"舆论引导"的刻板影响而引起公众直觉上的反感;另一方面,领导的批示内容主要是政府部门内部的处置程序,属于工作部署的内容,并非公众最关切的信息。

2. **核心信息不够全面,新闻文本不符合传播规律**

首先,新闻发布要把危机事件的具体起因、经过介绍清楚,以防止误导舆论和激发社会情绪。在这篇新闻稿的标题和导语中,仅仅点出"茂名市茂南区鳌头镇贩卖野生动物",却没有点出责任主体和具体行为,一般读者可能会产生不必要的猜测。这种简略却不清晰的事实复述,容易引

发次生舆情。

其次，新闻文本要符合传播规律，消息的叙述结构一般是"倒金字塔"式，最重要、最新鲜的信息要最先发布，再发布次要的信息，最后点出新闻背景或不那么重要的信息。从新闻价值的角度看，被央视曝光后，当地政府采取的应急措施才是公众最关注的首要信息，但这篇新闻稿却将 22 日晚上召开的现场会、23 日的清查打击行动放在了最后一段，这就有点本末倒置了。

3. 责任归因不够清晰，治理观念缺乏倡导

新闻发布要突出读者最为关心的核心内容，即政府的处置措施也要清晰明了，忌讳主次不分。这份新闻稿的"在各种媒体上加大对保护野生动物的法律、法规的宣传力度""提高全市人民爱护、保护野生动物的自觉性"表述，容易让公众在情绪上感觉到这是试图把事件的责任推到媒体宣传力度不够、公众法制意识淡薄等方面，从而引起一部分公众的反感。

针对上面这份拟发出的新闻稿，茂名市外宣部门进行了及时修改，并于 2014 年 11 月 23 日发布出去。细读这份正式发出的新闻发布稿，其信息发布的专业性大为改观。

【标题】茂名开展第二轮专项行动严打捕杀贩卖候鸟违法行为

【正文】茂名新闻讯 昨日（11 月 22 日），央视新闻频道播出粤西地区民间捕杀候鸟陋习的调查报道，被国际组织列为"濒危"级别的"禾花雀"（黄胸鹀）被公开宰杀贩卖。节目播出当晚，茂南区委、区政府、茂名市林业局在鳌头镇召开清查现场会，拉网式检查农贸市场、餐馆农庄。茂名森林公安机关连夜追捕在逃的犯罪嫌疑人。茂名林业部门从今天（11 月 23 日）提前开展第二轮打击整治非法捕猎候鸟为重点的专项统一行动，在全市范围内对捕杀、贩卖野生动物的违法行为进行严厉查处。

茂名市委书记许光、市长李红军、副市长梁罗跃对此明确表示，要求全市各地、各有关部门要积极回应社会关切，采取更有力、更有效的联动措施进行集中整治捕杀候鸟的违法行为，及时公开相关违法行为的处置结果，强化法律震慑作用，提高市民爱护、保护野生动物的自觉性。

据茂名市林业部门初步统计，自 2014 年 9 月份打击整治非法捕猎候鸟为重点的野生动物专项统一行动以来，全市已清查餐馆 150 间，清查市场 63 个，清理取缔小摊点 102 个，立案查处野生动物案件 7 宗，处理各类人员 7 人（其中刑拘 2 人、林业行政处罚 5 人），收缴野生动物 1005 只，清理捉鸟网 174 张共 6900 平方米。

茂名市林业局新闻发言人，再次呼吁广大市民自觉拒食野生动物，积极参与保护野生动物行动，共建生态文明。一旦发现非法猎捕、收购、运输、出售、经营野生鸟类等保护动物的违法犯罪行为，可拨打电话：0668—2987539（茂名市公安局森林分局）；0668—2987953（茂名市野生动植物保护办）进行举报。

第二篇新闻发布稿相比之前有了明显改进，具体包括：

1. 复述事实更准确，定调更主动

这篇修改后的新闻稿的导语避免使用了"曝光"等负面词汇，又准确点出"民间捕杀"的基本事实，适当降低了传播风险。既主动发布了相关事件的最新进程，又站在客观立场清楚介绍了核心信息。把过去惯用的"欢迎媒体监督"变成"回应社会关切"，这种提法更加准确。此外，新闻稿的标题强调和突出"第二轮行动"，间接暗示央视监督报道前地方政府其实已经有所作为，被央视曝光监督之后政府继续主动进行整治，这样的定调体现出更加主动的姿态。

2. 应急措施更突出，社会关切速回应

这篇修改后的新闻稿的导语部分，简要叙述央视报道的情况后，便重点介绍当地政府的应急措施。这些信息是公众比较关切的内容，也比较有动态的新闻价值。同时，新闻稿把领导的表态和批示放到了第二段，这种主次顺序的安排更加符合公众的接受心理。

3. 强化社会参与，为后续调查留下余地

在这篇修改后的新闻稿的最后，增加了欢迎群众举报的联系方式，不仅具有直接的服务功能，而且强调了全社会参与的共同责任，体现了基层政府的治理思维。

4. 跳出报道旧窠臼，领导批示变表态

这篇修改后的新闻稿一共有 4 段内容，主体部分是对打击非法捕杀、

贩卖候鸟专项行动的信息披露，用事实说话的方式提升了新闻发布中信息公开的说服力。把领导批示变为主动表态，对领导的具体批示内容进行了技术处理，同时把领导名字放在新闻稿的第二段，穿插其中、适当淡化，这种处理方式更加符合新闻传播的规律。

5. 增加行动数据和配发图片，新闻性更强

为提升新闻性和服务性，修改后的新闻稿增加了具体翔实的行动数据，配发了相关行动的现场图片。在读图和视觉时代，缺乏现场新闻图片的报道容易显得内容单一，说服力不强，配上政府采取行动的新闻图片后，新闻稿的可读性和吸引力有所增强，直观展现了政府部门的工作态度和成效。同时，第三段详细引述茂名林业部门的信源，介绍第一轮打击行动的相关数据，既有比较强的说服力，也呼应了标题中"第二轮"的提法，这些数据也很容易在被各大媒体刊载新闻发布稿时予以采用或突出。

三、社会关切、风险感知和基层政府的新闻发布

从上述案例事件的新闻发布策略看，社会关切和风险感知是基层政府风险沟通过程中必须重视的关键因素。其中，风险感知是新闻发布的前提，缺乏对公众情绪的预判和公众感知的把握，新闻发布便无法和公众形成对话和互动，无法真正舒缓情绪、赢得理解和建立信任。而社会关切则是新闻发布的方向，缺乏对社会关切和信息需求的把握，新闻发布就无法遵循新闻规律，起到澄清谣言、消除误会的信息公开作用。

风险文化理论认为，不同风险文化中的不同主体，对于风险的判断不同。政府和公众处于不同的社会群体与风险文化中，两者在风险认知上存在一定的分歧。[1] 在这种情况下，基层政府遇到危机事件时，在进行新闻发布的过程中要对公众的情绪认知和风险感知有准确的预判和把握，要将公众利益的维护与公众情绪的安抚放在风险沟通的首位。

公众的社会情绪是人们对社会生活中各种情境的知觉，通过群体成员

---

[1] [英]斯科特·拉什：《风险社会与风险文化》，王武龙编译，载《马克思主义与现实》2002年第4期，第52～63页。

之间的相互影响、相互作用，形成较为复杂而又相对稳定的态度体验。①在网络媒体的舆论场域中，观点的表达与态度的传播变得非常快捷和容易，社会情绪很快就能汇流，形成网络舆论推波助澜的作用。政府相关部门在遇到突发或危机事件时，面对可感知的社会情绪，应该充分认识到这种多元的舆论生态，准确把握、直面回应，通过持续性的新闻发布和信息公开，来保持沟通、减少疑虑。

由此，新闻发布的态度、措辞和信息安排要充分考虑公众感受，以公众的接受度和信任度为前提。茂名外宣部门这次对新闻稿的修改中，强调应急措施第一、领导重视第二，强调新闻事实，尊重新闻传播规律，体现出对公众关切和风险感知的贴切把握。

（本文作者为张志安、孙玮。本文主要内容原以《基层政府部门的新闻发布策略——"以茂名民间捕杀野生动物事件"新闻发布稿为例》为题首发于《新闻与写作》2015年第1期，第64～66页。本书收录时有所修订。）

---

① 刘行芳：《社会情绪的网络扩散及其应对》，载《新闻爱好者》2011年第23期，第36～37页。

新闻发布评估"国家榜"的多重意义

2017年5月23日,国务院新闻办公室(简称为"国新办")发布2016年度各部门和地区新闻发布工作的评估考核"国家榜",在77个部门、31个省市和新疆生产建设兵团中,外交部等10个部门及上海等8个省(市)被评估考核为"优秀";另外,国防部等6个部门和北京市等4个地区被评估考核为"有特色"。撇开具体考核结果不提,能从横向来比较各地区、各部门的新闻发布工作,并以"国家榜"的形式来表彰新闻发布工作考核突出的单位,具有三重意义。

一、此举将成为新闻发布评估结果公开的关键一步

早在几年前,就有不少省份或部门提出要将新闻发布列入官员个人及单位绩效考核,并委托高校等第三方机构对新闻发布成效进行评估。但评估结果如何,很少对公众公布,仅用作部门内部参考或行业交流,或公布后公众关注度较低,评估报告发挥的效果有限,也难以形成持续性的工作。例如,广东省佛山市曾在2013年、2014年委托高校团体对市属各区和市直部门的新闻发布及政务媒体沟通工作进行综合评估,并将评估报告发布,成为省内首份地市新闻发布年度评估报告。但2015年后该评估项目暂未见公开的后续跟进工作,而佛山在这方面如何改进或后期取得的改进成效也未得到更多的公众关注和媒体关注。

据北京大学国家战略传播研究院院长程曼丽在接受京华网采访时提到,2015年中央宣传部(国务院新闻办公室)就曾组织过一次年度新闻发布工作评估考核,但结果没有对外公布。这是国务院新闻办公室首次对外公布年度新闻发布工作评估考核结果,并且直接"发榜",指出工作优秀或有特色的部门和地区。这也直接响应了国务院办公厅于2016年11月发布的《〈关于全面推进政务公开工作的意见〉实施细则的通知》中对于

建立效果评估机制的要求。在该文件中，明确要求建立可量化的评估指标体系，通过第三方评估、民意调查等方式，加强对信息公开、政策解读、回应关切、媒体参与等方面的评估，评估结果要作为政务公开绩效考核的重要参考。

效果评估机制的重要环节，既包括评估指标体系的建立，又包括评估数据的收集，还应当包括结果的公布与反馈。而评估报告结果本身的公开，能使评估工作不再局限于学界研究和业内反馈，而真正接受公众关注和媒体监督，是从专业化和系统内走向社会化和公开化的一大进步。随着"国家榜"的公开，相信各地区、各部门会更注重公众评价和媒体监督，更加重视评估结果，不再将评估报告作为"体检报告"——"小病无伤大雅"，而是作为"检讨报告"——有过必改。

二、此举是以评促建、以评促改的关键一步

评估是手段，依照标准来重新审视和总结过往新闻发布工作中的优劣之处，不仅是不同部门间工作成效的横向比较，而且是本部门自身工作的纵向提升，真正目的是在评估反馈中不断地改进工作，实现新闻发布意义的最大化。

过去两年，国务院出台了不少关于政务公开及舆情回应的文件，但不管是《国务院办公厅关于在政务公开工作中进一步做好政务舆情回应的通知》，还是《国务院办公厅关于印发2017年政务公开工作要点的通知》，更多的还是原则性和方向性的指导。

而在这次的评估情况报告中，国务院新闻办除了总结2016年的成绩之外，更重要的是提及了不少问题，包括"一些部门和地区新闻发布议题设置能力和发布效果亟待提高，讲成绩进展过多，回应社会关切不够；一些部门和地区发布活动数量过少；一些部门没有建立定时定点的例行新闻发布制度，回应公众信息需求不及时；'一把手'与媒体记者面对面互动交流仍然较少"等。而18个表现优秀的部门及省（市）的工作共性则是"新闻发布制度健全完善，新闻发布工作整体水平较高，受到媒体公众普遍认可，新闻发言人保障到位、发言活跃。新闻发布活动保持较高密

度和频率,能及时主动回应社会关切",这就意味着媒体负面新闻信息较少,舆情大体正面,新闻发布的言论并未受到质疑,新闻工作较有成效,能防患于未然。

这份评估报告总体偏温和,因为在108个接受评估的部门和省(市),有28个部门和省(市)表现突出,意味着还有80个部门和省(市)表现一般或不尽人意。

虽然没有明确表示哪个部门或省(市)评分最低、新闻发布成效最差,但对"优秀"的表彰是希望起到榜样和标杆的作用,希望能推广全国范围内好的工作机制和模式,让暂时落后的部门和省份积极学习和借鉴他们共性的经验。

尽管这次评估报告并未提及具体的奖励和惩罚措施,但参评单位通报、媒体公开、公众关注,给这次没有"上榜"的部门和省份提供了社会监督与舆论压力。而这也可能会形成倒逼制度,推动他们对照具体评估指标和其他单位的情况,加强新闻发布工作的整体设计和统筹规划,以评估指标和考核结果为导向,倒逼新闻发布工作的规范化和专业化,真正提升舆情应对能力和新闻发布能力。

三、此举是推动新闻发布制度建设的关键一步

新闻发布整体建设需要制度性的推进。近年来,不管是习近平总书记的讲话还是国务院颁发的多个文件,都体现了中央对于政务公开和舆情回应工作的重视。

尤其是《〈关于全面推进政务公开工作的意见〉实施细则的通知》和《国务院办公厅关于印发2017年政务公开工作要点的通知》,对落实新闻发布的原则和细节进行了具体的规定,包括"涉事责任部门是舆情回应的第一责任主体""特别重大突发事件的政务舆情最迟要在5小时内发布权威信息、在24小时内举行新闻发布会""强化考核问责机制"等,从研判、回应到问责整个流程都提供了指导性的意见。

回顾我国新闻发布制度建设的发展历程,离不开舆情研判、新闻发布、效果监测及反馈、新闻发布手段改进的循环流程。

近年来，新闻发言人制度、新闻培训制度的建立及完善是新闻发布制度建设的重要标志。新闻发言人制度始于1983年，但直至2003年"非典"事件的发生才得以真正确立，让新闻发言人角色发挥实际作用。不可否认的是，如今新闻发言人制度有了良好的进展，新闻发言人的团队化和专业化，使得相关部门能够及时回应舆情和媒体报道。

新闻培训制度也不断得以完善，自国务院新闻办于2003年9月举办第一期新闻发言人培训班后，新闻发言人的培训常规化，近年来还扩展到新闻发言人团队、单位"一把手"及与舆情应对相关的人员都接受培训，切实提高了他们的舆情研判能力和舆情回应能力，整体素质都有所提升。

目前的媒介生态环境复杂，网络舆情变化万千，只有及时对舆情处理结果进行总结、反思和改进，才能在日常新闻发布和突发舆情事件时根据已有经验来判断舆情，从容应对。因此，新闻发布效果评估制度也是制度化建设中的重要一环。其实，新闻发布工作备受社会各界重视，尤其是突发舆情中的新闻发布和回应关切更是热点话题。尽管在不少的学术研究论文和专家评论中都提到新闻发布和舆情回应中的应对不足，但它们大都并未提供可量化的评估标准，只能作为舆情应对的方向性参考。而此次新闻发布工作评估考核指标更加细化和科学，分为"自评"及"他评"两部分，包括5个一级指标、37个二级指标等，建立了较完整的评估考核指标体系，各地区、各部门可以有明确的参考标准，而对目标的细化也有利于形成清晰的处理思路，使工作更到位。

当然，公开新闻发布结果评估，一方面意味着发布制度建设完成了从新闻发布、结果验收到问责的链条设计，另一方面也更加强调公众参与和媒体监督的作用，尊重并推进新闻发布必然经历的社会化和公开化进程。尽管评估考核工作的具体流程及指标设定的具体参考值尚未完全，但向社会公布新闻发布评估结果"国家榜"，依然是令人高兴的进步。

［本文作者为张志安、李春凤。本文主要内容原以《新闻发布评估结果"国家榜"的多重意义》为题首发于微信公众号"一本政经"（ybzjwxh）。本书收录时有所修订。］

新闻发布评估机制变迁与体系构建

2017年5月，国务院新闻办公室向社会公众发布2016年度的新闻发布工作评估考核"国家榜"，在109个接受评估的省部级政府部门、单位中，共有28个部门及省市"榜上有名"，其中18个部门和省（市）考核为"优秀"，10个部门和地区考核为"有特色"。① 此举意味着国家层面构建的新闻发布考核体系及其结果首次对外正式披露，体现出国家对新闻发布工作的重视和自信，同时也为新闻发布评估机制的构建以及新闻发布制度化、规范化建设提供有力保障。本文将从变迁历程、构建意义、主体构成及指标设定四方面来探讨新闻发布评估机制的构建及完善。

一、新闻发布评估机制的变迁：从零散封闭到整合开放

1983年3月，外交部举行了首次新闻发布会，我国开始探索新闻发布实践和制度。2003年"非典"时期，政府部门多次召开新闻发布会，真正推动了新闻发布制度化和常态化的发展。之后，新闻发布的效果评估和经验总结也相应开展。据悉②，国新办自2004年就开始评估单场发布会和个案，并将结果直接反馈给相关部门；2013年前后，又开始酝酿构建评估考核机制。2008年，《中华人民共和国政府信息公开条例》施行，提出建立"社会评议制度"。2015年，国新办进行了一次年度新闻发布工作评估考核，但结果没有对外公布。③

---

① 吴珊：《年度新闻发布工作评估考核结果首次发布》，见人民网（http://media.people.com.cn/n1/2017/0524/c14677 - 29295404.html）。
② 周宇：《新闻发布工作优秀单位如何评出？》，见北青网（http://epaper.ynet.com/html/2017 - 05/27/content_250731.htm? div = -1）。
③ 翟烜：《年度新闻发布工作评估考核结果首次发布》，见京华网（http://news.jinghua.cn/20170523/f300120.shtml）。

一些地方政府也在新闻发布评估领域有所尝试。2009年，深圳市首先出台"新闻发布问责制"，此后不少省份提出要将新闻发布列入官员个人及单位绩效考核，并委托高校等第三方机构对新闻发布成效进行评估。例如，江苏省2012年发布《政府新闻发布工作评估指标体系研究报告》，将公众评价和媒体评价纳入检验政府新闻发布工作水平的满意度评价范围。广东省佛山市曾在2013年、2014年委托高校对市属各区和市直部门的新闻发布及政务媒体沟通工作进行综合评估，并形成年度评估报告。上海市在2017年市政府常务会议时要求加强对各部门、各地区新闻发布工作的成效评估。

除专门的新闻发布评估外，政府信息公开评估中也对新闻发布评估有所涉及。中国社会科学院法学研究所曾受国务院委托，发布2014年政府信息公开第三方评估报告[1]、2015年政府信息公开第三方评估报告[2]、2016年政务公开第三方评估报告[3]，报告中均有提及将新闻发布会、网络信息发布列入信息公开的考核体系中，但评估重点仍然是信息公开，而非专门的新闻发布评估。

总体上看，早期的新闻发布评估工作比较零散。由于部门职责分工及政府公众形象等多因素的考虑，评估报告主要用于政府部门内部参考。为适应新闻发布制度化建设的要求，评估机制需要针对整个新闻发布流程和发布效果来构建，而且随着政务信息公开、舆情回应的意识增强，新闻发布评估更趋透明化和公开化。在这种背景下，2017年5月的这次全国新闻发布工作考核评估结果通过媒体报道、网站通报等多种方式向公众发布，并且不回避现有问题，显现出具有突破意义的开放姿态。

---

[1] 中国社会科学院法学研究所：《2014年政府信息公开第三方评估报告》，见中央政府门户网站（http://www.gov.cn/xinwen/2015-03/30/content_2840082.htm）。
[2] 中国社会科学院法学研究所：《2015年政府信息公开第三方评估报告》，见中央政府门户网站（http://www.gov.cn/xinwen/2016-06/01/content_5078660.htm）。
[3] 万静：《第三方评估 推动政务公开的重要力量》，见华龙网（http://news.cqnews.net/html/2017-06/08/content_41878283.htm）。

二、新闻发布评估机制的意义：制度化的重要组成部分

新闻发布评估机制的构建，具有制度建设、公众期待、政务公开三方面的意义。

（一）构建新闻发布评估机制是推动新闻发布制度建设的关键一步

回顾我国新闻发布制度建设的发展历程，离不开舆情研判、发布实施、效果监测、发布改进等各个环节的完善。与之相匹配，新闻发布制度建设应涵盖新闻发布流程机制、新闻发布培训机制、新闻发布问责机制、新闻发布评估机制等多方面。随着舆情回应及政务公开的深化，新闻发言人制度、新闻发布培训制度已逐步建立及完善，而且在团队化管理、专业化运作方面也取得积极进展。新闻发布评估作为新闻发布体系的重要组成部分，应逐渐普及到各级政府新闻发布实践中，既实现发布流程的标准化，更实现发布效果评估的科学化。

（二）构建新闻发布评估机制是对公众期待和社会关切的积极回应

政府大力推进新闻发布工作，一方面，有利于在公共危机事件中展现政府解决问题的信心与能力，舒缓紧张情绪、回应社会关切，增进公众对政府相关部门的信任，维护良好形象；另一方面，通过展现更多的事实、更充分的证据来告知真相，减少质疑、阻击谣言，有利于增进政府部门信息公开的意识、健全新闻发布的常规机制。此外，及时、充分、有效的新闻发布，在满足公众知情权的同时，强化了公众参与和媒体监督。

（三）构建新闻发布评估机制也是"以评促建"地推进政务公开的有力举措

要想实现政府与公众间更加有效的沟通，新闻发布和信息公开的工作必不可少，但并非所有沟通的努力都能达成理解或共识的成效，也并非所

有部门对新闻发布和信息公开都形成了高度重视的自觉意识。因此,"以评促建"可以更加全面深入地推动这项工作。评估只是手段,更重要的目的是依照标准来重新审视和总结过往新闻发布工作中的优劣之处,既促进不同部门间工作成效的横向比较,又促进本部门自身工作的纵向提升,在评估反馈中不断地改进工作,实现整体新闻发布水平的提升。这方面,国新办从2004年开始就针对单场新闻发布会和特殊个案进行评估,并将结果反馈至相关部门。①

虽然国新办发布的2016年新闻发布工作评估情况报告没有明确指出哪个部门的评分最低,也没有提及具体的奖励或提醒措施,但向参评单位内部通报、通过媒体公开报道、引起公众广泛关注,无疑会给这次没有"上榜"的部门和省份产生压力,推动他们对照具体评估指标和其他单位的表现,对本单位新闻发布工作存在的不足进行改进和完善。一旦形成以评估指标和考核结果为导向的工作提升机制,可以加快促进新闻发布工作的规范化和专业化,真正提升政府相关部门的舆情应对和新闻发布能力。

三、新闻发布评估机制的构建主体:"四位一体"

当前,政府新闻发布理念已从原本的宣传或告知逐渐向回应关切、对话沟通和注重实效转变。从传播过程来看,传播者是政府,受传者是公众,传播渠道是媒体,传播效果的评估既可以由上级主管部门进行,也可以由第三方机构来评估。新闻发布的评估,不仅要评估发布和引导效果,而且还要评估发布传播过程的规范性及专业性,因此可从政府视角、公众视角、媒体视角及第三方专家视角来实施。

（一）责任发布部门视角

让具体负责新闻发布的政府部门自评,有利于督促他们自我调整和自我提升。一方面,他们最清楚了解新闻发布从策划筹备到实施各个环节中

---

① 政知局:《中央部门就新闻工作给各部委打分 出结果前没通气》,见网易（http://news.163.com/17/0527/08/CLE9N3DC0001899N.html#）。

出现的问题或取得的成效,可以直接进行总结,以分析预设目标与实际效果之间差距的原因;另一方面,如果上级主管部门施加了考核或排行的压力,他们将会以更审慎的态度来对待每次新闻发布的效果评估,相关自评内容也要经得起其他评估主体的推敲。不过,政府部门自评的分数,在整个新闻发布考核体系中的占比不宜过大。

(二) 公众视角

新闻发布的主要功能在于满足公众的知情权和维护人民群众的根本利益,让他们从原本对事件或政策未知未明转为了解并理解支持,尤其在涉及重大突发危机事件或影响范围非常广的政策宣传时,不能"只发布不解释""只报喜不报忧",更不能以"无可奉告"来搪塞,必须体现出主动公开、负责认真的态度。

2008年实施的《信息公开条例》已经提出建立"社会评议制度",要求"各级人民政府应当建立健全政府信息公开工作考核制度、社会评议制度和责任追究制度,定期对政府信息公开工作进行考核、评议",把社会评议列入考核评估的范围。不过,如何具体实施社会评议,还需要进行进一步探索,比如采用抽样调查的方式来评估本地市民对相关政府部门信息公开表现的评价,邀请人大代表、政协委员等作为民意代表来给政府部门的新闻发布表现进行打分。此外,还可以针对特定事件的新闻发布效果,通过抓住社交媒体大数据,从情绪、态度和舆论等不同层面评估受众的评价。

以往,新闻发布建设的重点依然是信息发布执行及发布形式,相对缺乏对公众信息接受状况和评价的调查。今后,进行新闻发布效果评估时,可以更多考虑公众对信息的有效接受、对政策的支持、对政府行为的理解及对政府部门态度等因素。也就是说,在进行新闻发布评估时,不仅要考虑传播过程和传播形式,更要考虑站在公众视角的传播效果。

(三) 媒体视角

传统的新闻发布,不管是新闻"吹风会"还是媒体群访,主要以记者为传播对象,通过媒体报道再向公众传播。从这个角度看,媒体和记者实质上在一定程度上代表了公众在对新闻发布进行重点筛选、设置议题、追问进展等。因此，媒体对新闻发布的看法与建议，是推动新闻发布制度的重要力量。如果媒体记者认同政府相关部门发布的信息，那么相关报道就会与政府预期的目标方向一致；反之，如果记者对新闻发布的效果不满意，在问答环节也没有从新闻发言人那里获得有效信息，相关报道就可能出现负面声音或提出更多质疑。加上，长期跑政府条线的媒体记者因为多年积累，对舆情生态和发展规律具有一定的认知，对不同政府部门新闻发布的表现也能进行客观比较，充分利用好记者和媒体视角进行评估，可以为政府改进新闻发布工作提供积极帮助。

（四）专家视角

专家视角，是指通过高等院校、科研机构进行第三方评估，因其研究的专业性、方法的科学性及立场的独立性，能提高评估的科学性和客观性，由此，被逐渐应用到政府绩效、政策实施、效果研究等各个方面。自2013年4月习近平总书记提出建设"中国特色新型智库"以来，各种类型的智库数量不断增多，质量也不断得到提升。单就政务传播领域而言，出现了不少高校、研究院、咨询公司等智库。这些智库可作为政策制定和效果评估的重要参谋，在新闻发布机制建设方面有所作为。

一方面，越来越多的基层宣传部门都建立了政务传播或新闻发布相关的专家库，常态化地邀请专家进行培训、座谈和顾问工作；另一方面，专家团队也能直接参加新闻发布评估工作，通过评估发布的时机、方式、主题、态度、公众反馈等方面，建立和实施比较科学完备的新闻发布评估指标体系。比如，2015年度、2016年度国家新闻发布评估工作组中，国新办就邀请了清华大学、复旦大学等知名高校的专家教授参与。2017年深圳市罗湖区在全国率先开展"双周发布"工作后，也与中山大学的专家团队建立长效合作机制，对每两周一次组织的发布会进行前期策划、中期观察和后期评估。

四、新闻发布评估机制的原则与实施：从重过程到重效果

以往在评估新闻发布工作时，对发布工作自身表现评估是主要关注点。而在当前复杂的舆论生态中，不同群体具有不同的利益诉求和表达渠道，有时危机事件的发生也给地方政府治理带来一定的挑战。舆情的及时处理、舆论的有力引导、事实的公众认知程度都能直接反映新闻发布的工作成效。

过去的新闻发布效果评估，存在两种误区：当危机解决时，则认为是新闻发布工作到位，要总结优点；当危机扩散时，则简单认为新闻发布工作存在问题，要批评不足。实际的新闻发布，可能会存在两种情形：第一，突发事件的舆情爆发，因新闻发布和舆情处置不当，最后演化成重大的危机。第二，在早期发酵酝酿时，事件可能会通过有效的信息沟通来及时化解舆情风险，避免危机的爆发。新闻发布的真正效果，恰恰在于及时化解危机、引导舆论，因此，新闻发布的评估机制，不仅要关注舆情应对的过程，更要关注舆论引导的实际效果。

（一）构建新闻发布评估机制的框架与原则

在2016年度国家新闻发布工作评估中，评估组已经构建出新闻发布评估机制的基本框架，具体包括新闻发布制度建设与完善、新闻发言人队伍建设与能力提升、新闻发布实践与活动3类一级指标，另外还有12类二级指标和50类三级指标。"他评"也类似，设置了新闻发布活动、负责同志回应关切、新媒体及网络发布、突发事件新闻发布和重要舆情响应、搜索指数5类一级指标和25类二级指标。[①] 基于以上新闻发布评估机制的基本框架，评估所需要遵守的基本原则包括以下三点。

1. 定性与定量相结合

可量化的指标体系，能使工作更简单明了也更透明公平。如有无制度

---

① 《新闻发布工作优秀单位如何评出？专家现场"潜伏"》，载《北京青年报》2017年5月27日第A03版。

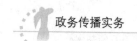

章程、发布安排时间、新闻发言人培训次数、新闻发布会开展次数、微博发布次数及转发评论次数、微信公众号订阅数及评论数、网络直播收看次数、媒体报道数量等。但并非所有指标都适合量化处理，比如公众的情感认知、事件本身的发展态势与舆情走向、新闻发言人的发布姿态等，这些都需要评估者根据经验及感受，结合实际情况做必要的定性分析和概括总结。

2. 统一性与差异性结合

2016年度国家新闻发布评估组基本确定了评估框架和指标体系，如指标的分类和遵守的原则性问题，这是地方政府在执行过程中需要注意的。考虑到地方治理的情况不同，每个部门的新闻发布频度和需要也不同，因此，评估时应当因地制宜、有所区别，坚持统一性和差异性相结合的原则。

3. 激励与压力结合

从2009年开始，不少省市已开始建立新闻发布问责制度，对新闻发布中的不当行为进行问责，并列入年终绩效考核。新闻发布评估机制实施后，要对表现优秀的部门进行表彰奖励，对表现欠佳的进行问责或通报。如果新闻发布评估的结果能向社会公开，则必然会对被评估单位造成一定的心理压力，也能督促相关单位把这项工作做得更好。

（二）实施新闻发布评估机制的主要办法

在把握新闻发布评估的框架和原则后，要讨论的具体问题就是开展评估的实施办法。

1. 根据国家统一标准来设立地方新闻评估机制

正如前文所述，国家层面的新闻发布评估已构建了基本框架，但地方政府尚未普遍建立起自己富有特色的地方新闻评估机制。为此，以省为单位，可逐步建立省、市、县三级新闻发布评估机制，运用新闻发布时效、新闻发布次数等可量化指标，结合本地区的经济社会发展状况，实施常态化和机制化的新闻发布评估。

从2017年7月开始，深圳市罗湖区最先设立"双周发布"新闻发布制度，每两周就通过罗湖区各街道、各政府部门或知名企业就某议题进行新闻发布，通过固定时间、固定地点、固定频率实现基层新闻发布制度化，具备新闻发布、城区营销、政民互动、政务培训等功能。每次新闻发布，都会从主题策划、媒体沟通、发布现场等多方面进行动态评估，并提交评估报告供相关部门改进工作时参考。

2. 以舆论引导效果为宗旨进行全过程动态评估

全过程是指新闻发布的各个阶段，包括发布准备阶段（制度建设、团队建设）、发布施行阶段（活动策划、活动执行）、发布总结学习阶段也就是效果测量阶段（媒体与公众反馈、事后总结）等。其中，制度建设指章程类的原则指导，团队建设是指工作人员的组成、架构、培训情况；活动策划指年度或月度计划的常规新闻发布，执行既包括线上新媒体的新闻发布情况，又包括线下传统的新闻发布情况；发布总结指媒体与公众的反馈，包括报道媒体的类型、报道的数量、报道的情绪和基调、报道的主题相符情况以及公众的热门评论、情感倾向等。

与注重议题策划的常规新闻发布会不同，突发事件新闻发布的评估分析更要进行全过程的动态评估。对危机事件新闻发布会的评估过程和要素通常包括：对舆情的研判、发布时机的安排、发布场所的设定、发布主题的安排、发布措辞的撰写、发言人的表现、会场的情况、媒体的问答、公众的认知、媒体报道情况的分析、会后公众的反馈等。

此外，危机事件的解决往往需要多种新闻发布方式有效组合，如利用政务微博直接向公众滚动发布事件动态进展，为此就要评估微博新闻发布的措辞、公众的评论和转发情况、媒体和意见领袖的关注程度等。注重实效的全过程动态评估，有利于准确分析哪类事件的哪种新闻发布方式能取得相对较好的效果，在这个过程中，要始终把握住新闻发布评估的本质目标——公众的满意度和公众利益的维护。

总而言之，我国的新闻发布工作已经在实践中逐渐明确了"谁来说""怎么说"，接下来，要解决的重点便是"说得怎样"，即新闻发布的效果评估。2016年度新闻发布评估"国家榜"的公布，提供了非常好的契机，如何更好地构建新闻发布评估机制，如何更好地通过评估来提升政府新闻发布的能力，这对新闻发布的制度建设和地方政府的治理能力提升都具有重要意义。

在国家新闻发布评估框架指导下,地方政府的相关部门应明确评估主体和指标体系,遵循理性务实的评估原则,扎实稳步地开展评估工作。新闻发布全过程的动态评估,既能确保评估指标的完整性,又能保持评估过程的完整性,更有利于在总结发布实效的基础上,探索舆论规律、强化信息公开、促进与公众的沟通。

(本文作者为张志安、李春凤。本文主要内容原以《新闻发布评估机制变迁与构建研究》为题首发于《新闻与写作》2017年第10期,第64~68页。本书收录时有所修订。)

新闻发言人的现场沟通技巧

新闻发言人在与媒体沟通的过程中常常会遇到各种困惑。笔者在给全国各地政府或企业培训新闻发言人的过程中发现,"情况通报"环节常常存在重点不突出、信息不集中的情况。比如,网络上流传的这段发布模板,往往会被一些新闻发言人或多或少地运用:

事故发生后,××高度重视,××当即做出批示,要求不惜一切代价搜救伤亡人员,全力抢救伤员,查明事故原因,积极做好善后工作,并注意搜救人员安全。××当晚赶到事故现场指挥搜救,并决定启动××预案,接着连夜赶往××看望伤员,随后马不停蹄召开××安排部署施救和善后工作,××在发言中强调要认真贯彻执行××的批示,并要求举一反三,吸取××,全××立即开展安全生产大检查。××成立了以××为首的事故应急处置小组,分设现场抢救、医疗救治、善后处理三个工作小组,并组织公安、消防、武警、应急救援队及当地群众等近××人,全力以赴进行××,目前,现场搜救工作仍在紧张有序进行中,广大群众情绪稳定……

在"情况通报"这一环节,如果新闻发言人能转变观念,懂得如何提炼观点、纲举目张,所要传播的核心事实就可以变得更加富有逻辑、层次清晰。但"记者提问"环节,往往更具有挑战性,不仅要考验新闻发言人的临场发挥、快速反应能力,而且要考验新闻发言人的知识积累和认知判断水平。因此,"记者提问"环节的现场新闻发言,往往是决定新闻发布会效果的关键因素。

新闻发言人在和记者进行问答互动的环节,经常需要面对令人尴尬或深感压力的问题。比如,危机事件的调查结论尚未明确,且上级领导没有给出明确授权时,应该怎么说?又如,对刚刚发生的突发事件,相关部门在一些应对措施上本身也还存在疏漏，被记者追问到时，又该如何直面问题？再如，有些问题在短期内无法彻底解决，或者由于整体限制一时半会难以解决，而记者又迫切希望新闻发言人给出时间表，这个时候又该如何回应？

笔者将新闻发言人普遍感到麻烦的情形，概括为三种类型：第一种，不能说；第二种，不好说；第三种，不会说。其实，不管是哪一种类型的困惑，解决之道都是真诚第一、技巧第二。首先，作为新闻发言人最应该让人看到的是你的真诚态度，让人真实感受到新闻发言人以人为本、真诚交流的姿态；其次，才是沟通的技巧问题。下面笔者将分别简述这三种困惑的问题和相应的沟通技巧。

一、困惑一：不能说

什么是"不能说"的困惑？记者和媒体往往迫切要求了解事件的全部信息，但有时候，政府相关部门只有初步结论而最后结论尚未确认，或者新闻发言人没有得到上级领导的授权，对某些敏感事实暂时无法公开披露……在这种情况下，新闻发言人应该懂得如何跟记者沟通。关键做法是：真诚且婉转谢绝，但给出理由和预计披露时间。具体做法则如下：

其一，很多时候，记者并非第一次参加某个部门的新闻发布会，可能多次跟新闻发言人打过交道。如果在以往新闻发布会或者日常沟通中，新闻发言人已经树立了比较真诚、坦率的形象，给记者留下较好的印象，那么在少数情况下发言人的"沉默"或"推却"或许更容易获得记者的体谅和理解。

其二，新闻发言人要在发布过程中表现出真诚沟通的意愿，对可以回答的问题尽可能详细回答，甚至主动地回答，让媒体记者感受到新闻发言人愿意公开、积极沟通的态度。

其三，对暂时不能回答的问题，切忌躲避，一般采取"三步走"的方式：首先，肯定这个问题的重要和意义，表达新闻发言人的关切态度；其次，给出解释"为什么暂时无法回答"，比如，告诉记者"我们还需要两天时间去调查清楚事实，请给我们一些时间"；最后，要做出后续跟进、披露进展的计划，比如"一旦有了结论我们会第一时间通知大家"或"预计三天内会将新的调查结果告诉大家"。

需要指出的是，没有哪一场新闻发布会要求新闻发言人能够充分地回答现场媒体所有的提问，换句话说，不是所有的问题新闻发言人都必须回答，但也不能僵硬地回避。当中外新闻发言人实在无法回答或者不得不谢绝回答某些问题时，通常会这样说：

——对不起，我实在没有新的东西可以补充。

——这个问题涉及的事实，我们还需要研究。

——目前，对此我没有什么评论。

——I Have really got nothing else to say about.（我确实没有什么要说的了。）

——We will get that to you as further information about…at some future date, but as this point we want to save our questions for.（在不久的将来，我们可以能够回答这个问题，但现在，我们还是先回答某方面的问题吧。）

总之，面对"不能说"的情况，保持真诚的态度是非常重要的，因为真诚是演不出来的，是真实的态度。面对不能说的问题，不能幻想靠技巧回避过去，更不能态度恶劣地加以拒绝。

换个角度看，参加新闻发布会的记者也不必对新闻发言人抱有"有问必答"的理想期待，所以，一旦发言人实在"无法说"，其态度又十分诚恳时，记者亦可报以相对理解的态度。如果记者还需要挖掘更多独家事实，靠的不是新闻发布会现场的"问答"，而是发布会之外更多的现场抵达和更多的资料取证、事实调查。

二、困惑二：不好说

在危机事件、突发事件发生后，临时召开的场新闻发布会，往往会因为准备不足而出现疏漏。这时候，往往面临两个困境：一是危机比较复杂，短时间无法调查清楚原因，但出于信息公开的目的又必须召开发布会，可能够提供的信息实在有限；二是救灾工作千头万绪，难免会出现纰漏，由于担心某些工作环节的不足被暴露出来，带来极大的社会压力，激发广泛的质疑情绪。

有的新闻发言人曾坦承：有时候，在得不到官方对某一信息和事件的官方阐述或官方解读时就要召开新闻发布会，他们也很为难。在这样的情况下，新闻发言人该怎么与媒体沟通？关键做法是：承认问题，但强调防范措施和积极态度。具体做法则包括：

其一，新闻发言人要在部门内部和领导观念中确立"问题不可避免、机制必须完善""个案在所难免、全局必须掌控"等辩证观念，从而对临时性、局部性的问题既重视又不恐惧，否则从态度和情感上就很难直面问题的存在。

其二，在新闻发布的过程中，对于事件本身尚未处理到位或者应急措施中的不足，新闻发言人在发言之初就应该坦诚告之。承认问题的存在，不仅是公布事件真相的组成部分，也是向媒体传递一种理性务实的态度。有些新闻发言人甚至会"主动示弱"，告诉媒体"因为情况的确复杂，我们暂时还没有找到有效应对的办法，也请各位记者帮忙出出主意或者广泛征求下建议"。

其三，承认问题的存在后，针对相关部门还未处理好的详细情况，可以大致告知媒体，相关部门正在积极地采取哪些措施来尽量消除事件的负面影响，同时防范此类事件的再次发生，并积极承诺尽快查出导致事情的原因。

不少新闻发言人往往容易把话说得太满，比如"确保今后这样的事情不再发生""给人民群众一个令人满意的答复"，实际上，发言人是无法保证的，也无法给出证据来证明"不再发生"，所以，只需要表态"尽最大努力、避免再发生"即可。

一场没有完全准备好的新闻发布会，看起来的确是给新闻发言人出了难题，不过如果在现场新闻发布时保持真诚、富有经验，也不是完全无法解决临时冒出来的问题。

三、困惑三：不会说

很多新闻发言人，虽然在这个岗位上任职时间已不短，但由于或缺少相关培训，或缺乏实战的发布经验，一旦遇到紧急事件时，在与媒体的现场沟通中就会暴露出各种问题。据笔者观察，新闻发言人最容易出现"不会说"的情形大体包括：

其一，紧张。几个人一起共同与记者沟通"搭台发布"时不紧张，但一个人上台"自主发布"时就紧张。或者"情况通报"环节时不紧张，一到"自由提问"环节就紧张起来。

其二，官腔。新闻发言人一旦在新闻发布会上使用官腔官调，效果就会大打折扣。比如，动辄就说"很荣幸，担任这场新闻发布会的主持""请允许我介绍一下今天参加发布会的各位领导""感谢这位记者朋友的支持，也希望大家能够真实客观地报道"……其实，主持这场发布会是你的职责，不必"荣幸"；介绍的只是"各位参加新闻发布会的同志"，不用强调领导；记者来做报道，是他们的工作职责，不必过于客套地反复致谢，更没有权力对记者的报道提出要求。

其三，空洞。新闻发布的沟通有一个重要的技巧，是"心中有万千公众，眼前却只有一人"，意思是说，新闻发布的对象其实是大众和社会，但新闻发言人在现场的交流却是在跟具体的人打交道，因此，他的表达方式要具体、亲切，最好富有人格魅力。当他想象是对着"一人"讲话的时候，必然会不那么空洞和抽象。有的新闻发言人明明手头掌握着不少具体事实、材料或数据，但在新闻发布的过程中却会大段大段地搬出空洞的言辞，比如："我们会进一步加强安全生产教育，继续强化安全生产的意识，在全社会、各行业建立安全第一的观念，并且在接下来的工作中，全面强化监管、抽查制度，尽量消除各方面的安全隐患，以使人民群众安居乐业、平安幸福。"

除了上述常见问题外，针对"不会说"的问题，笔者认为掌握危机事件新闻发布的整体节奏十分重要，其中的关键做法是：熟悉现场发言的关键步骤、有节奏地披露确认的动态信息。具体的做法则包括以下三点。

首先，清楚并掌握新闻发布的关键步骤。比如，在突发事件发生后的第一次现场发布会上，记者最关注的是危机事实，而非政府怎么做的应急措施。这个时候，就应该先介绍基本事实，再介绍应急措施，然后补充必要态度。

其次，如果事故原因还未调查清楚，则应该采取动态发布的方式，不断地告诉记者原因还在调查中，但要适时披露最新的调查进展和最新的实时动态；等到尘埃落定、原因明晰时，则会在第一时间主动告知媒体，并且对可能采取的惩戒措施做必要交代。

最后，如果危机事件基本暂告段落、公众的关注度也不那么高的时候，相关职能部门应该举一反三，对事故暴露出的问题进行纠偏和完善，以尽量避免类似问题再次发生。这个时候，新闻发言人可以出于形象修补的考虑，对外发布"完善机制"的具体做法。在这个环节中，最容易出现的问题就是拿出"十大措施"，但没有一个措施是新的，没有一个措施是有说服力的，这样的"补救"则往往适得其反。

总之，新闻发言人的一举一动、一言一词都在"聚光灯"下。过于紧张怯场，容易造成心虚的感觉；过于傲慢自信，容易引起记者的反感；过于对答如流，容易造成是经过彩排、现场表演的怀疑。因此，上述所有的技巧相对于真诚而言，归根结底都是次要的。

新闻发言人在内心深处，要对自己与媒体关系的本质有清晰的把握：不是服从关系，更不是控制关系，而是沟通和对话的关系。而成功沟通、消除隔膜的最佳方式就是保持真诚，只要站在公共利益的立场真诚发言，就能从容应对突发事件中的新闻发布。

（本文作者为张志安、吴涛。本文主要内容原以《现场新闻发言：真诚第一技巧第二》为题首发于《新闻与写作》2014年第10期，第68～70页。本书收录时有所修订。）

新闻发布20条：说什么和不说什么

对新闻发布来说，与说话的技巧相比，信息公开的程度、对关键问题的回应和实际的应对措施更加重要。不过，从策略角度看，新闻发布的一些语言"技巧"依然有必要掌握。

1. **语句要简洁，声调要热诚、明朗**

回答一个问题的时间，不必太长（显得啰唆），也不能太短（显得不够诚恳），一般以"3分钟"为宜。

2. **要回答提问，而不是自说自话**

在自由问答环节，新闻发言人必须听清楚记者问的"关键点"是什么，然后有针对性地回答。即便确实无法回答，也不要"无视"地避开，而应该给出有说服力的理由，告诉记者暂时无法提供答案的原因。

3. **要以明确的事实和证据为基础，进行发表意见**

如果新闻发言人只是宽泛地发表看法，对记者而言，是缺乏说服力的。新闻发言人要懂得提供有力的事实、具体的数据、明确的证据，有理有据地表达观点，这样才更有说服力。

4. **要对一切提问都认真对待**

也许不是每个记者的提问都很专业、到位，但作为新闻发言人，要重视每一个提问。如果记者提的问题不到位，新闻发言人可以稍微转换下，将问题中最有价值的部分提炼出来予以回答；如果记者提的问题太尖锐，新闻发言人也不必动怒，而应该当成记者"挑战"的机会，或理解为记者站在公众角度的"质疑"。

5. **要以面对一个人的心情发言**

记者的背后是广大的受众，但面对记者的提问，新闻发言人不要产生错觉，以为是在进行"公众演讲"，而要想象是在进行一对一的沟通交流，因为在那样的情境中，表达会更加真诚、诚恳，会更加生动、具有感染力。

6. 要把视线对准采访者，别人说话时也不要转移视线

新闻发言人在回答记者提问的时候，视线不要游移，要对准采访者，这样既显得尊重对方，也体现出专注和认真的态度。

7. 要牢记自己是组织的正式代表

新闻发言人要时刻牢记自己是在代表组织进行新闻发布，因此，必须时刻把握"组织或领导授权你说什么"的原则。

8. 要纠正记者提问中跟事实有出入的内容

有的记者难免会"道听途说"而在新闻发布会上提出一些"听说""传闻"，目的也可能是在于向新闻发言人求证。当听到记者问题中有跟事实不符合或者不准确的地方，新闻发言人不能马上回答问题，而应该对相关事实做必要的澄清和说明。比如，可以这样来过渡，"可能您不太清楚准确的数据，根据我们的了解，情况是这样的……"

9. 在谈及对方立场时，避免采用否定的口气

有的记者难免会提出一些令新闻发言人感到难堪或压力很大的问题，但即便面对这样的问题，新闻发言人也没必要生气或者责怪，可以尝试用"肯定动机"的逻辑来回答对方的问题，比如："您这样想，也许有您的道理，不过，根据我们了解的情况，事实是这样的……"

10. 要用体谅的心情来进行谈话

在某些情境下，政府的相关部门可能并未做到完美，所以，"把话说满"并非严谨的处理方式。新闻发言人不妨换位思考下，"你的回答，公众会满意、相信吗"，这样一想，也许就比较容易采取体谅的心情来谈话。

11. 要阐述对自己立场有利的一面

新闻发言人毕竟是在代表组织进行新闻发布，所以，归根结底总要阐述对自己、对所在部门有利的事实和立场。对于这点，其实参会的记者也能理解，不会对新闻发言人有"角色错位"的期待。但需要注意的是，在危机事件发生的初期，新闻发布还是应尽量客观地回应公众的关切。

以上主要说的是新闻发布要"做什么""说什么"，但也要注意在新闻发布中"不要做什么""不要说什么"。

12. 不要总是列举积极的例证，而完全回避否定、悲观的事例

有些"训练有素"的新闻发言人，总是习惯性地回避一些消极的事实，而只列举正面的事实。其实，在危机事件中，这种"避重就轻"的做法并不讨巧。如果能实事求是，正视消极的事实和影响，反而能让媒体和公众感受到发言人的坦率和真诚。

13. 不要显得过于客套、谦卑和顺从

新闻发言人无须对记者过于客套，显得过于谦卑和顺从，而需要有自己的立场和判断。例如，没必要多次重复"感谢记者朋友拨冗"之类的客套话。其实，记者最希望的是新闻发言人能提供有价值的信息、内容和观点。

14. 不要对未发生的事情进行预测

预测性的问题，回答起来的确是有风险的，因为很多事情谁也无法预测。

15. 不要对新拿出来的"材料"仓促表态

有时候，在新闻发布会上，记者会突然拿出一份新数据和新材料，跟新闻发言人掌握的情况可能会有所出入。在这个时候，新闻发言人的确没办法立即表态，可以回答说"感谢您提供的这个情况"，然后在会后认真调查和核实，如果情况属实再予以发布和回应。

16. 尽量不要用"无可奉告"等生硬的措辞来拒绝问题

面对有些问题，新闻发言人的确没办法回答，但记者有时会反复追问，对于这种情况，新闻发言人也没必要生硬地用"无可奉告"来拒绝问题，可以坦诚地表达你的为难，给出你的理由，并介绍你将在何时用怎样的方式来回应。

17. 不要在谈及深刻问题或紧急事态时开玩笑

谈到严肃的话题时，新闻发言人的表情和语态都应该是严肃的。在这个时候，一定要注意避免微笑的表情或者开玩笑。

18. 不要发布涉及其他单位的事实和观点

有时候，新闻发言人被激怒后，甚至会抱怨记者为什么只关注自己所在的单位，于是会冒出来诸如"这样的事情，隔壁县也有，你们怎么不关注呢"之类的言论。这是错误的。新闻发言人只有发布与本单位相关

事实的权限,而不适合对其他单位说三道四。

19. 不要重复质难一方所使用的质难言词

有时候,记者在问题中会用"以权谋私"等负面的、质疑的、否定的词汇,新闻发言人在回答这样的问题的时候,需要保持审慎,如果没有证实相关的负面假设事实,不要重复这些负面的假设性言词。

20. 不要把话说得太满,言语应留有余地

新闻发言人并不能保证所在部门在所有方面都做得完美,所以,在面对某些问题时,不妨尽量客观一些,不要把话说得太满或用词过于绝对。

这些"技巧"的背后,归根结底是新闻发言人的真诚。而且,说得好,不如做得好;做得好,才能有的说。

也许,有的新闻记者听完上述"技巧",会担心自己今后要采访新闻发言人会变得更加困难。其实,大可不必。因为这些"技巧"的背后,其实强调的是"公开"和"坦诚",希望新闻发言人真正尊重记者的职业和提问,回应记者的质疑和关切,这与记者获取事实、追求真相的目标在本质上是一致的。

[本文作者为张志安。本文的主要内容首发于微信公众号"一本政经"(ybzjwxh)。本书收录时有所修订。]

第三章

舆情分析与舆论引导

互联网时代舆论引导范式的新思考

当前，由于互联网应用的日益普及、网民群体规模的迅速增加，尤其是以微博、微信和客户端为代表的移动互联网的迅猛发展，中国社会的舆论场生态正在发生重大变化。一方面，媒体形态和格局发生根本性改变，相当一部分传统媒体由过去的主流主导地位逐步被边缘化，网络媒体的议程设置和信息扩散能力快速增强，新旧媒体在舆论场中扮演的角色呈现此消彼长的态势；另一方面，社会心态、社会风险等也发生巨大变化，一些地区社会矛盾激化、社会问题增多、社会信任降低，在低信任、高风险、利益诉求和价值观日益多元的语境中，传统的舆论引导方式面临着话语争夺、效果减弱的挑战。

基于这两个舆论场生态的重要变化，互联网时代的舆论引导面临诸多挑战和压力，比如传统主流媒体的影响力和公信力在降低，网络舆论的非理性和群体极化现象突出，官方舆论场和民间舆论场之间的通道尚未打通，全社会广泛积极的舆论共识度有待提升……为此，笔者试图通过解读当前舆论引导面临的新挑战、新要求，并在简要回顾舆论引导理念和方式变化历程的基础上，提出舆论引导范式转型的若干建议。

一、互联网时代舆论引导的新挑战

舆论作为大多数人对社会议题相对一致的看法，从过程看主要有三个要素：意见表达者、平台开放性、观点集中度。理论上，如果具有公共参与精神的公众能够针对公共事务充分表达不同的意见，社会又能为这种表达提供足够开放、包容和理性的话语平台和公共空间，而不同的观点在碰撞和互动过程中又能形成充分的社会共识，那么，舆论就能相对真实地生成、呈现并发挥其促进社会善治的积极功能。

要让舆论发挥理性、积极的作用，就需要政府、媒体进行一定的舆论引导。有学者考察了两种舆论引导观：新闻传播学视角认为舆论引导的主体是传媒，强调舆论引导的信息传播手段以及强化或改变意见的传播效果；而社会管理视角则认为舆论引导的主体是政府，强调舆论引导是通过管理和调控实现引导者目标，进而实现政府的行政目标。在此基础上，该学者提出，应该运用系统论的观点重新界定舆论引导，可以宏观把握舆论引导作为动态平衡的开放系统的运行特征，即不同的舆论在相互碰撞融合中彼此转化、有序包容，用制度与过程的引导替代内容与效果的引导，以促进舆论的整体涌现性的发挥。①

无论是政府主导或传媒主导，从舆论形成过程的三个要素看，互联网时代的舆论引导主要面临以下三方面的新挑战。

（一）表达者的群体失衡和复杂诉求

主流舆论形成的前提是公众的积极表达和理性表达，并形成持续的公共对话，而当前的舆论场存在的问题是，13亿公众表达能力、机会和结构的失衡。其中，8亿网民可以通过网络表达，相比而言，5亿非网民的表达渠道不够丰富。而且，8亿网民中的活跃表达人群的占比不高，其中一部分网民在针对特定议题或特定情感结构的驱动下进行的是非理性表达。

从表达主体的数量、规模和人口比例看，当前的网络舆论并非代表着"人民的声音"，只是一部分活跃网民的声音，它能够反映部分网民的观点和利益诉求，但并不具备足够的代表性。尽管有其群体结构的局限，但与传统媒体主导下的旧语境相比，互联网时代的网络舆论十分鲜活，至少在一定程度上比较真实地反映出民心、民情和民意，因此，需要被充分尊重和认真倾听。

（二）平台的割裂与传播的偏向

新华社前总编辑南振中曾提出"两个舆论场"的概念，主要指以主

---

① 董子铭：《舆论引导的学理解读：元理由、概念及其系统特征》，载《四川大学学报（哲学社会科学版）》2014年第5期，第84～91页。

流媒体为核心的官方舆论场、以老百姓为代表的民间舆论场，两者之间难以打通、无法实现融合。近年来，以《人民日报》和央视新闻微博微信、新华社客户端为代表的中央主流媒体，通过移动产品和平台的打造，有力推动了官方舆论场和民间舆论场的相互渗透、交融，但离真正的打通"两个舆论场"还有距离。

参照习近平总书记提的"三个地带"的观点，当下中国舆论场的"三个地带"也呈现出碎片、分化、割裂的基本格局：《人民日报》、中央电视台、各级党报等传统媒体平台，是"红色地带"，始终坚持正面宣传为主，注重积极的舆论引导；新浪微博、腾讯微信、网络论坛上，既有主流媒体微博和微信公众号发出正面声音，也有某些网友、网络"大V"的负面批评，是"灰色地带"；还有少数网络社区平台、微博、微信群中，存在敏感信息和激烈批判，是"黑色地带"。这"三个地带"有重叠、有互动、有转化，但总体上是相互独立、割裂、分化的。

还有一个值得关注的现象是移动网络和社交媒体的技术趋向、平台导向和传播偏向。社交媒体的碎片化、爆炸式传播效能，网络平台的开放性和把关责任缺失，都容易导致网络舆论"娱乐至上"，观点表达的情绪偏向，公共对话中吵架谩骂、"一地鸡毛"等现象盛行。这些由技术平台的传播偏向所放大的舆论负面效应，亟待引起重视、反思和治理。

（三）观点的分化和共识的缺乏

从理想的角度看，公众的公共表达最好是基于知识、价值和理性立场的言说，同时在对话交流中可以达成基本的共识。观点的共识度越高，主流舆论的形成才有可能。然而，当下公众的文化教育水平不一、私利诉求和对公义的信奉和坚守程度不同、社会价值观和社会心态的差异极大，在公共表达过程中很难做到足够理性、负责、一致。这方面，最直接的体现就是微博舆论的失衡、冲突、非理性和群体激化，尤其在新媒体事件迅速点燃网民情绪时，情感宣泄往往多于理性对话，观点对撞通常多于理念共识，情绪性批判不时会超越建设性谏言。

综观互联网时代的舆论场生态，表达群体如何扩大、对话渠道如何畅通、观点共识如何形成等问题，很长时间内都将是政府和传媒在进行舆论引导过程中所必须面临的挑战。单纯从新闻传播学视角或者从社会管理的视角来看待舆论引导,恐怕很难真正避免隐含的控制意味,也无法建立开放理性的对话和沟通机制。

二、互联网时代舆论引导的新要求

习近平总书记指出,新闻舆论是思想文化传播的重要渠道,巩固壮大积极健康向上的主流舆论是社会主义文化建设的重要任务。[①] 其中的关键有两点,一是"新闻舆论",即新闻媒体、主流媒体、大众媒体上的舆论,实质上是媒体舆论,即大众传媒对社会舆论的反映或建构;二是"主流舆论",即舆论生态的主要特点必须积极向上。

习近平总书记的讲话更多从实践角度对舆论引导提出要求,要弘扬主旋律,传播正能量。如果从理论的角度看,"新闻舆论"和"主流舆论"这两个概念涉及舆论形成的两个要素——新闻舆论依托的"平台权威性"、主流舆论要求的"观点集中度"。新时期舆论引导的基本要求就是:新闻舆论必须正面积极、主流舆论必须健康向上,其核心功能就是服务于国家的治理、改革与发展。为实现这个目标,习近平总书记提出的主要策略和基本要求有三个方面。

(一)信息选择和内容把关

传统媒体要以正面宣传为主,"展示昂扬向上的社会主流、反映光明进步的社会本质","坚持马克思主义新闻观,牢牢把握正确导向";要不断提高宣传质量,"改进文风,创新形式,做好形势宣传、成就宣传、典型宣传、主题宣传";要在网络媒体上同样强调正面信息的传播,"改进创新网上宣传,发展健康向上的网络文化,形成网上正面舆论强势"。

总体上看,主要是把握两个要求:其一,设置的议题必须是主流的、积极的;其二,报道的内容必须是正面的、向上的。从信息、议题、内容

---

① 中共中央宣传部:《习近平总书记系列重要讲话读本》,学习出版社、人民出版社2014年版。本文中关于习总书记的讲话内容,均引自该书。

选择和观点表达上要始终坚持"正面宣传"。

(二)舆论斗争和舆论引导

在舆论引导策略的实施上,要"把握好舆论引导的时、度、效,引导广大群众多看主流,不受支流支配;多看光明面,不受阴暗点影响;多看本质,不受表面现象迷惑";舆论斗争策略的主要阵地在网上,"要敢抓敢管,敢于亮剑,着眼于团结和争取大多数,对错误思想观点进行批驳"。

比较而言,舆论引导是相对柔和的手段,舆论斗争则是相对激烈的对抗,两者的目的都在于把好的、正面的、积极向上的舆论放大成为主流舆论。

(三)平台融合和有效管理

针对传统媒体的衰落,融合转型的主要策略是"大力推进传统媒体和新兴媒体融合发展,增强主流媒体的传播公信力影响力和舆论引导能力";针对网络新闻媒体和社交媒体的兴起,要"加强网络社会管理……确保互联网可管可控,使我们的网络空间清朗起来"。总体要求是增强阵地意识、加强阵地管理,"不给错误思想提供传播渠道"。

传统媒体的重点是如何避免影响力的衰落,要通过融合转型来巩固其影响力、保持其公信力;网络媒体的重点是加强管理、强化导向,强化其"可控性"的提升和确保。两者各有侧重,但标准和尺度要逐步实现统一、价值保持一致。

习近平总书记讲话中的上述三点要求,信息选择和内容把关侧重"说什么",舆论斗争和舆论引导侧重"怎么说",平台融合和有效管理则侧重"在哪说"。三者结合,皆为确保舆论导向正确、主流和积极,也为互联网时代的舆论引导提出了新要求。

三、互联网时代舆论引导的新范式

结合互联网时代舆论场部分失真、失衡、失序的生态特征,笔者认

为,传统的舆论引导范式需要进行范式转型,并且通过新范式来实现舆论引导观念的转变和效果的提升。

我们党 90 多年的历史,按照习近平总书记的提法主要经历了"救国"(1921—1949 年)、"兴国"(1949—1978 年)、"强国"(1978 年至今)三个阶段。党的宣传理念和范式主要发端于早期新民主主义革命,成形于延安整风运动和 1942 年《解放日报》改版,探索出典型报道、正面宣传、舆论斗争等典型模式。

中华人民共和国成立以后,主要目标和任务是发展经济、建设国家,在"兴国"的语境中除原先已经成熟的典型模式外,突出运用了领袖宣传、典型报道和经验报道等模式,"文化大革命"期间则错误地"以阶级斗争为纲",把舆论斗争演化为现实批斗。改革开放以来,在"强国"的语境下,除继续坚持正面报道、典型报道外,也在不断发展舆论引导的思想。1994 年,江泽民总书记在全国宣传思想工作会议上首次提出并阐述了"以正确的舆论引导人"的提法。2008 年,胡锦涛总书记在人民日报社考察时又针对新形势下如何提高舆论引导能力做了系统阐述。

进入新世纪,中国的舆论生态面临两个重大挑战:一是全球化的压力,西方发达国家推崇的主流舆论,对我国舆论场的压力明显增加。二是互联网的压力,经由网络平台激发的汹涌舆论和"监察式"网络舆论监督的活跃,给政府治理带来挑战。

面对复杂的舆论环境,尤其是新媒体时代的舆论生态,宣传管理和舆论引导范式需要从注重短期的总体信息调控走向长期的社会心态调适,追求舆论引导的科学化、规律化、长效化。实际上,这种转型已经开始,但尚未充分完成,需要加快推进。一些亟须进行的观念变革和实践措施,主要包括以下方面。

(一)把握社会话题,设置稳定的公共议题

积极向上、健康主流的舆论场,首先必须要围绕关乎公共利益和社会发展的重大话题来进行公共表达、凝聚社会共识,而当下网络舆论场从公共议题的角度看,恰恰存在"事件驱动"和"娱乐至上"两个比较严重的问题。

"事件驱动"指微博舆论往往围绕热点事件来进行激发,不同类型的事件接连不断发生却难以形成稳定的社会话题,于是,网民针对事件的评论多为情绪化、碎片化的,很难基于事件类型形成对事件背后的社会话题的深度反思和理性对话;"娱乐至上"指微博或微信空间中,与明星绯闻、隐私侵犯、伦理缺失、风俗破坏等相关的娱乐话题往往占据头条位置,网民围绕这些明星八卦、娱乐趣闻的讨论和观点往往质量不高、参差不齐,以简单的热爱或愤怒等直觉、情绪为主。

为此,不管是政府补贴和资助的传统主流媒体,还是商业化运作的新闻网站或移动媒体,从舆论引导的基础条件出发,都应该建立和强化"议程设置"的意识,即肩负起设置稳定的公共议题的社会责任。一方面,要超越网络事件的浮躁、聚焦重大的社会话题;另一方面,也要实现媒介议程、公共议程和社会议程的有效对接。

经济学家汪丁丁曾在一篇文章中①,列出当代中国最重要的领域及其重要性问题,比如经济领域的问题包括劳动、土地、住房、自然资源、货币、汇率、收入分配、教育及人力资本等方面的公共政策,公共卫生领域的问题包括医保、医院、医疗等关键性服务的公共政策,政治和法律领域的问题包括劳资谈判与劳工自由结社的政治权利、政治民主、反官僚主义、反腐败、规范政府行为、新闻自由、立法和司法的独立性等,社会领域的问题包括生育、抚养、家庭问题、底层社会、文化遗产、绿色运动、非政府组织的政治权利等。

把握这些重大的社会问题,通过专业、理性的报道持久地设置公共议题,主动把网民关注议题转换为舆论引导议题,围绕公共议题进行持续对话、凝聚共识,是互联网时代的舆论引导对主流媒体提出的新要求。对大众传媒来说,体现在两个方面:其一,要求主流媒体具有"微观真实"和"宏观真实"的平衡意识,懂得在关注具体小问题的同时也能持续聚焦社会大问题;其二,要求主流媒体把握一系列在国家治理、地方治理过程中的焦点和难点问题,比如 PX 项目建设、垃圾焚烧厂项目、核电项目等,能够在某个时期集中进行议程设置,通过持续、深入的报道来强化公

---

① 汪丁丁:《何谓"新闻敏感性"》,载《新世纪周刊》2011 年第 44 期,第 118～119 页。

众认知、提高社会认同,从而服务于社会经济的良性发展。

（二）鼓励负责任表达,形成理性的观点互动

当前,微博和微信已经成为主导网络舆论场的两大支柱性平台。比较而言,微博是一个相对开放的舆论场,在热点事件传播、公共观点表达、促发形成舆论方面,具有更加快速的信息传播和社会动员效果;微信则是一个半封闭、半公开的舆论场,微信朋友圈是只针对亲朋好友传播范围有限的群体传播,微信群是面向特定群体且相对隐蔽的群体传播,而微信公众号的"粉丝"规模如果足够大则构成了具有快速传播效果的大众传播。总体上看,在网络舆论场中,微博的观点汇聚、社会动员功能更强,而微信的即时传播、信息扩散功能更强。

微博平台的管理运营已经对注册用户采取实名制,即"后台实名、前台匿名",用户注册必须提供真实的身份信息,但使用的 ID 可以是匿名的,用户可以用同一个身份信息注册多个不同的 ID。基于网民情绪宣泄、网络身份隐匿、个人抗争维权、社会激愤批判等多种因素,微博舆论中的谩骂侮辱、人格伤害、隐私侵犯、话语暴力等现象始终层出不穷、屡禁不绝。

为了倡导更加负责、理性的网络表达,有必要适当强化网络实名制,在确保网民数据信息安全、政府不得轻易调用数据的前提下,限制每个网民注册 ID 的数量,甚至倡导真正的实名制表达,保持线下行为和线上行为的"言行一致"。而且,采取网络实名制将限制一部分网民利用不同的 ID 进行网络谩骂、网络诽谤等侵权行为,从而更好地保护大多数网民的隐私和人格权,减少网络上不负责任的谩骂和攻击。

此外,为了促进网络上理性、公开、负责任的对话,还需要公众更积极地参与,网络平台也应承担更多的责任。比如,网络评论员、网络文明志愿者等表达群体,因其任务是规定动作、评论倾向相对固化,制造出来的"主流舆论"存在一定的真实性、可信度和操控性问题。为此,除部分被组织动员起来的网民志愿者外,我们应该鼓励更多的知识分子、社会精英、意见领袖等群体,来进行活跃的公共表达和理性的公共对话,给予他们更加宽松、自由的话语空间。再比如,一些商业网站经常以"平台"

角色来自我定位，根据机器抓取、数据分析，筛选出网民最感兴趣、讨论最热烈的话题。但是，其中的一些话题也许折射出错误的价值观或者存在极不理性的倾向，商业网站不应该以"客观"立场或"平台"角色来替自己免责，甚至对相关言论进行片面放大和快速传播，而应该肩负其信息把关、价值引领的责任，对类似话题做必要的筛选、过滤和处理。

（三）强化复杂性认知框架，运用多元的公共话语

采用"舆论斗争"的思维和立场进行网络舆论引导，其特点是立场鲜明、观点明晰，不足则是表达方式相对简单、说服力相对较弱。为此，我们有必要在舆论引导过程中超越单一性思维，强化复杂性认知框架。

所谓"复杂性认知框架"，就是能够超越正面或反面的立场去审视问题，能够超越简单的道德判断去看待问题，能够采用理性思辨的观念去全面深刻地剖析问题，归根结底在于认识中国现实的复杂性。众所周知，现实社会和日常生活本来就不只是黑白分明，有时是"灰色的"，采用"灰色的"眼睛去审视现实，往往能够客观分析事物的多面性，所表达的观点也往往更加具有说服力。

倡导舆论引导过程中的"复杂性认知框架"，主要基于三个原因：其一，传统宣传方式的效果弱化。过去，我们的舆论引导比较多采用"正面宣传"为主的策略。但是，这种传统的舆论引导，通过选择性、重复性、突出性等手法进行典型报道、经验报道和正面报道，其传播效果已经面临不确定性和难以充分验证的挑战。其二，网民自主意识的不断增强。随着受教育程度的提高和网络素养的增强，越来越多的网民具有比过去更加批判的思维、更加自主的立场、更加独立的态度。面对自主意识日益强化的网民，如果单纯采取"正面宣传"的方式，其说服力相对有限。其三，社会问题日益复杂。伴随改革开放进入"深水期"，越来越多的社会问题背后包含错综复杂的原因，其解决的方法也涉及多重因素的协同。面对这些复杂社会问题的舆论引导，采用"复杂性认知框架"，才能比较准确、贴切、真实地说明问题。

此外，要在舆论引导的过程中探索更加多元、有效的公共话语。过去，为增强公众的政治认同、政党认同和体制认同，强化网民对"道路

自信、制度自信、理论自信"的接受和认知，传统的舆论引导方式多采用讴歌、赞美、修辞等政治话语。实际上，可以运用更加多元、复杂的话语建构方式来进行传播，比如，"历史选择"的话语，主要从具体的历史情境、特定的历史阶段来说明历史是如何选择中国共产党、中国共产党又是如何领导中国人民取得革命的胜利，实现了民族独立和人民解放的；"发展绩效"的话语，主要从中华人民共和国成立后的"兴国"和改革开放以来的"强国"业绩来强调党的领导能力；"失败警戒"的话语，主要运用东欧剧变、苏联解体的历史事实来强调，失去我们党的领导，实现中华民族伟大复兴的使命就很难确保完成；"民族主义"的话语，主要从全球国家之间的意识形态冲突、经济发展竞争和国家利益博弈等角度来强调严峻的生存环境，从而激发公众对中国特色社会主义道路的认同和自信。在具体的网络舆论引导中，不应该讲大话、讲空话，而要运用这些多元的公共话语，以事实来说服人，以理性来引导人。

综上所述，在当前以新媒体为主导的全新媒介语境和社会语境中，我们的宣传范式应该更加强调舆论共识、理性互动，这将更加有利于提升我们党和国家的舆论引导能力，并进而推动我国的改革与发展。

（本文作者为张志安、张美玲。本文主要内容首发于《人民论坛·学术前沿》2016 年第 5 期，第 16～23 页。本书收录时有所修订。）

网民社会心态与舆论引导范式转型

一种舆论能够生成并且起到引导作用,必须具有必要的构件,这些构件主要包括舆论主体、舆论客体、中介、议题(话题)、场域(空间)、反馈。① 一般来说,舆论引导的主体有两个:一个是党和政府,另一个是传媒组织。对于党和政府而言,舆论引导是对社会行为规范的约束和监督;对于传媒组织而言,舆论引导是根据法律法规进行的一项业务活动。对引导主体的舆论引导能力进行评价,不能依据其主观感受或臆测做出判断和定评,归根结底要看被引导者即受众接受引导和认可引导的程度。② 在传统的舆论引导观念中,更多强调的是对舆论主体的研究和把控。

近年来,随着新媒体和互联网技术的兴起,国内舆论引导现状发生了很大变化。一方面,网络热点事件以及网络舆情危机时常出现;另一方面,传统的舆论引导方式经常显得滞后,也逐步出现效果减弱的状况。究其原因,主要有二:一是传统的舆论引导主要采取信息调控的方式,总体构建"负面声音减弱,正面声音放大"的舆论生态,能够针对受众解决信息控制基础上的"入眼"问题,但有时无法从根本上解决价值认同基础上的"入脑"或"入心"的问题。二是传统舆论引导方式大体遵循"事件导向"的引导模式,即主要是在网络事件发生后或出现舆情危机时才实施舆论引导,缺乏准确、高效的舆情预警和应对机制,公众在舆论引导中更多的只是建立其对具体事件的认知观念,而很难基于这些碎片化的事件形成对社会公共议题的整体性共识。这些情况无疑会导致其存在相对表面和短期控制等问题,为此有必要从更深层次、更科学、更专业的角度提升舆论引导策略。

---

① 童兵:《舆论引导新格局的建构:体制和机制》,载《当代传播》2014年第6期,第33~35页。

② 丁柏铨:《新形势下提高舆论引导能力研究论纲》,载《当代传播》2009年第3期,第4~8页。

互联网的不断发展,为网民的观念表达、情绪发泄、利益诉求、政治参与等提供了前所未有的便利,使其成为当前舆论引导的主要场所。同时,网络舆论场越来越从虚拟空间中的民意表达转化为现实利益的真实呈现乃至线下行动的促发因素,随着越来越多的线上与线下事件结合在一起,整个舆论场的发展也日益真实地折射出整个社会心态的变迁。

本文试图引入社会心态作为核心概念,将其置于舆论引导的理论和实践语境中,作为规范性理论来探讨舆论引导的价值坐标,在此基础上提出关于舆论引导范式转型的思考。围绕社会心态和舆论引导,本文将具体从三个方面加以论述:第一,把社会心态作为舆论引导的实效指标,探讨舆论引导具体会发生哪些效果转变。第二,把复杂心态视为有效引导的关键挑战,梳理当前网民社会心态的主要特征,探讨它们如何增加舆论引导的难度。第三,把心态调适作为科学引导的主要路径,并提出一些引导策略。

一、社会心态:舆论引导的实效指标

社会心态是一段时间内弥散在整个社会或社会群体类别中的宏观社会心境状态,是整个社会的情绪基调、社会共识和社会价值取向的总和,反映了个人与社会之间相互建构而形成的最为宏观的心理关系。① 它在一定时期的社会环境和文化影响下形成,并不断发生着变化,也会随着社会变迁而呈现出新的动态。② 周晓虹认为,社会心态有两个特点:一是社会心态的宏观性;二是社会心态的动态性。③

随着互联网的普及,网民的社会心态受到越来越多的关注。网民社会

---

① 杨宜音:《个体与宏观社会的心理关系:社会心态概念的界定》,载《社会学研究》2006年第4期,第117~131、244页。
② 王俊秀:《社会心态:转型社会的社会心理研究》,载《社会学研究》2014年第1期,第104~124、244页。
③ 周晓虹:《转型时代的社会心态与中国体验——兼与〈社会心态:转型社会的社会心理研究〉一文商榷》,载《社会学研究》2014年第4期,第1~23、242页。

心态大体包括价值观、社会认知感受、行为意向等测量维度，① 它是一定时期内社会问题的折射，通过研究它可以知道社会各阶层的所思所想，了解社会议题和社会情绪等。② 当前的网民主要以青年网民群体为主，他们在网络上相对活跃，即网民社会心态大都代表的是青年群体的社会心态。网民社会心态是影响人们网络行为的重要因素③，它不仅影响网民在网络上的舆论表达，也影响网民对于舆论引导方式的接受程度。

笔者认为，对于舆论引导工作来说，社会心态在很大程度上是检验舆论引导效果的重要依据。因此，想要推动科学、长效的舆论引导，可以将社会心态作为舆论引导的实效指标。

（一）传统舆论引导方式的效果反思

传统的舆论引导效果，将主要研究焦点放在舆论主体上，即政府和传媒组织，对舆论引导效果的考察也主要围绕热点事件展开，总体构建"负面声音减弱、正面声音放大"的舆论生态。舆论引导的具体措施主要是政府相关部门直接采取信息控制、传媒组织从"新闻舆论场"的角度实现表面舆论的直接调控。从短期来看，传统的舆论引导方式确实可以有效管控舆情危机，可以防止突发性事件的进一步发酵。然而，在互联网环境中，传统的舆论引导方式并不能很好地适应网络热点事件的舆论引导。

（1）由传统媒体设置的正面舆论引导的议题，与网民自发讨论和关注的议题，未必完全一致。"坚持正面宣传为主的方针"为中国特色社会主义新闻事业的舆论引导功能明确设定了基本的传播范式。④ 虽然这一范式在不同历史时期的舆论引导中有不同的内涵，但"正面宣传"始终是我国媒体坚守的职业目标之一。在网络上，网民关注的公众议题并非总是

---

① 杨宜音：《个体与宏观社会的心理关系：社会心态概念的界定》，载《社会学研究》2006 年第 4 期，第 117～131、244 页。
② 袁跃兴：《中国网络社会心态折射了什么？》，载《中国职工教育》2014 年第 12 期，第 66 页。
③ 余建华：《网络社会心态何以可能》，载《北京邮电大学学报（社会科学版）》2014 年第 5 期，第 16～21 页。
④ 张勇锋：《舆论引导的中国范式与路径——"坚持正面宣传为主的方针"新探》，载《现代传播》2011 年第 9 期，第 26～31 页。

跟传统媒体设置的媒介议题或政府议题保持一致,总体上看,网络议题更多地集中在民生、热点和突发事件。如果政府和传媒组织设定的议题被过于放大,反倒容易遮蔽公众真实关注的议题,由此,无法从"公众话题"上激发和形成真实的网络舆论,从而出现了"官方"和"民间"两个舆论场,各自占据不同的传播渠道,这两种议题的讨论无论在内容还是形式上都存在差异。

(2)传统的舆论引导比较注重短时间内的负面信息控制,导致一定程度上公众无法释放抱怨情绪,反倒不利于不同群体之间的对话和针对其进行舆论引导。当网络舆情尤其是负面、敏感事件发生时,一定程度上的限制表达和舆论管制,也容易让部分网民选择沉默,由此限制了部分真实舆论的生成。传统媒体的信息管制可以控制住敏感消息的扩散,但是由事件引发的公众情绪却在持续发酵,这使得舆论的压强变大,如果处理不当,可能使事态进一步扩大。

(3)传统舆论引导的强势做法,无法完全适应互联网天然具有的自由、开放、平等文化,因而在网络舆论引导中并不能取得令人满意的效果。我们可以在网上看到,许多正面评论帖或文章,很少能真正吸引网民去关注、点击和互动;如果采用比较单一的话语方式或欠缺说服力的赞美表达,既无法真实地形成观点交锋、促进共识凝聚,也可能导致"人为制造"的网络舆论过于强势的覆盖。

(二)追求舆论引导的长期结果

从个体与群体角度来看,社会心态还可以被看成一种社会资源,可以为群体提供社会支持,在突发事件中,社会心态将影响到政府相关部门处理突发事件的成败;从社会心理学角度来看,舆论是社会心态的表达和表现,也是社会心态的构成部分。[①] 运用社会心态来作为舆论引导的长效和实效指标,可适当跳出"事件导向"的传统做法,围绕事件背后的"公共议题",从改变公众的社会心态出发,实施科学引导、追求长期效果,

---

① 杨宜音:《个体与宏观社会的心理关系:社会心态概念的界定》,载《社会学研究》2006年第4期,第117~131、244页。

深层次地改变"社会舆论场"。具体来看，可推动舆论引导实现以下改变：

1. 从短期效果转向长期效果

传统的舆论引导，主要围绕"焦点事件"展开，注重短期效果，其出发点往往是为了管控舆情危机。在短期内，舆论主体通过屏蔽负面观点，的确可以做到迅速解决恶性的舆论事件，起到立竿见影的效果。但是，随着互联网技术的发展，新媒体、自媒体、社交媒体的迭代更新，线上网络舆论事件层出不穷，网民发表意见更加方便，被动应对或管制信息只能"治标不治本"，甚至根本起不到引导舆情的作用，反而会加剧事件的持续发酵。因此，在新媒体环境下，舆论引导要"风物长宜放眼量"，有必要培育网民正面、积极的社会心态，减少他们在网络上非理性和情绪化的舆论表达，逐步减少网络舆论事件的爆发，进而实现舆论引导的长期效果。

2. 从信息调控到心态调适

传统的舆论引导普遍采用的是信息调控式的舆论引导做法，主要是从舆论主体出发，一方面是遵循政府的宏观要求，另一方面是贯彻媒体的政治使命，因为传统媒体可以较容易地从信息角度进行调控，只要控制住源头和渠道，舆论导向就可以由主体进行。但是，在互联网环境下，传统媒体固然可以进行信息调控，然而新媒体的信息调控却很难彻底进行，如果继续采取传统的舆论引导手段，很难取得效果。

另外，这种引导方式在多大程度上影响了网民的态度、增强了他们的社会认同，很难进行测量。而且，有些信息调控的做法与互联网文化和精神相悖，容易引起网民的不快和反感，他们会调侃或抱怨这种舆论引导行为，一些网络段子和热词就应运而生。而基于心态调适视角的舆论引导，舆论引导的议题要与公众讨论的议题相匹配，围绕网民最为关心的话题进行持续性、深入地讨论，吸引他们主动参与对话和沟通，使他们在交流中达成更多共识。这种舆论引导虽不强势却有实效，注重在交流和对话中凝聚共识，也更容易为普通网民所接受。

3. 从新闻舆论场到社会舆论场

传统舆论引导的主要阵地是新闻舆论场，即主要以传统媒体、网站、论坛、微博、微信等主要新闻平台进行舆论引导。而从网民社会心态出发的舆论引导,它的主要阵地则不局限于此。当前的网民社会心态反映出深厚的民生情结,但凡收入、分配、住房、医疗、教育、就业、社保、治安、环保等民计民生问题,都会拨动整个社会的情绪神经,决定着社会情绪走向。① 可以看出,这些民生问题会涉及网络中的任何一个板块和栏目,除了新闻之外,也许是在娱乐、服务、政务、信息等栏目中,凡是跟民众生活相关的领域都是需要我们关注的,对舆论的引导应该放眼整个社会舆论场。

围绕事件背后的"公共议题"进行针对性引导,有利于网民准确认知社会,祛除偏见和刻板印象,进而促进他们的舆论表达,净化整个社会舆论场。反过来,社会舆论场的提升也将反哺新闻舆论场的改善。

二、网络社会心态:有效引导的关键挑战

我国社会情绪的总体基调是正向为主的,但存在的一些不利于个人健康和社会和谐的负向情绪不容乐观。不断发生的社会性事件导致社会情绪的耐受性和控制点降低。② 社会生活中一些本该同情却欣喜、本该愤恨却钦佩、本该谴责却赞美的"社会情绪反向"值得警惕。基于对现有调查的梳理,当前网络空间和现实社会渗透着的复杂社会心态,主要有结构性怨恨、仇官和仇富心态、低信任感、冷漠和"浮云"等较为典型的特征。③ 这些复杂心态不仅不同程度地影响着网络舆论场,也在不同层面制约着舆论引导效果的发挥,已成为有效引导的关键挑战。

---

① 姜胜洪、毕宏音:《转型期社会心态方面存在的问题、特点及对策研究》,载《兰州学刊》2011 年第 10 期。

② 王俊秀、杨宜音:《社会心态蓝皮书:中国社会心态研究报告(2012—2013)》,社会科学文献出版社 2013 年版。转引自杨英法、聂雅《社会思想引导、社会舆论调控与社会情绪管理》,载《光明日报》2014 年 9 月 28 日第 7 版。

③ 夏学銮:《当前中国八种不良社会心态》,载《人民论坛》2011 年第 8 期,第 48～50 页。

(一) 结构性怨恨

结构性怨恨,通常存在于社会发展效能较低的社会群体中,主要表现为对社会和体制的批判和不满,习惯于恨社会、骂体制。在网络社会中,他们常批判社会不公和体制弊病等问题,常把对社会的不满情绪宣泄在网上,呈现出一种对体制和社会的结构性批判,背后其实掺杂着对社会抱怨、不满乃至怨恨等复杂心态。不过,正视这种结构性怨恨心态的形成过程及其真正原因,也能帮助相关管理部门更好地改善治理机制和提升治理绩效,因此,也需要理性地看待结构性怨恨。

这种心态极易放大网络中的负面情绪,在舆论表达过程中,还容易产生"群体极化"现象。针对具有结构性怨恨心态的议题,舆论引导的难度会大大增加,而且如果过度正面宣传,反倒更容易加深网民的不满情绪和逆反心理。这些消极情绪和逆反心理会影响网民的理性判断,阻碍其参与社会实践,更有甚者会发展成"民粹主义",成为导致网络舆情危机的导火索。

(二) 仇富和仇官

仇富和仇官一直是网络社会中较为根深蒂固的社会心态,反映了一部分公众对官员和富人较难改变的刻板印象和不满情绪。抱有这种心态的网民群体常表现出对富人和官员的不满或憎恨,一想到富人,就容易联想到骄奢淫逸、挥霍放纵的形象;一想到官员,就容易联想到腐败滋生、权力滥用的形象。[①] 这种刻板成见一旦形成,很难在短期内有所改变。尤其在涉及官员、企业家等人物的负面事件时,相关的舆论引导效果会大打折扣,部分网民会陷入极端化、固化的态度和情绪中,甚至习惯于以"阴谋论"思维来解读。

这种心态无疑增加了针对官员、企业家等群体或相关议题的舆论引导难度。对于持有这部分心态的网民来说,公开透明的报道、实事求是的传

---

① 聂智、曾长秋:《负面心态治理:虚拟社会管理新视阈》,载《学术论坛》2012 年第 11 期,第 173～177、218 页。

播是最好的沟通方式。"冰冻三尺非一日之寒",对这部分网民的心态分析也将是一个持续的过程,需要指出的是,有的人"仇富和仇官"的背后也有复杂的社会原因。因此,建设一个公开透明、公平公正的社会环境才是从根本上改善这一社会心态的有效措施。

(三) 低信任感

在公共治理中,对于政府的信任始终是一个重要问题。对政府的不信任并非新媒体环境下特有的社会心态,早在古罗马时代,对此就有描述,西方政治学将其称之为"塔西佗陷阱"(Tacitus Trap),通俗地讲,就是当政府失去了公信力时,无论是说真话还是假话、做好事还是坏事,民众都会认为是在说假话、做坏事。网民对政府、对权威等如果缺乏足够的信任,在涉及相关的热点事件时,有时候即便政府持续发布真实信息,网民依然抱有质疑和怀疑态度。网民由于首先不信任发布信息的主体,所以才会不信任这个主体发布的信息内容。如果处在这种相对缺乏信任的社会心态中,权威信息在新闻发布过程中,就不容易取得预期的效果。对于这种心态,舆论引导将很难实施。网民的低信任感使得"塔西佗陷阱"逐渐成为舆论引导过程中的棘手问题,这也是传统舆论导向范式不得不进行转型的动因。

(四) 冷漠和"浮云"

冷漠和"浮云"心态一直是网络上典型的社会心态特征。有研究者认为,冷漠心态是当前最可怕的社会心态,其结果就是麻木。[①] 这种心态还反映了部分网民对改变现实的无力感、对自我实现的控制感降低,这种情绪如果放大和汇聚,比较容易导致悲观和无奈情绪的弥漫。互联网上聚集了很多弱势群体,这部分人在现实社会中不能获得相应的利益,不能够保障自己的权益,对这部分网民而言,互联网成为他们交流信息的介质,通过网络上的信息看到更多的弱势群体,那种消极情绪也会互相传染,成

---

① 夏学銮:《当前中国八种不良社会心态》,载《人民论坛》2011年第8期,第48~50页。

为他们眼中的社会现实，再通过一系列的连锁反应，更加剧其心理认知。

这部分网民群体对于社会议题往往呈现"幻象"般的关注状态，如他们典型的"关注方式"就是随意点赞，"好的方面"点赞，"不好的方面"也点赞。这种社会心态最容易被人忽视，影响舆论的真实性，容易让舆论引导工作产生"错觉"，最后也会影响到舆论引导的效果评估和策略制定。

三、心态调适：科学引导的主要策略

若要推动科学、长效的舆论引导，便不能单纯沿袭传统的以信息调控为主的舆论引导做法，而需要将社会心态的调适作为切入点，探讨科学引导的新范式、新理念和新做法。关于社会心态的调适，概括来说主要从两方面入手：一方面，需要对网民社会心态进行科学的研究和预判。通过对网民社会心态进行研究和预判，了解网民拥有什么样的社会心态，可以帮助舆论引导进行策略优化，从而有利于与他们进行沟通和引导。另一方面，需要进行长效地引导和调适。在掌握网民社会心态的基础上，舆论引导需要着眼于长远，改变公众的社会心态，建立基于心态调适的舆论引导策略。

（一）把握公共议题，注重从"问题单"的角度进行引导

在对舆论引导的议题选择上面，则需了解网民最为关注的社会话题，抓住网民最为关心的"问题单"进行舆论引导，只有这样，网民才愿意主动交流。即舆论引导工作需要主动把网民议题转换为舆论引导的议题，并围绕一些"公共议题"进行持续的对话，以便于更深入地沟通和引导。这样做还可以弥补当前舆论场更多以"事件主导"的结构性缺陷，逐步过渡到"问题主导"的舆论场生态。

同时，还需要找准网民的认知偏见、刻板印象。比如在针对一些地区有争议的垃圾焚烧厂选址项目中，主流媒体应该长期设置专题栏目进行报道。具体而言，首先，主流媒体要引发公众对此问题的持续关注，在关注中介绍发达国家的做法、传播垃圾焚烧的知识，通过现场报道、科学报道

等方式，逐步建立"垃圾可烧"的共识；然后，再探讨如何烧、在哪里烧，选择相对适合的地点征求民意，甚至让公众参与地点的选择；再之后，持续对垃圾焚烧厂的建设进展、环保标准、监督机制等进行报道，并引入更多的第三方社会组织、公民监督等。主流媒体要在一定的阶段，围绕这样重要的公共议题，持续地进行报道，在报道中进行舆论引导。

（二）改变公共话语，以"对话感"的语态来进行传播

有效对话必须改变公共话语，以"对话感"的语态进行传播。舆论引导不能"自说自话"，在一些新闻发布会上，部分政府官员的"官话"和"套话"常引起公众反感。为此，有必要掌握网民易于接受的话语方式来与他们进行交流。如在大学生网民群体中，他们的话语特征可能包括"时尚潮流""休闲娱乐""有趣有料有内涵""国际视野""人文关怀"等。舆论引导工作者要熟悉这套话语体系，用他们喜闻乐见、有亲切感的方式来进行对话。

在这方面，《人民日报》微博关于农民工的微博报道就摸索出了好办法，取得了实效。他们建构了"农民工作为主体，呼吁关爱"的一系列话语包，例如，在微博上发布组图展现农民工的生活艰辛，文后加上"你心痛了吗？"等体现出对农民工群体关心的话语；发布"微倡议"，号召网友参与的"若支持，请转发"等帮助性话语，在订票、让座等日常生活中也积极帮助农民工群体。《人民日报》微博还给农民工话语如"阿姨，什么是羽绒服啊"提供发声平台，这些话语调适起到了良好的舆论引导效果。①

可以看出，"对话感"方式的传播更加依赖于新媒体的舆论导向功能，传统媒体在"对话感"的体现上有着天然不足，因此，要多借鉴社交媒体、自媒体的话语形态，用符合网络传播规律的方式来达到舆论引导的效果。

---

① 龙强：《政权调适视野下党媒话语模式变迁研究——以人民日报微博为例》，中山大学传播与设计学院硕士学位论文，2014年。

（三）强调资源协同，实现"联动性"的效应

着眼于社会心态调适的舆论引导，还要整合线下、线上多种渠道和平台资源，进行协同引导，实现"联动性"的效应。对于线上的网络平台来说，一方面，需要了解网民最喜欢在哪种网络平台上进行舆论表达，以及在哪个网络平台上表现最为活跃；另一方面，还需要充分利用各类新媒体平台，结合这些平台的传播属性进行有针对性的舆论引导。

比如，微博是相对开放的社交平台，适合快速传播信息、澄清谣言，也适合设置议题、引发舆论；微信是相对封闭的平台，适合向网民提供精准服务、实现密切互动，另外它还可以承载一定的深度，对观念引导具有积极作用；而微信群是更加窄众的，适合社会关系网相对密切的群体进行深度沟通或密切交流。

在针对大学生等网民群体的舆论引导中，还要整合线下的平台资源。如线下的名师课堂对学生来说，具有很强的权威性和说服力；青年人喜欢的沙龙空间，有利于学生在彼此交流中增进理解和强化认知。这些平台，都要研究其传播规律，有效加以组合运用，进行协同引导。

此外，对受众来说，机构化的新媒体平台难免有过于权威、严肃的刻板印象，加上当前社会存在的低信任感，权威信息的传播很难取得预期效果。因此，还有必要培育、建设和发展网络中的"新媒体代表人士"或网络意见领袖，让他们发挥重要的理性表达和社会参与的示范作用，形成积极的引导态势。

四、结语

把握网民社会心态、实现长效舆论引导并非易事。政府相关部门需要对传统的舆论引导方式进行反思和改进，网络舆论引导不应该只遵循"事件导向"的引导模式，还应过渡到"问题导向"的角度来引导，科学、细致地研究网民社会心态，抓住他们最为关心的问题单，进行有效对话、逐步凝聚共识。同时，我们应该熟悉互联网传播的规律。传统的舆论引导从内容生产的源头把关，但是内容在传播的过程中，因为长尾效应的

存在，会有不同的解读和阐释，不一定能达到预期的舆论引导目的。在今后的舆论引导实践中，我们还将面对一系列的挑战、隐忧和反思。

就挑战而言，传统的舆论引导主体熟悉传统媒体，从渠道和内容上很容易进行把控。在新媒体的环境中，因为传播渠道的复杂性和内容的不可控性使得信息管控变得更加困难。我们的舆论引导主体需要进一步熟悉互联网文化和网络传播的规律，我们所面对的网民已经成为互联网的"原住民"，他们的社会心态也呈现出持续变化和日益分化的动态变迁。因此，对于舆论引导主体而言，要尽快改变传统的以"管控"为主的舆论引导观念，逐步转向以"调适"为主的舆论引导观念，顺应互联网时代的潮流，融入互联网文化中去，在平等对话和开放互动中凝聚社会共识、放大主流舆论。

就隐忧而言，网络舆情不等于网络民意，如何超越负面舆情的表象，让网络成为真实民意汇聚的平台，还有待观念上和机制上的多重突破。网络抗议、网络戾气、少数极端情绪和极端态度人群在特定公共事件中被放大，互联网平台上经常参与政治议题讨论的用户对党的政治信任度依然保持较高水平，中国社会改革和进步的希望被寄托在"国家"身上，沉默的大多数仍然追求"秩序"和"稳定"。① 这也就意味着，舆论环境将更加复杂化，许多真实的网络民意被隐藏在"众声喧哗"中，甚至理性思考者被迫在网络中消音，由"水军"、极端态度人群所建构的舆情在网络中"虚高"，它们被故意夸大或者混淆了真正的网络民意。对舆论引导而言，呈现不了真实民意则难以准确把握社会心态，看不清舆论背后的社会真相则无法进行有效的引导。

就反思而言，我们还要进一步反思社会心态和舆论引导的关系。首先，网络社会的管理是一个系统性工程，需要把短期的舆论引导和长期的心态调适加以组合；其次，心态调适的前提是对网民社会心态进行科学的研究与预判，所以在研究社会心态上，不能只靠网络数据分析，还要做到整体把握；最后，针对如低信任感、结构性怨恨心态等复杂和不良心态的

---

① 郑雯、桂勇：《网络舆情不等于网络民意——基于"中国网络社会心态调查（2014）"的思考》，载《新闻记者》2014年第12期，第10~15页。

调适，不能只靠网络舆论引导，更要依赖于现实社会状况的改变，因此不能舍本逐末。负责舆论引导的部门，必须清楚地意识到，调适社会心态的基本前提是社会现实状况的积极改变，因此，舆论引导的目的不是为了单纯控制负面信息或遮蔽社会现实，而是为了实现公众评价和社会现实的一致性，其背后，一个更加健康、积极、向上的社会环境才是最终目标。

（本文作者为张志安、张美玲。本文主要内容首发于《社会科学战线》2016年第5期，第143～149页。本书收录时有所修订。）

大数据在网络舆情分析中的应用

2016年美国总统大选和特朗普当选引起了全球高度关注，大选过程中传统民调（民意调查）的预测失误更是引发了众多讨论。在大数据方兴未艾的背景下，对传统民调的反思和批评显得颇为意味深长。究竟是二者各有优缺点，还是大数据更优于传统民调方法？美国民意调查的发展经验及面临问题对中国有何启示？一方面，美国大选中传统民调预测出现偏差并不能说明传统民调的抽样方法和研究逻辑失去了用武之地；另一方面，大数据方法的作用不宜过分夸大，但它对准确把握社交媒体时代的舆情具有越来越重要的作用。因此，我国在研究和应对网络舆情时，应将传统民调方法与大数据方法结合起来，从而准确把握社会心态，提高舆情应对的科学性。

一、美国大选中的传统民调与大数据方法

2016年美国总统大选的结果让不少民意研究学者们感到意外，因为事先绝大多数的传统民意调查、主流媒体并不看好的特朗普，却一举击败希拉里当选美国新一任总统。在此次美国大选中，诸如微软必应团队、硅谷Unanimous AI、UNO系统、Greg、Nate Silver等均预测希拉里当选。自20世纪30年代以来，以盖洛普创办的美国舆论研究所为代表，传统民调因其抽样方法的科学性、调查结果预测的准确性而广受青睐。然而，从英国脱欧公投到此次美国大选，传统民意调查相继失准，其背后的复杂原因值得探讨。从民意调查的角度来看，以下因素大体对美国大选舆情预测的失误造成了影响。

（一）大选中的传统民调：样本系统性偏差不可忽视

传统民调是基于统计推断的思维，即从样本推断总体。所以，样本的

代表性则成为民调准确的基础。在此次大选中,样本代表性不足造成的系统性偏差是造成民调预测失准不可忽视的因素。

一方面,民调拒访率逐年增高,受访率不断降低。根据皮尤研究中心的报告,美国民调回复率1997年为36%,2000年为28%,2006年为15%,2013年为9%,2015年只有7%。[①] 通常而言,受访率在30%左右时民调相对是有效的,而2016年大选民调拒访率普遍在90%左右。换言之,如何将"沉默的大多数"纳入舆情预测的样本中,通过提高受访率来确保调查结果的准确性,成为传统民意研究面临的重大挑战。另一方面,传统民调的样本库面临更新受众问题。目前的民调多采用的是电话调查,并且60%是通过固定电话调查,而且是在白天进行,受调查者多是退休老年人或失业者等。选前民意调查也普遍高估了少数族裔尤其是西裔的投票率,低估了白人尤其是白人蓝领的投票热情。当前,美国传统民调机构也在不断调整调查样本库,使之更加贴近变革时代、社交媒体时代的特征,但总体上看其更新目前仍未完成。

同时,由于忽视美国选举人制度及各州特征差异,传统民意调查对于各州所抽取样本量及权重并未给予充分的考虑。此次大选预测过度关注得票率而忽视了选举人制度,在两位候选人得票率旗鼓相当的情况下,预测的误差被选举人制度放大。其实,两位总统候选人的得票数非常接近,最终谁当选总统都不奇怪。此外,"邮件门"等关键事件对选举态势也可能产生影响,但传统民调并未实时跟进。"维基解密"对希拉里团队选举内幕的曝光,美国联邦调查局(FBI)重启"邮件门"事件的调查等对选民投票意向的影响,可能在后期民意调查设计中体现得不够。

当然,这不足以说明传统民调无法了解真实民意,因为不同的民调系统有不同的适用范围。而在当下,当大量青年受众转向使用移动互联网特别是社交媒体的时候,传统民调系统相比于大数据分析系统就会出现更大的偏差。

[①] 吴旭:《为什么美国民调误读了民意?》,见观察者网(http://www.guancha.cn/WuXu/2016_11_12_380323.shtml)。

（二）大选中的大数据方法：心理测验是关键

近年来关于大数据的讨论话题升温，而本次大选也确实说明了大数据方法的有效性。当然，这与当前移动互联网的普及、社交媒体盛行的媒介格局变化密不可分。

美国人移动电子设备使用率不断升高，社交媒体使用量增多。从电子设备拥有量看，根据皮尤研究中心 2015 年的报告，美国人电脑（台式电脑或笔记本）的拥有量呈下降趋势，2015 年 30 岁以下的美国成年人拥有电脑率为 78%，而 2010 年为 88%。相比之下，18～29 岁的人中，拥有智能手机率为 86%。从全国来看，68% 的美国成年人拥有智能手机，45% 的美国成年人拥有平板电脑。① 同时，社交媒体的使用率也大大增加。大多数美国人通过社交媒体获取新闻，约一半公众通过社交媒体了解 2016 年总统大选信息。② 同时，2016 年上半年的一项全国调查显示，68% 的美国成年人使用 Facebook，美国网民中有 79% 的人使用 Facebook。当越来越多的受众转向移动互联网，针对社交媒体的大数据分析方法确实比传统民调更具有说服力。

在选举结果的预测方面，基于大数据方法的分析已经奏效。2016 年 10 月 30 日，印度的 MogIA（人工智能）系统，通过搜集 Google、Facebook、Twitter、YouTube 等 2000 万个数据来源并进行分析，结果预测特朗普将成为最后赢家——这也是 MogIA 连续 4 次成功预测美国大选结果。此外，特朗普竞选团队的数字竞选策略，也较多依赖大数据分析技术。在此次大选中，特朗普擅长使用更加平民化的社交媒体平台来辅助竞选，一是放大竞争对手的弱点，二是激发渴望改变的美国人的投票热情，尤其是"铁锈区"白人蓝领的投票热情。

---

① Anderson M. "Technology Device Ownership: 2015". Report from the Pew Research Center's Internet, Science & Tech Project (Oct 29, 2015). Report available at (http://www.pewinternet.org/2015/10/29/technology – device – ownership – 2015/).

② Greenwood S, Perrin A, Duggan M. "Social Media Update 2016". Report from the Pew Research Center's Internet, Science & Tech Project (Nov 11, 2016). Report available at (http://www.pewinternet.org/2016/11/11/social – media – update – 2016/).

同时，特朗普在公开场合的各种讲话并不一致，这也是一种竞选策略。特朗普数字竞选团队，主要基于网络大数据分析，构建网络用户的人物画像。与一般大数据分析不同的是，这并不是一个"外壳"上的人物画像，而是具有"人格特质"的人物画像。他们从网络特别是从以 Facebook 为代表的社交媒体上收集用户行为数据，并以此来预测用户心理，构建用户"人格特征"，并基于此预测用户可能的投票倾向。同时，在这一过程中，针对不同倾向的投票者，发布不同的政治信息。如针对那些可能投票给特朗普的选民，积极发布特朗普相关竞选信息和理念，促使他们投票；而对那些可能投票给对手的选民，则发布希拉里"不友好"行为的相关信息，影响他们的投票意向，至少也"说服"那些想投票给希拉里的人"远离"投票箱。所以，这里的关键是"心理测验学"中对人格特性的勾勒，当然这也是基于这样一个假设和经验，即某种性格的人更倾向于某种行为。这种对数据的挖掘和分析，在一定程度上更多的是基于大数据精准化预测，而不是传统的样本到总体的预测。

从这个角度讲，真正具有挑战性的是数据分析能力，即如何将数据与人的心理、行为联系起来。如果说传统的问卷调查是基于样本推断总体，是一种横向的、由点到面的推断，那么大数据分析可以说是一种纵向的推断，是变量间相关关系的推断，从线上行为预测人物性格和心理，进而预测可能的现实行为倾向。

综上所述，我们可以认为，传统民调的偏差可能是由系统性偏差导致的样本代表性问题造成的，这不足以否定整个传统民意调查行业的方法和价值。这次美国大选传统民调的失误，以及此前英国脱欧公投民意预测失误等，并不能简单得出"传统民调已死"的草率结论。但是，在社交媒体流行、去全球化、民粹主义观念甚嚣尘上的新时代，传统民调的确有必要进行改变和更新，尤其在方法论上要考虑将大数据理念、工具及手段结合进民意调查中来。

二、运用大数据方法分析舆情的价值

一般认为，大数据有四个特点：更大的容量、更复杂的多样性（包括结构化、半结构化和非结构化数据)、更快的生成速度以及其组合带来的第四个因素——价值。大数据被学界称为继实验科学、理论科学和计算科学之后的第四种科学研究模式。① 大数据对数据分析有新的要求,如数据建模、自然语言处理、分词技术、情感挖掘技术、可视化技术等。同时,数据分析方法的多样化和精细化,也为基于大数据的民意和舆情分析提供了重要参考。本质上说,大数据不仅是一种工具,更是一种哲学观和方法论②,即如何从数据本身出发进行思考。

(一)大数据方法可以获取动态数据,有助于及时或实时了解网络舆情动向

传统民调更多基于横截面数据,而大数据方法可以实现实时动态数据处理。社交媒体等的兴起产生了大量网民表达和消费数据,使得公众的观念和行为等能够被记录下来;由此,大数据分析系统可以实时抓取这些行为数据,并进行分析。例如,在此次大选的初选阶段,社交媒体上出现了大量针对特朗普的负面言论,但随着相关讨论越来越多,特朗普最后以不错的言论形象在初选中胜出。大数据方法对这种数据的动态性把握相对更为及时。

类似的案例其实还有不少。有研究者在对 2012 年美国首次总统选举辩论的分析中,设计了移动 App,并进行大规模全国大学生实时回应调查。该次调查充分考虑了辩论中的特殊状况,并通过 App 收集了自然情境下众多参与群体的实时数据。研究表明,收集实时数据对于推进舆论现象研究具有重要价值。③ 例如,麻省理工学院 Devavrat Shah 和 Stanislav Nikolov 发现的新算法在预测 Twitter 热门话题时,准确率在 95% 以上,而且平均比 Twitter 官方热门话题出来的时间早 90 分钟,有些热门话题甚至

---

① Tony Hey 等著,潘教峰等译:《第四范式:数据密集型科学发现》,科学出版社 2012 年版,第 63 页。
② 王凌:《论大数据时代媒体业发展趋势》,载《中国出版》2014 年第 1 期,第 32~34 页。
③ Boydstun A E, Glazier R A, Pietryka M T. "Real – Time Reactions to a 2012 Presidential Debate: A Method for Understanding Which Messages Matter". *Public Opinion Quarterly*, 2014, 78: 330 – 343.

能够提前5个小时预测出来。

(二) 大数据方法可以聚焦于特定事件与议题,有助于准确把握网络舆情态势

网络事件在不同的阶段通常有不同的特征,舆情研判需要把握特定事件在不同阶段的信息传播规律。一般来说,公众在酝酿期更多的是情绪性表达,随着事件不断演进,公众对事件认知的更加深入,情绪化表达逐渐转为相对理性的表达。有研究者对 2010 年"爱的大游行"活动中社会化媒体用户的使用动机进行分析,该研究假设:情感是这次活动中网民讨论最多的话题;随着时间推进,社会化媒体中情感表达的程度逐渐减弱。研究发现,社会化媒体不仅仅是一种表达、展示的平台,而且是情绪分享和宣泄的渠道。① 有研究者认为情感有助于竞争性的公共空间的形成,空间的形成促进了公共参与和公民舆论的产生。在公共领域,利益冲突、情感正义和社会矛盾都会暴露出来。② 对社会化媒体特定事件的大数据分析,有利于把握参与者情感与理性的交融与互变。

同时,对于特定议题,大数据分析方法可以通过设置"标签"等方式,抓取最为相关的网络信息,并围绕于此展开后续分析。在 2016 年美国大选中,"Google 趋势"关于特朗普话题的前四位是:"他说了什么"、"墙"(指其要在美国与墨西哥边境筑墙阻止非法移民的言论)、"ISIS"(反穆斯林言论)以及"经济"话题。而关于希拉里的则是"特朗普""邮件门""克林顿基金"与"2012 年 Benghazi 袭击案"。③ 基于这些热点话题的精准数据分析,或许更有助于把握舆情发展态势。

需要指出的是,并非所有的社交媒体和网络大数据都是有用的,如何从网络平台中获取真正有用的数据是开展科学分析的前提。一般来说,对

---

① German N, Leonie R, et al. "Psychosocial Functions of Social Media Usage in a Disaster Situation: A multi-methodological Approach". *Computers in Human Behavior*, 2014, 34: 28–38.
② Tong J R. "The Formation of an Agonistic Public Sphere: Emotions, the Internet and News Media in China". *China Information*, 2015, 29 (3): 333–351.
③ 佚名:《民意调查反映了美国大选结果吗?》,见狐说网 (http://wwwbuild.net/reviewsonnewmedia/481110.html)。

于特定事件和特定议题，可以在社交媒体平台上设置"关键词"和"标签"，从而找到最为相关的数据。例如，有研究者以"阿拉伯之春"为例，基于阿拉伯 20 个国家和巴勒斯坦政权的政治、媒体、抗议活动数据，分析社会化媒体在抗议活动中的影响。这项研究统计了不同阶段抗议活动的数量和规模，具体操作步骤是：首先，根据抗议活动的发展情况，找到重要事件节点；其次，按照节点在 Google 搜索里输入关键词"抗议""示威""骚乱"以及日期，从而抽取出较为重要的社会化媒体内容信息。[1] 通过对特定事件或议题的大数据分析，有助于了解不同阶段的情绪和观点表达状态并在此基础上把握舆情态势。

（三）大数据方法可以获取社交数据，有助于深度挖掘网络中的信息流动规律

网民在使用社交媒体过程中产生了大量的数据，很多数据是基于个体交互行为而产生的，这些关系数据可以构成一个社会网络。运用社会网络分析法可以考察该网络的网络结构和特征，如整体网分析、个体网分析、局部派系分析。其中，整体网分析，可以找到该网络的整体关系紧密程度或聚合程度；个体网分析可以找到网络中的关键节点，关键节点代表个体在网络中拥有较大的权力，其行动能够为自身和网络带来社会资本。在舆情事件中，该节点可能是意见领袖，基于此可以分析意见领袖对于舆情事件的影响。当然，也可以分析不同局部派系中个体聚合的动力机制、行为方式。此外，还可以分析网络中的"结构洞"现象，探查"结构洞"对于整个网络的影响，以及对信息的阻隔和疏通，由此也考察网络中的信息流通失衡现象。

有研究采用社会网络分析法对"长春随车被盗婴儿"事件进行分析，应用软件构建并生成微博舆论传播的复杂网络，从"总体特征""中心性""凝聚子群"三个维度计算分析该复杂网络的结构特征。研究发现，在该事件中，微博舆论传播的复杂网络结构趋于稳定，信息渠道通畅但较

---

[1] Wolfsfeld G, Segev E, Sheafer T. "Social Media and the Arab Spring: Politics Comes First". *International Journal of Press/Politics*, 2013, 18 (2): 115–137.

为分散。随着转发层级的增加,网络中心节点的权力权重也逐层下降;舆论发展过程中网络结构也有所变化,中心节点数量不断增加,节点间链路从单一层级向多层级发展。①

对大数据分析方法在网络平台、社交媒体中作用的分析,有助于我们更为深刻地理解大数据分析方法的核心理念,以及其在民意和舆情研究中的意义。

三、运用大数据方法开展舆情分析的启示

我国大数据的发展经历了大数据普及、大数据分析和人工智能三个阶段,当下已经基本完成了大数据普及,正处于向大数据分析和人工智能的过渡时期。

目前,大数据的发展趋势主要有三点:第一,大数据的处理方法越来越侧重于对非结构数据和半结构数据的处理,如情感分析和语义分析等;第二,多元、多源、立体化数据处理越来越重要,应该集合各类网络平台,如搜索引擎、社会化媒体、网站等;第三,未来大数据的发展潜力在于人工智能,即一切智能化、数字化、网格化。对应于此,大数据方法运用于网络舆情监测主要有情感分析与语义分析、事例图谱分析、智能化分析等不同路径。

(一) 情感分析与语义分析:把握文本含义背后的社会心态

网络文本包括情感型文本和认知型文本。传统的文本分析是辨别事实或言论,主要研究对象是关键词;情绪分析需要复杂的算法和人类语言信号。广义上,传统的情感分析技术包括语义分析和基于路径的机器学习。语义导向路径比较容易理解,但是不够准确。② 相反,机器学习路径则比

---

① 李卫东、贺涛:《微博舆论传播的复杂网络拓扑结构模型及其演化机制》,载《新闻与传播研究》2013 年第 11 期,第 90~105、127~128 页。
② Pang B, Lee L. "Opinion Mining and Sentiment Analysis". *Foundations and Trends in Information Retrieval*, 2008, 2 (1-2): 1-135.

较准确,但各种复杂算法很难掌握、运用和理解。①

情感分析一般的做法是,从海量文本中抽取有情感指向的词语和短语,并经过统计整合得出文章、语篇或字句的好恶倾向。同时,也可以通过自然语言处理等技术,对网络文本语言进行语义分析。因为有些情感具有隐性内涵,并不能通过字面意思来理解,在此情况下有必要进一步进行语义分析。实际上,情感分析背后所洞察的是心理和心态,如 Andranik Tumasjan 等基于党派政治情绪的分析中,将政治情绪分为 12 个维度:未来导向、过去导向、积极情绪、消极情绪、悲伤、焦虑、生气、倾向性/意图性、确定性等。② 目前有很多网络流行语、"火星文"等"变型"语言,一定程度上也能反映民众心态和心理,有必要对此进行分析,但是还需要将其置于整个社会语境中加以考察。

大数据平台可以抓取用户实时数据,并进行动态监测,找到公众情绪走向情绪化的阈值、态度从量变达到质变的阈值,从而更为精准地预测某种情绪或者态度是否会引发舆情危机。不过,中国的网络舆论场总体上呈现"事件导向"而非"话题导向",由此更多基于数据的分析只是关于事件的舆情动态,而非关于话题的舆情研究。

(二) 事例图谱分析:揭示人与物的结构性及动态关系

目前,网络大数据舆情分析基本上靠两大数据类型:一是用户自己表达的文字语言;二是社交数据。除此之外,还要分析第三类数据,即事例数据,要在社交数据的基础上加入其他更多的行为数据。因为单纯社交数据不足以"辨识"用户/事物特性,特别是在舆情分析中的作用有限。行为数据的关注客体是"人"和"物",对于人来说,如移动互联网上的一

---

① Pang B, Lee L. "Opinion Mining and Sentiment Analysis". *Foundations and Trends in Information Retrieval*, 2008, 2 (1-2): 1-135.
② Tumasjan A, Sprenger T O, Sandner P G, et al. "Predicting Elections with Twitter: What 140 Characters Reveal about Political Sentiment". Proceedings of the Fourth International AAAI Conference on Weblogs and Social Media, 2009.

系列消费数据①、阅读数据、交通数据等，将这些数据整合起来，就可以勾勒出用户的"画像"。对于物来说，找出标志性指标的分布，就可以勾勒出事件的"趋势"。如此，可以将不同应用平台的数据基于"人"和"物"的关系结构而联通起来。

与传统调查方法侧重因果思维不同，大数据分析更加重视相关思维。一定程度上，大数据舆情监测可以不考虑背后的动因，更多考虑抓取舆情态势演变的一些现象级、标志性指标的变化，如著名的"口红效应"（因经济萧条而导致口红热卖）、"厕所效应"（一个城市的文明程度可以从其厕所的卫生程度得出），以及著名的"啤酒与尿布销售故事"等。通过"人物画像"和"事件趋势"，就可以进行事例图谱分析，即将不同时间和空间中的事例勾连起来，对事件发展做出研判。

大数据分析方法的一个重要应用是对位置信息的分析和使用。位置信息或者地理定位信息，指的是从基于移动互联网而抓取的包括特定地点、移动路径、移动距离和时间等的信息。②当然，在特殊环境下，定位信息不能很好地发挥作用，如在室内、高山、洼地等环境下。但一般情况下，地理位置信息可以更好地辅助于数据分析，将现实中的个体与网络中的"行动者"相匹配，形成线上线下共联系统。

（三）智能化分析：提升舆情分析和应对的效率

数据分析时代要靠人把潜在的知识分析出来，而人工智能时代可以依靠机器来搜集信息。机器学习的原理是，假定人与机器类似，机器可以模拟人的思维逻辑来进行自我学习、解决现实问题，机器可以像人一样对大数据进行处理，如自然语言处理、信息挖掘等。

在大数据分析中，一般需要设置训练集，通过对部分数据的训练得到

---

① Pasek J, Jang S M, Cobb C L, et al. "Can Marketing Data Aid Survey Research? Examining Accuracy and Completeness in Consumer – file Data". *Public Opinion Quarterly*, 2014, 78 (4): 889 – 916.

② Lotan T, Musicant O, Grimberg E. "Can Young Drivers be Motivated to Use Smartphone – based Driving Feedback?" Paper Presented at The Transportation Research Board Annual Meeting, Washington, DC. 2014.

该数据集的"规则",进而根据这些规则对既定数据进行预测。大数据中的海量数据,使得可用于训练集的数据量激增,这有助于提高大数据分析的效率。在网络舆情应对中,未来发展会越来越智能化,关键在于构建这样一个智能化系统——当触发舆情事件的因素达到某个阈值时,智能化系统会自己通过相关指标做出判断,从而探索可能发生的事情,并提前做出预警反应。

目前,社交媒体上产生的大量视频、音频等多媒体数据,蕴含的内涵更为丰富,这更需要人工智能系统发挥作用。例如,借助人工智能系统进行语音识别、图像识别等活动,更准确和便利地分析网络多媒体文本;也可以应用人脸识别技术等,分析在紧急情况下(如交通事故)个人面部表情的变化,进而设计相关应急预警系统。

不过,大数据分析方法在我国舆情监测和预警应用中还存在一些问题,其中迫切需要解决数据获取与"数据孤岛"的问题。Facebook 和 Twitter 等社交平台上的许多数据都是向公众和研究者开放的,这对开展舆情监测提供了极大便利。目前,我国不少社交平台的数据仍是封闭的,微博提高了第三方抓取门槛,微信是半封闭的,平台与平台之间的数据仍处于孤岛状态,这给利用社交平台数据开展舆情监测设置了障碍。未来,在保障国家大数据安全的前提下,逐步实现不同平台数据的开放与共享,为多元、多源、立体化舆情数据的处理提供支持,应该是大势所趋。

我国的网络普及率还不算很高,绝大部分所谓的大数据仍然不是"可得"的全体数据。通常而言,在互联网上积极表达想法的用户往往只占1%,而99%的人倾向于保持"沉默"。另外,数字鸿沟的问题也是存在的。截至2016年12月,我国互联网的普及率仍只有53.2%,剩下46.8%的民众的观点是无法直接在网络上得以呈现的。[①] 2016年的数据显示,美国与德国的互联网普及率分别为88.5%、84%,所以,在美国、德国语境下可能通过大数据进行成功预测的方式方法,未必能够原样不动

---

① 中国互联网络信息中心:《第39次〈中国互联网络发展状况统计报告〉(全文)》,见中国互联网络信息中心(http://www.cnnic.net.cn/hlwfzyj/hlwxzbg/hlwtjbg/201701/t20170122_66437.htm)。

地照搬到我国的语境。

四、结语

综上所述,在 2016 年美国大选中,究竟传统民调的哪些环节出了问题导致了其预测结果与现实结果之间的较大偏差,至今仍无定论。但是不可否认的是,大数据在这次大选中起了非常重要的作用。

伴随着对大数据分析方法的深入探讨,也有许多学者认为在社会科学研究中要结合大数据分析和传统数据分析。[①] 大数据的优势在于描述性分析,而传统数据分析方法在阐释相关机理等解释性分析上更具有优势。[②] 除了印度 MogIA 成功预测美国大选外,支持大数据能够预测大选结果的案例同样还有 Andranik Tumasjan 团队的研究。该研究抓取了德国联邦政府 2009 年竞选中的 10 万条推特(Twitter)帖子,并运用 LIWC[③]文本分析软件对其进行分析。研究发现,提到"党派"的推文数量及排名与选举结果相一致,从而认为推文数据能够预测选举结果。[④] 不过,对该研究的质疑也同样存在。如 Andreas Jungherr 等认为,推特数据并不能反映现实政治图景,也不能预测选举结果。他认为,推特数据与选举结果之间的关系是通过其他中介因素作用而形成的,因此有必要考虑作用机制。[⑤] 可以看出,大数据分析是一种以数据驱动的逻辑,可以描述某种相关性,但是不能反映作用机制,这也就需要基于理论的传统数据分析方法。

美国大选民意调查的失准,并不足以否定传统民意调查行业的根基。

[①] 唐文方:《大数据与小数据:社会科学研究方法的探讨》,载《中山大学学报(社会科学版)》2015 年第 6 期,第 141~146 页。

[②] King G. *Designing Social Inquiry*:*Scientific Inference in Qualitative Research*. New Jersey:Princeton University Press,1994.

[③] LIWC 是"语言探索与字词计数"的简称,是一种可以对文本内容的词语类别,尤其是心理学类词语进行量化分析的软件。

[④] Tumasjan A, Sprenger T O, Sandner P G, et al. "Predicting Elections with Twitter:What 140 Characters Reveal about Political Sentiment". Proceedings of the Fourth International AAAI Conference on Weblogs and Social Media. 2009.

[⑤] Jungherr A. "The Role of the Internet in Political Campaigns in Germany". *German Politics*,2015,24(4):427-434.

认识到这一点对当前我国的舆情研究非常重要。当前,我国应该首先借鉴美国相对成熟的大选民意调查方法,推动高校及第三方调查公司来开展全国性的、定期的民意调查,以便决策部门对长期的整体性的社会心态进行准确把握,而不是仅仅停留在事件型的、危机型的舆情态势上。

当然,民意调查方法在其漫长的实践过程中,操作思路、具体设计及手段等要不断地与一个国家的政治、文化、社会制度及特征保持调适状态。我国对美国民意调查方法的借鉴也需要做出相应的取舍和调整,使其样本覆盖到目前大数据无法覆盖的人群,回应在网络舆情中无法显现的社会思潮、隐形舆论及另类舆论等。此外,在这次美国大选民意调查中存在的方法问题,也需要国内学者及业界做出回应,对如何降低拒访率、提高抽样科学性进行反思。

[本文作者为张志安、曹小杰、晏齐宏。本文主要内容原以《从美国总统大选看大数据和网络舆情研究》为题首发于《汕头大学学报(社会科学版)》2017年第1期,第83~90页。本书收录时有所修订。]

大数据中的网民心态与媒体舆论引导

一、搜索大数据的三重价值

移动互联时代,人们获取信息的主流场景越来越聚焦于三种方式:主动搜索,以手机百度为主流入口;社交分发,以微博、微信等社交化平台为主导;定制信息,以今日头条等资讯平台为代表。这三个主流场景背后的用户行为大数据,能够非常直观地体现出互联网社会的信息流动、知识分享和传播沟通行为。

相比社交分发、定制信息,搜索大数据能够体现出人们相对主动的信息获取兴趣、学习认知过程,为解读中国网民的社会心态提供了生动的"窗口"。

具体来说,"搜索中国"的相关数据,至少有三重可挖掘解读的价值:其一,通过对不同事件、话题和现象的搜索关键词分析,可分析网民的信息关注和网络社会的传播影响力。其二,通过对搜索大数据的深层分析,可更加精细地分析网民检索信息背后的信息素养以及整体评估其自我学习的能力。其三,通过对百度百科、百度贴吧、百度手机输入法、百度手机助手等其他产品的数据分析,可呈现出网民乃至中国年轻人的生活价值观念。

这三个层次的大数据价值,分别对应网民的关注、学习和价值观。关注层次的数据既体现网民的阅读趣味也体现网络传播的影响力;学习层次的数据可揭示网民对社会不同议题的认知深度——停留在浅层的概念搜索还是比较深层的行为倾向;价值观层次的数据则通过呈现网民的喜怒哀乐、网络舆论的跌宕起伏来生动多元地折射网络社会心态。

二、从大数据看中国网民的社会心态

百度沸点榜单，以中国网民本年度在百度的搜索数据为基础，通过分析百度搜索关键词检索数据统计而形成，已连续发布11年。从横向角度看，覆盖了年度搜索、年度文娱、年度现象等时政、科技、文化、娱乐等不同的社会议题；从纵向角度看，伴随着中国社会转型和网络社会兴起的历程，真实呈现出过去11年网民注意力的轨迹、集体记忆的变迁乃至网络生活的图景。

在2017年百度沸点榜单中，"年度热搜榜"的热点事件排行数据，整体刻画出网民对"硬新闻"的关注点主要集中在重大事件、大国发展和科技创新，比如"十大国内事件"上榜的"十九大"、"一带一路"、全国两会、雄安新区等；"十大国际事件"上榜的马克龙当选法国总统、莫迪独立日讲话、"萨德事件"、美国退出教科文组织等；"十大科技事件"中的Alpha Go对战柯洁、首列智轨列车上路、光量子计算机诞生、发现新引力波等。

"年度热搜榜"中的"十大网络流行语"和"年度文娱榜"对热搜电影、热搜剧、人气明星、娱乐事件、网红、游戏等子榜的关注，则生动体现出中国网民"活在当下"的精神状态。从榜单排行结果看，网民对轻松、愉快的心理状态有着普遍追求，对明星、娱乐事件的高关注有利于减少压力、释放情绪，而"王者荣耀""我的世界"等热门游戏已经成为"杀时间"的典型方式。

最令笔者感兴趣的是从"百度沸点"看中国网民的社会心态。比如，从国产客机C919、海域"可燃冰"试采、一箭三星发射、女排再夺大冠军杯、国产航母下水等"十大国民骄傲"中，可以看出网民积极心态的形成与国家认同、民族认同的情感关联。从滑稽表情、蘑菇头表情、小白人表情、绿帽子表情等"十大表情包"中解读出网民对戏谑情感的偏好、对自嘲文化的追捧和对创意社交的青睐。

仔细玩味"年度现象榜"中的"十大社会表情"和"十大现象人群"，能为我们解读中国网民的社会心态特征提供诸多启示。"红黄蓝虐童事件""徐州幼儿园爆炸案""宁波老虎咬人事件""章莹颖案件""辱母杀人案""新一线城市排名""杭州保姆纵火案""肯德基吃出苍蝇卵""BOSS 直聘陷传销组织"……从这些"社会表情"的搜索数据中可以看出,对人身安全、财产安全、食品安全等"安全感"的追求,是网民结构性焦虑的重要动因。而脱发"90 后"、"保温杯一族"、中危病"90 后"、"油腻中年人"、"95 后"职场新人、中年知识分子等"现象人群",又体现出代际变更、中年压力等"社会症候"。

进一步搜索和分析这些热词具体涌现的事件和话题情境,解读这些热词背后的关联人群和群体心理,便可以有效地达成"从热词看话题→从话题看群体→从群体看心态→从心态看价值观"的分析路径。由此,解读中国网民社会心态的整体图谱,就变得非常生动、有效。

三、网民社会心态和媒体舆论引导

刻画中国网民的社会心态,既是主流媒体深度把握网络舆论格局和舆情变化的重要路径,也是我们理解网络文化和青年生存状态的视角,对国家治理现代化和社会治理科学化具有重要意义。

据《中国社会心态研究报告(2017)》显示,中国人的幸福感总体处于中等水平,主观社会阶层越高、幸福感越强;安全感也处于中等水平,中上阶层的安全感最高,自认为下层的居民安全感最低;社会公平感评价并不高,中上阶层的社会公平感最高,下层、中下层居民的社会公平感较低,上层和中层处于中层水平;国家认同最高的是中层,其次是中下层,下层略低;获得感处于中等略高,总体上随阶层上升而上升,上层获得感略低于中上层。

值得一提的是,公众对"安全感"排序从高到低分别是:财产安全、人身安全、劳动安全＞医疗安全、交通安全＞环境安全、信息安全、食品安全。可见,网络社会心态既是整体社会心态的构成和表征,也是某种特定社会心态的放大和反映。其中,食品安全、信息安全、环境安全的深度焦虑,在线上和线下空间中都同样明显地表现出来,而财产安全、人身安全的焦虑情绪在网络空间中的体现更加集中甚至会被过度渲染,这些方面

的异同值得进一步探讨。

数据成为生产资料、计算成为生产力的大数据时代,搜索数据的价值会进一步凸显,利用搜索数据进行社会洞察也将深入持续地开展。如果我们更善于从数据中观察网络社会,就会更擅长从数据中认知复杂中国。

对主流媒体而言,善于利用各类大数据进行分析挖掘,并在此基础上更准确地把握网民社会心态,对于舆论引导的科学化、专业化和精准化大有裨益。

网络舆论引导与良好网络社会心态的营造密切相关。突发公共事件引发的公共情绪是舆论引爆的关键。我们发现,事件发酵的过程中,事实和真相对舆论的影响总是较弱。当人们更多的是被情绪所影响去进行公共表达的时候,主流媒体如何更好地发挥舆论引导功能?一方面,中层网民是中国最稳定的凝聚社会心态的主力结构,正在成为今天网民结构中的主流阶层。所以,要真正培育积极的网络社会心态,就应该让中层网民成为连接上层和下层、网上和网下凝聚社会共识、培育理性积极的网络心态的主力军。对主流媒体来说,就是要牢牢抓住中层群体的议题关注兴趣,通过理性、专业的报道来强化这个群体对社会的正确认知及平和心态;另一方面,强化对话协商机制,是网络社会心态趋于理性的关键。为此,主流媒体要更加善于贴近现场、核准事实,要把握重大议题、积极传播真相。没有真相,公众就无法做出基本判断,没有真相,社会就没有办法凝聚共识。

不过,归根结底,进一步加强国家治理现代化和创新改革社会治理,真正把社会问题解决、社会冲突化解,网络社会心态才能趋于平和、理性和积极。

(本文作者为张志安。本文的主要内容首发于《新闻战线》2018年第2期,第48～49页。本书收录时有所修订。)

从"长安剑"现象看政法舆论引导创新

当前,在互联网尤其是移动互联网的影响下,新闻传播业正在发生结构性变革,以受众地位提升与对话生产模式为特点,社会化、去中心化、泛内容生产主导的新新闻传播业态渐趋浮现。以传统报纸、广播电视等为代表的"专业媒体",以微信公众号为代表的"自媒体",和以政务微信、政务微博为代表的"机构媒体",构成了新传播业态中最重要的三股力量。由社交媒体催生的公共新闻传播业,正以开放的、参与式的、边界日益模糊的信息生产方式,重构着中国媒体的话语权。

在网络舆论场中,如果说微博是公共广场,微信则兼具客厅、后院和一部分公共广场的多重特点。其中,公众号作为微信平台中的大众传播媒体,在信息扩散、新闻发布、议程设置和舆论生成方面,已扮演"内容生产供应商"与"信息传播新空间"的重要角色。在当下舆论话语权激烈争夺的场景中,各级政府、媒体和新媒体活跃人士等开设的微信公众号如雨后春笋般涌现,迅速增长至数千万的规模。仅2016年以来,从"和颐酒店女子被强行拖拽事件"到百度贴吧上的"魏则西事件"等,微信公众号上的爆料、朋友圈中的爆炸式传播、微信群中观点的激烈表达,都对网络舆论场的生成和发酵造成了巨大影响。

处于转型加速期的社会语境和新媒体变革的技术语境中,网络舆论场的生态改善和舆论引导面临着双重挑战。一方面,网络舆论存在匿名化、情绪化和非理性等结构性缺陷,舆情演化的复杂性在增强,针对特定群体和话题的低信任情绪在蔓延,舆论引导的难度在增加。另一方面,随着新媒体对传统新闻业的冲击态势不断加剧,主流媒体的官方身份、信任风险和信息调控都会限制其舆论引导的效果,如何强化舆论引导的针对性和时效性是当务之急。

强调"坚持党性原则,尊重新闻传播规律,以人民为中心的工作导向",是习近平总书记对新闻舆论工作提出的时代要求。时任中央政法委

政务传播实务

书记孟建柱也多次就政法宣传工作所面临的严峻形势，提出明确要求："政法各部门要把握新媒体的规律特点，加强新兴传播工具建设，打造一批有影响的政法微博、微信品牌。"

在这种形势下，由中央政法委创办的时政类微信公众号"长安剑"，紧扣政法领域传播信息，积极有效引导网络舆情，在较短时间内成为具有广泛影响力的时政类大号，其现象值得关注。它的成功，对网络舆论引导尤其是政法系统舆论场的生态优化具有积极启示，也是新传播业态中话语权争夺和舆论引导范式转型的实践标杆。如果将"长安剑现象"放置于整个网络舆论生态格局中去考察，可以大体总结出时政类微信大号的运营经验和网络舆论引导的科学范式。

"长安剑"在内容形态、话语方式和理性表达方面，都具有比较鲜明的特征，这是它获得网民频繁点赞，进而有效引导并优化政法类舆情生态的关键所在。在笔者看来，其运营特点和操作模式主要体现在三个方面。

一、设置议程，通过紧扣热点来实现传播效能

根据法制网舆情监测中心对"长安剑"文章内容的语料分析，以及阅读量及点赞数的直观统计发现，"警察""法律""社会"等词汇频繁出现在"高层解读""舆论观察""政法故事""释法普法"等"长安剑"的文章中。从创号开始，"长安剑"以影响网络舆论的高姿态快速建立并牢牢掌握话语权，其所推送的文章内容始终紧扣多数网民关心的焦点、热点、难点等政法领域的重大问题，积极有效地设置网民议程。对于可能激起舆情强烈反响的话题内容，也不回避、不抗拒，始终保持舆论应对与引导的自信与魄力。

此外，"长安剑"也在如何切实有效地引导网络舆论的方法和策略上，做出了积极探索，摸索出不少门道。比如对信源渠道的拓展以及对信息解读能力的提升，这是它获得网民广泛关注的核心竞争力。信源渠道与解读能力曾经是传统主流媒体获取关注、赢得受众的主要利器，现在这已经不再只是他们的专利。"长安剑"的成功实践证明，时政类微信大号充分利用社会化媒体进行专业新闻生产，并借此提高公信力以获得媒体话语

权是完全可能的。这改变了我们在政务微博、政务微信发展初期,对其仅仅作为信息传播、政务服务平台的刻板印象,也正是在这个意义上,时政类微信公众号成为新传播业态重构媒体话语权的重要力量。

二、创新话语,实现时政信息的亲和力表达

此前,以"@人民日报"为代表的媒体微博在这方面的探索被证明是成功的。但是,要将网民喜闻乐见的言语以及内容接受方式实践到微信文本中,首先就面临着篇幅上的挑战——微信文章不像微博只有短短百余字,要想更具亲和力、对话感则需要在数千字的文本中将网民熟悉并接受的话语方式巧妙嵌入。这对运营微信公众号的团队来说,必须在语言风格、文本叙事、图片编辑、视觉表达等方面具有更强的协作和更高的水平。

在表达形式和话语创新方面,"长安剑"是下足了功夫的。比如,在文本的整体呈现形式方面,几乎都是以文字、图片、视频、H5等有机配合完成文本构建,以强化内容的直观感和趣味性,并通过第一手照片及相关信息披露,以独家的图文组合在同类报道中脱颖而出;在具体语词使用方面,力求观点故事化、故事细节化,诸如"洪荒之力""友谊的小船""吃瓜群众""蜀黍""伙呆"等网络热词随处可见。从中可见,文章编辑和作者有意识地运用网络热词以拉近公众号与青年网民的心理距离,而且这些俏皮的言语还可以让本来较为严肃的时政类话题轻松化,更加符合微信传播的社交媒体特征;在文本叙事特点方面,"长安剑"也一改党政类报刊话语的宏大叙事风格,以小切口诉诸大主题,通过快速、独特、时尚的政法类"干货",将"人人心中有,个个笔下无"的法理、道理、情理点清点透,把握住全网刷屏背后的社会情境和主流心态。

三、理性引导,坚持晓之以理并适当动之以情

积极向上、健康主流的舆论场,必须首先围绕关乎公共利益和社会发展的重大问题来进行理性公共表达、凝聚社会共识,而当下网络舆论场恰

恰存在"事件驱动"和"娱乐至上"这两个缺陷和不足。在传统媒体时代，政法类舆论场就是社会舆论场中的一个比较敏感的区域，在新的网络舆论空间中又成为备受关注且容易引发争议和质疑的领域。政法类网络舆情需要高度重视和及时应对，一些影响政法部门形象与公信力的网络情绪也亟须疏导，这直接关系到政法系统的整体形象，也关系到整个网络舆论场的格局与生态。要想积极有效地引导舆论，观点表达当然是必要的，但激进、跟风的观点表达常常收效甚微，甚至会影响公信力。对此，理性引导是避免观点表达导致传播效果"减分"的重要手段。

"长安剑"迎着舆论的风口浪尖，经常在旋涡中发出理性声音、维护法治精神。强调追求理性，并不等于不鲜明地表达观点，在很多热点事件中，"长安剑"也敢于坚决"亮剑"。2016年4月的"魏则西事件"中，"长安剑"没有跟风，而是在事件行将落幕时刊发了一篇《"魏则西之死"：该说的话都说完了？最本质的问题在这里！》。文章从法治角度，重新分析了百度、"莆田系"、医院等各方在其中的责任，在环节众多、犬牙交错的事态中，找到更加深入的公共话题，在大量相关报道与评论中"独树一帜"。可见，时政类微信公众号需要具有"微观真实"与"宏观真实"的平衡意识，懂得在关注具体小问题的同时持续聚焦社会大问题，既要创造充分开放的表达空间、顺畅理性的对话机制，又要设置稳定的公共议题、承担凝聚共识的传播责任。

除了上述议程设置、话语创新和理性表达等运营策略之外，作为政法类微信大号的"长安剑"，也能给我国各级党政部门的微信运营、网络舆论引导的科学范式探索提供诸多借鉴和启示。

1. 聚焦特定领域并持续发力，打造出更多有影响力的时政大号

"长安剑"专注于政法领域，瞄准政法类网络舆情的引导和调控，依托政法系统，充分发挥特定信息资源的优势，在"信源渠道"的开拓与"解读能力"的提升上下功夫，增强自身在政法类信息生产与传播环节过程中的不可替代性。参照这个路径和定位，在未来，各级党政部门如果能够进一步强化主体定位，深入聚焦特定时政领域，始终把握重大问题，充分实现政府议程、公众议程和媒介议程之间最大限度的重合，那就有可能出现更多的"长安剑"。

2. 强化对公共领域话语权的掌控意识，彰显舆论引导的自信和魄力

时政类舆论场是当下中国整个网络舆论场的重要组成部分，也在很大程度上影响着网络舆情与社会思潮的走向，因此，强化公共领域话语权、提升舆论引导力，对党和政府至关重要。而社会化媒体的出现，为各级党政部门直接掌控时政话语权提供了便利的技术条件。把握机遇的前提在于把握舆论引导的规律、强化有效引导的能力。"长安剑"之所以受到网民的关注与点赞，一个重要原因在于其不回避、不抗拒政法领域的争议性和冲突性议题，体现出主动回应、积极引导、敢于担当的自信和魄力。

3. 把握新闻舆论工作的科学规律，探索舆论引导的科学实效范式

习近平总书记指出，"做好舆论引导工作，一定要把握好时、度、效"。笔者认为，这主要有两层内涵，其一是要按照新闻规律办事，回归到新闻基本要素上来；其二是依照新闻舆论的历史新特点，提高认识和运用新闻基本要素的水平。"长安剑"在运营过程中尊重网络舆论演化与传播的基本规律，重视对网民社会心态的调适，基于事实与资源的有效整合，不失时机地引导政法类新闻事件的网络舆情。与强调"信息管控"的传统舆论引导方式相比，这种注重实效的舆论引导方式能够更好地发挥增强民众认同、凝聚社会共识的作用。

（本文作者为张志安。）

人工智能对新闻舆论及意识形态工作的影响

近年来,以算法、机器学习等为核心技术的人工智能在新闻生产与传播领域的应用,对新闻舆论和意识形态工作产生了一定的影响,也引发了不少争议。比如,2017年9月,人民网针对以今日头条为代表的算法推送导致的负面传播效果,发表了一系列批评文章,今日头条也通过增加人工编辑、强化内容审核、说明算法规则等方式来进行算法矫正和公开回应。本文聚焦于新闻传播行业中算法、人工智能的应用现状及其趋势,分析人工智能给新闻舆论和意识形态工作带来的机遇与挑战。在此基础上,针对如何在人工智能时代做好新闻舆论与意识形态工作提出一些对策建议。

一、人工智能在新闻传播领域的应用及趋势

在新技术浪潮的影响下,人工智能受到越来越多的媒体和企业的推崇与采纳。算法推荐、机器人写作、个性化推荐、语音机器人等人工智能技术被日益频繁地应用于新闻传播领域的选题策划、信息采集、内容生成和产品分发等环节,以职业媒体人为主体的传统新闻生产正在逐渐进入多元行动主体参与、专业化与智能化并重的时代。

针对人工智能如何影响新闻业的问题,有新闻学者和从业者认为,人工智能既通过机器人写作改造新闻内容的生产环节,又通过智能算法推荐改造内容的分发环节。[①] 我们认为,算法、人工智能在新闻传播领域的应用,主要体现在以下方面。

[①] 冯怡:《从机器人小冰看〈钱江晚报〉人工智能+新闻的创新探索》,载《中国记者》2017年第6期,第48~50页。

（一）新闻内容的生产环节

作为人工智能的核心技术之一，机器学习通常包括监督式和无监督式两种，新闻领域内运用的人工智能技术主要是前者。监督式学习主要是输入和输出已知信息，把数据"喂"给算法后按照给定规则填充公式化的表达，继而生成新闻报道。①

"机器人写稿"一般就是采用监督式学习进行自动化新闻写作的应用，主要运用程序算法，通过开放平台的数据接口或授权，快速抓取、生成、发布和推送垂直领域的动态消息。"机器人写稿"较早应用在证券新闻、赛事新闻、地震新闻等数据容易模板化的报道领域，主要由机构网站提供信息接口，由机器快速抓取而后生成并推送新闻。②

例如，2017 年四川九寨沟发生 7.0 级地震，中国地震台网站的机器人仅用 25 秒时间就快速生成和推送了关于地震的快讯报道，包括了速报参数、震中地形、热力人口、周边村镇/县区历史地震、震中简介、震中天气等内容，③ 各新闻要素一应俱全。这种动态消息的生成和发布，尽管只是融合新闻报道的前端环节，发挥的是快速播报、信息提醒作用，尚未涉及更多的深度信息或讲故事层面，但再专业的记者也难以在半分钟内完成这样的快速编写。④

可见，人工智能与新闻业的结合，首先主要解决的是新闻报道和推送的速度问题，带来了新闻传播的新时效，并直接改变了突发事件报道的新闻生产流程。⑤

---

① 仇筠茜、陈昌凤：《黑箱：人工智能技术与新闻生产格局嬗变》，载《新闻界》2017 年第 1 期，第 28～34 页。
② 张志安、刘杰：《人工智能与新闻业：技术驱动与价值反思》，载《新闻与写作》2017 年第 11 期，第 5～9 页。
③ 《四川阿坝州九寨沟县发生 7.0 级地震》，见中国地震台网（http://mp.weixin.qq.com/s/qHf2ln1sFwftkZyOyZ8yRA）。
④ 张志安、刘杰：《人工智能与新闻业：技术驱动与价值反思》，载《新闻与写作》2017 年第 11 期，第 5～9 页。
⑤ 张志安、刘杰：《人工智能与新闻业：技术驱动与价值反思》，载《新闻与写作》2017 年第 11 期，第 5～9 页。

（二）新闻产品的呈现环节

人工智能还被应用于新闻产品的呈现环节，让新闻的呈现方式更加智能化和互动化，由此提升用户消费内容的交互体验。《2017未来媒体报告》曾预言，未来的新闻是用来体验的，而非仅仅用来阅读。[①] 随着语音识别、语音处理技术的不断成熟，中外互联网公司近年来也推出了一系列"语聊机器人"产品，比如苹果"Siri"、微软"小冰"和百度"小度"等。

此外，一些媒体也将此应用到新闻报道领域，推出智能新闻机器人。如美国数字新闻网站Quartz旗下的移动新闻客户端，其App界面打开后就出现一个聊天窗口，会以聊天方式推荐新闻，如果用户感兴趣想知道更多的详情，可通过窗口下方的选项与App进行互动和追问，在这个过程中，不时还会穿插各种有趣的表情包。Quartz副总裁兼执行主编扎克·西沃德表示："聊天式新闻大大提高了用户黏度，用户停留的时间变长了。"[②]

类似的技术运用，将新闻从过去以内容为主导的单向传播变成了以技术为驱动的互动对话，把过去的"看新闻""读新闻"变成了"问新闻""答新闻"；同时，这些拥有人工智能技术的新闻平台，还能在产品和用户的互动中收集用户兴趣、资讯反馈等相关行为数据，用于优化产品和洞察需求。[③]

（三）新闻资讯的流通与消费环节

上述"机器人写稿"和"语聊机器人"主要是人工智能技术对新闻内容生产和呈现环节的优化和改造，而资讯在终端的智能分发和个性化推

[①] 李钊：《人工智能先驱预测未来媒体十大趋势》，载《科技日报》2016年10月27日第1版。

[②] 陈璐、刘晨阳：《在人工智能和新闻的结合上，国外媒体已经飞起来了?》，见"刺猬公社"微信公众号（http://mp.weixin.qq.com/s/pwAkf9-VLNoKLOpwEMIIvg）。

[③] 张志安、刘杰：《人工智能与新闻业：技术驱动与价值反思》，载《新闻与写作》2017年第11期，第5~9页。

荐则是人工智能技术对新闻流通与消费环节的变革。①

过去，无论是报纸版面还是门户首页，都主要由人工编辑根据新闻价值和媒体定位来筛选稿件，他们推荐什么读者才能看到什么，新闻的筛选和排列主要基于职业新闻工作者的价值判断和人工编辑，且考虑更多的是大众的普遍需求、内容的权威性和公共性，而非用户的个人兴趣。如今，包括腾讯新闻、网易新闻等商业门户网站的资讯客户端，以及今日头条、一点资讯等聚合型资讯分发平台，依托对每个用户兴趣的精准捕捉、需求极致化满足的算法推荐机制而具备强大的传播优势。

有调查显示，在新闻推荐资讯的精准性方面，2017 年算法首次在用户感知上超越新闻和社交推荐。② 也就是说，相较于编辑的人工推荐和社交网络的"协同过滤"，算法推荐在用户个性需求精准化感知和极致化满足上更有优势。今日头条算法既根据用户选择的"频道推荐"，又结合其浏览不同内容的行为记录和时间场景，同时记录用户所在的地理位置等信息，比较精准地捕捉用户对不同内容的个性需求，继而向用户推荐个性化、定制化的资讯，增强其使用黏度和阅读时长。目前，基于智能算法为主导的内容筛选和分发机制，使今日头条成为资讯聚合分发平台领域的领先者。

越来越多的媒体平台和资讯终端开始采纳以今日头条为代表的"算法+推荐"模式，即基于用户阅读新闻的倾向性和个性化偏好，通过算法为不同的用户推送和呈现他们感兴趣的内容。让内容主动"找到"对它感兴趣的人，新型分发机制为内容与用户间的匹配提供了新的传播方式。③ 这种以用户兴趣为导向的智能化分发方式，导致了新闻资讯消费环节的革命性变化，其所产生的传播效果乃至对传媒生态的影响将会是全新而深刻的。

---

① 张志安、刘杰：《人工智能与新闻业：技术驱动与价值反思》，载《新闻与写作》2017 年第 11 期，第 5～9 页。

② 企鹅智库：《中国新媒体趋势报告 2017：通向媒体新星球的未来地图》，见腾讯科技网（http://tech.qq.com/a/20171120/025254.htm#p=1）。

③ 张志安、刘杰：《人工智能与新闻业：技术驱动与价值反思》，载《新闻与写作》2017 年第 11 期，第 5～9 页。

单纯依托算法进行的内容推送和信息传播，也引发了一些主流媒体的隐忧和部分用户的反思。比如，过度推崇算法推荐的平台可能存在一定程度上的价值观偏差，算法推荐内容可能对用户制造"信息茧房""过滤气泡"等负面效应。尽管算法推荐新闻引发了不少争议，但算法推荐对资讯分发效率的提升、对用户个性需求的满足，已经使其成为新闻分发的主导机制。

随着人工智能在新闻传播领域应用的普及和深化，以及物联网兴起或"万物皆媒"时代的到来，从智能收集与编写新闻，到智能推送与分发新闻，再到智能传感器采集更广阔类型的生产生活信息和发布新闻，人工智能所带来的生产流程和传播机制变革，将在新闻传播领域持续进行。

二、人工智能给新闻舆论与意识形态工作带来的机遇与挑战

作为新闻传播行业中先进生产力的代表，人工智能对推动主流媒体和新兴媒体的融合发展无疑具有积极的促进作用。但如果从技术的政治社会属性角度来看，先进的技术并不一定会完全造就积极的社会效果，尤其在注重社会效益的新闻舆论与意识形态工作领域。总体上，人工智能给新闻舆论与意识形态工作既带来机遇，也带来新的挑战。

（一）人工智能对新闻舆论与意识形态工作带来的机遇

1. 人工智能可以提升主流资讯传播的力度

推动传统媒体与新兴媒体融合发展，是需要用互联网的思维方式来创新表达方式与技术形态的，而不仅仅是内容在渠道层面的从传统介质向数字化介质平移。人工智能在新闻传播领域上述几个层面的应用表明，至少在新闻生产与传播的形式上，它是极其具备互联网基因的。

快速反馈、灵活交互、精准匹配与个性化服务，这些是确保主流媒体的内容始终具备先进传播力的基石。比如，围绕重大突发事件进行的新闻传播，基于人工智能的技术优势，能快速地生成报道并进行推送和分发，这样可极大地提高"网络辟谣、阻击谣言、披露真相"的效率，从而避免因不实消息的传播所导致的情绪割裂和意识形态激化等问题。因此，人

工智能可以帮助主流媒体的新闻舆论与意识形态工作在传播形态上更具有互联网属性，比如更快速的信息采集与内容生成、更友好的用户体验内容的呈现、更具个性化优势的资讯分发，从而增强新闻舆论工作的感染力和传播力。

2. 人工智能可以提升主流资讯传播的精度

人工智能是以大数据的收集、分析和处理作为其技术基础的。在突发性事件或社会争议性公共问题的讨论中，不同的人群往往会形成不同价值倾向的观点和诉求。基于大数据技术的成熟，运用人工智能的精准化推送，主流新闻的内容流通可以围绕用户"画像"而变得更加精准。也就是说，通过大数据分析和人工智能推送机制，主流媒体可针对关注公共议题的特定人群进行更加智能化、有针对性的时政内容推送，从而提高舆论引导的针对性和精准性。

3. 人工智能可以提升主流资讯传播的效度

新闻舆论工作要增强时、度、效，其中的"效"以往主要由领导批示、同行肯定来进行评价，而大数据分析方法和人工智能技术的运用可以捕捉分析网民的"瞬间情绪"，追踪研判新闻内容的传播规律，进而对网民的态度改变和行为倾向做出预判。用这些新数据、新工作和新方法来指导新闻舆论和意识形态领域的工作实践，可提升舆情监测和意识形态引导的效果。

此外，支撑起人工智能的大数据分析方法，可以从情绪、态度、价值倾向等层面，提升重大议题的舆论生成过程和内在规律分析等相关研究的科学性。

(二) 人工智能对新闻舆论与意识形态工作引发的挑战

1. 新闻传播领域内人工智能当下的应用场景更多的还是感性化与实用性的，无法促进受众公共意识的培育

当前，基于人工智能的信息推荐更多的是针对人的感性需求，信息消费主要立足于感官刺激或实用需求的满足，而且往往是需求与供给的相互强化。这就容易造成新闻消费与网络空间的过度娱乐化、碎片化乃至低俗化，从而极大地降低公众对严肃新闻、主流新闻的关注度，公共意识面临弱化趋势。此外，社交网络传播所产生的"回声室"（echo chamber）效应，导致信息在封闭的小圈子中得到传播，受众对新闻内容的重要性判断会有所偏差。比如，受众会过度依赖于某类信息，或接触到的信息会相对同质化，由此较难观察到重大公共事务背后不同立场的观点和信息。

实际上，算法技术的运用既会考虑个性化特点，还会考虑相似人群的需求、信息消费的时空场景等因素。因此，经由算法推送导致的娱乐化、煽情化信息过剩的传播效果，其责任主体并非由平台设定的机制，而是由用户行为、兴趣和相似人群的需求特点所共同决定的。

2. 人工智能的资讯推荐易造成"信息茧房"，加剧社群区隔，从而不利于主流意识形态的整合

基于人工智能的信息分发，以用户的个性化需求为导向，只给"他喜欢的"，甚至是只给他"他愿意听的"，很容易形成导致人视野窄化和观点极化的"信息茧房"，加重社会不同人群的心理区隔，从而在公共交往层面不利于不同社群的相互认知和相互理解，给主流意识形态的统合性引领工作带来挑战。

信息窄化容易造成用户的认知偏狭，使其被情绪化的片面信息影响，对整体社会和公共议题的判断可能会有失平衡或理性。此外，还可能会逐渐降低用户对公共议题的关注度，降低他们参与公共事务讨论和行为的意愿。[①] 仅仅由机器或者由用户自身决定信息的分发，既在实质上消解了传统主流媒体的"把关人"功能，也将导致一部分受众弱化完整接收信息的能力。为此，一点资讯负责人认为，有价值的内容推送不能由机器发挥全部作用。[②]

3. 人工智能对网络内容建设、传播格局的影响，将突出体现在平台媒体优势强化、主流媒体影响弱化方面

从内容建设的角度看，人工智能辅助生产新闻的数量将相对有限，而经由人工智能技术推送的新闻将更加偏向软性化和娱乐化。由此，导致严

[①] 张志安、李霭莹：《2017年中国新闻业年度发展报告》，载《新闻界》2018年第1期，第4～11、73页。

[②] 陈浩洲：《解读：一点资讯为何能率先拿到"新闻牌照"》，见大风网（http://wemedia.ifeng.com/35368473/wemedia.shtml）。

肃新闻所获得的点击量和到达率会受到客观限制，这可能使得传统主流媒体在融合转型过程中，特别是针对移动端内容的生产和传播，产生更加注重吸引眼球、强化点击效果的内容偏好。

从传播格局的角度看，平台型媒体依托算法等人工智能技术，将形成更大的传播优势和盈利能力，传统主流媒体由于缺乏技术、资本、盈利能力而面临更加边缘化和影响力弱化的风险。移动互联网时代的本质是实现"所有人跟所有人之间的链接"，信息传播的强势入口必然是具有强社交属性的，这方面以微博、微信和今日头条为代表的"社交+资讯"平台比传统主流媒体相对狭窄的"资讯"定位更加具有吸引力和用户黏性。

4. 人工智能对传媒业生态和传播效果的评价体系具有革命性影响，导致主流媒体面临进一步被边缘化的风险

由人工智能和算法塑造的传播效果评价机制，总体上偏向于用户主导、情感主导和兴趣主导，从而导致严肃型内容不可能占据评价体系上的优势。因为传统严肃型的主流新闻报道和正面宣传其评价体系主要由领导批示、同行赞誉和专业奖项来构成，相对来说，传播效果的评估是相对封闭的。而经由算法辅助而进行的传播，内容的传播效果往往可以通过精准的数据形式而被透明化呈现。比如，按规定推送在今日头条头部位置的主流时政新闻，每天有多少人在点击、多少人在评论，都是非常直观显示的。由此，针对宣传效果的评价权和话语权会面临透明化、数据化的风险，这实质上也会深层次影响主流媒体长期承担的意识形态传播主导权。

三、人工智能时代如何做好新闻舆论与意识形态工作

人工智能将深度影响新闻业。一方面，"机器人写作"在重大突发事件的快速报道中将有可能取代记者。职业新闻从业者无法跟机器比拼速度，只能通过抵达现场、深度阐释、逼近真相来弥补"机器人写作"存在的短板。另一方面，人工智能将发挥大数据信息抓取、分析和解读优势，实时监测新闻热点的受众浏览、收藏、转发、点赞和评论等行为，这

种技术驱动下的新闻生产对用户的需求满足将更智能化和高效化。① 除了影响新闻业之外，人工智能对网络舆论、意识形态的影响，值得高度重视和深入探讨。

基于新闻传播领域中人工智能的应用情形及其给新闻舆论和意识形态工作所带来的机遇与挑战，本文围绕如何在人工智能时代做好新闻舆论与意识形态工作，主要给出以下对策建议。

（一）推动主流媒体跟上人工智能化的发展潮流

人工智能是先进传播力的代表，只有跟上技术潮流才能充分利用好技术给新闻舆论和意识形态工作带来新的机遇。所以，要通过政策或资金扶持的方式，强化主流媒体对人工智能技术的采纳应用，重点扶持人民网、新华社客户端、封面传媒、澎湃新闻等中央和地方主流媒体客户端的技术升级，提升它们的智能化水平，从而切实提升主流媒体内容生产、智能分发的技术水平和竞争优势。

这方面，今日头条采取的向主流媒体新闻客户端输出算法和部分数据支撑的做法，可以有所鼓励。相关的技术合作，可以帮助区域化的主流媒体更精准地掌握本地用户需求、更智能地推送个性化内容、更有针对性地进行舆论引导。

（二）针对新闻传播智能化的负面效果进行必要矫正

鉴于资讯传播的人工智能化存在弱化公共性、降低严肃内容传播优势、加剧社群区隔等负面效果，有必要采取行政手段对商业网站的智能分发和算法推送机制进行适当引导，推动其形成理性把关意识，承担更大的社会责任，更好把握用户个性需求和优质内容推送、算法推荐和人工编辑的平衡关系。

可采用以下具体做法：对优质的正面宣传作品和报道进行优先推荐，在频道设置、内容推送方面强化"优先权"；严格审核过度煽情的不良内

---

① 张志安、李霭莹：《2017年中国新闻业年度发展报告》，载《新闻界》2018年第1期，第4～11、73页。

容，对发布导向存在长期偏差的自媒体账号进行关闭处理，从源头上减少负面信息的供应量；在算法推送的规则之外更加强化人工编辑的作用和价值，尤其针对"两会"新闻等重大主题策划进行的宣传报道，要借助多种技术手段，实现更大范围、更强效果的传播。

（三）探索人工智能时代网络舆论和网络意识形态治理研究

新闻舆论与意识形态工作离不开学术研究的科学指导与理性支撑，要充分利用人工智能技术和大数据分析方法，建立更加高效、科学、精准的综合舆情研判和分析体系，尤其是优化研究网民情绪、态度、归因逻辑和行为预测的方法论。此外，鼓励采用跨学科方法实现科研的文理交叉，运用"舆情仿真"等系统建立人工模拟社会系统，从而强化舆情预判和风险预警水平，提高网络意识形态引导的能力。

当然，在人工智能时代做好新闻舆论与意识形态工作，既需要在线上基于先进传播技术的支撑来实现主流意识形态的传播与引领，更要在线下做好矛盾化解、利益协调与社会公平正义维护等相关工作。

（本文作者为张志安。中山大学传播与设计学院博士研究生汤敏对本文有贡献。本文主要内容首发于《人民论坛·学术前沿》2018年第8期，第96～101页。本书收录时有所修订。）

网络技术、人工智能和舆论传播的机遇及挑战

当前,大数据、人工智能、区块链等互联网与传播科技迅速发展。其中,大数据、人工智能在新闻与舆论传播领域已从探索应用阶段逐步进入深度应用的阶段;区块链、卫星互联网作为 2018 年热门的新技术正被全球各领域竞相研究与探索。这些新技术给传媒产业和舆论传播带来直接或潜在的影响,值得跟进观察与研究。本文主要介绍各互联网新技术及其应用特征,探讨它们在传媒领域的应用进展与前景,着重分析它们给传媒产业和新闻舆论工作造成的机遇和挑战,以为相关管理工作提供参考。

一、互联网新技术的定义及应用特征

当下流行的互联网新技术主要包括大数据、人工智能、区块链、卫星互联网和 5G 等,这些新技术的技术定义和应用特征主要包括以下几个方面。

1. 大数据

大数据是一种规模大到在获取、存储、管理、分析方面大大超出了传统数据库软件工具能力范围的数据集合,具有海量的数据规模、快速的数据流转、多样的数据类型和价值密度低等主要特征。大数据技术广泛应用于人工智能、区块链、产业营销、传媒等技术和行业领域。

2. 人工智能

人工智能亦称机器智能,是指由人制造出来的机器所表现出来的智能,目前在计算机领域内尤其是在机器人、经济政治决策、控制系统、仿真系统中得到广泛应用。

3. 区块链

广义来讲,区块链技术是利用块链式数据结构来验证与存储数据、利用分布式节点共识算法来生成和更新数据、利用密码学的方式保证数据传

输和访问的安全、利用由自动化脚本代码组成的智能合约来编程和操作数据的一种全新的分布式基础架构与计算范式。作为一种基于分布式数据存储、点对点传输、共识机制、加密算法等技术的分布式协作模式，区块链集中应用于金融服务、供应链管理、物联网、智能制造、数字资产交易等领域。

4. 卫星互联网

卫星互联网是一种尚处于设想与探索中的、通过人造地球卫星部署全球宽带的通信技术。作为设想中的卫星宽带网络"Starlink"的技术成果，卫星互联网将向包括偏远地区在内的、全球范围内的人群提供高速、低延迟的互联网连接服务。

5. 5G

5G 即第五代移动通信系统，是 4G 系统后的延伸。5G 拥有更大的信息容量、更全面的网络覆盖、更快的速度、更灵敏的反应，除了为日常移动通信提供更优质的信号传输服务，还将满足新的使用需求，如物联网、广播类服务以及自然灾害发生时的生命线通信等。

二、互联网新技术给新闻舆论工作带来的机遇与挑战

人工智能、区块链、5G 等前瞻性技术被国内外互联网公司、通信公司所率先探索与运用，在我国的主流媒体中则处于被关注、讨论及少量应用的阶段。而大数据和人工智能等技术则已经向传媒领域纵深发展，主要应用于新闻生产的提质升级、主流媒体的舆情监测以及内容资讯产品的精准分发等。具体来讲，这些互联网新技术给新闻舆论工作带来以下几个方面的机遇。

1. 人工智能技术作用于传媒领域，可极大提升新闻传播的用户体验

当前，人工智能已受到越来越多媒体和互联网公司的推崇与采纳，算法推荐、机器人写作、语音机器人等技术被日益频繁地应用于新闻传播领域的选题策划、信息采集、内容生成和产品分发等环节，以职业媒体人为主体的传统新闻生产正在逐渐进入多元行动主体参与、专业化与智能化并重的时代。

首先，机器人写稿等人工智能技术主要解决的是新闻报道和推送的速度问题，它带来新闻传播的新时效，并直接改变了突发事件报道的新闻生产流程。其次，"语聊机器人"还被应用于新闻产品的呈现环节，它让新闻的呈现方式更加智能化、互动化，提升了新闻消费的用户体验。当然，最重要的是，算法推荐等人工智能技术应用于内容资讯产品的个性化分发，可极大提高新闻传播与舆论引导的针对性与精准性。借助大数据运营，当海量的内容到达云平台后，平台根据加工者能力和对用户数据的收集、整理、分析和判断，进行合理分工，实现对用户需求的个性化匹配及反馈。

2. 区块链技术应用于传媒领域，能给虚假新闻与谣言的治理、媒体数字版权维护等带来新的可能

区块链是分布式数据存储、点对点传输、共识机制、加密算法等计算机技术的新型应用模式，被认为是继大型机、个人电脑、互联网之后计算模式的颠覆式创新，很可能在全球范围引起一场新的技术革新和产业变革。区块链技术逐渐在传媒行业的应用，正在改变传统的媒体业态，并在业务流程、组织架构、治理体系和商业模式等方面引发新一轮变革。

具体到新闻舆论工作领域，我们知道，随着微博、微信、短视频等社会化传播平台上自媒体的大量生长，如何阻滞虚假新闻与网络谣言的传播、提升各类专业媒体和自媒体的公信力，一直是舆论空间治理的重大问题。推动"共信革命"的区块链技术可简化程序，降低媒体管控的制度性交易成本，推动新媒体与舆论治理体系从建立中央信任机制或者双边互信机制向建立全社会共信机制转变。

政府部门可借助区块链技术，给每一个合法的媒体注册唯一的数字身份，通过共同维护的账本来记录该数字身份的所有信息，实现新闻发布资质验证；由AI（人工智能）自动按照相关管理规定，对申报自媒体平台的团体和个人审核评分，核定其信任积分；邀请区块链网络上所有用户参与评分，通过一定的算法对各类媒体信任积分进行动态管理；定期将信任积分向全网公布，使信任积分成为衡量媒体公信指数的重要评价标准，提高其违规成本；通过智能化合约，使信任积分低于阈值的自媒体账号直接关停。

此外，维护传统专业媒体与新型主流媒体在原创新闻生产及内容经营方面的优势，一直是推动主流新闻宣传与舆论引导工作的重要抓手。而如何更好地维护专业媒体内容产品的知识产权及相应的版权收益，是其中的一个难点问题。区块链技术在这方面亦可带来新的技术可能。首先，区块链技术可以提供一整套追踪新闻来源的解决方案，从而实现媒体信源认证；其次，区块链技术能以数字签名（ECDSA）和"哈希算法"对新闻作品版权进行精准跟踪，从确权、用权、维权三个环节完整记录新闻作品版权流转过程；最后，区块链技术还可以对媒体的无形资产进行确权和价值评估，媒体的新闻作品、文学作品、摄影作品、创意设计作品，乃至用户浏览数据、互动评论内容，均可作为数字资产获得融资回报。

3. 5G 和卫星互联网技术将给人们带来实时在线、虚实融合、万物互联的连接感，为传媒业的发展带来更广阔的技术空间与市场空间

如果说 3G 和 4G 技术主要侧重于原始带宽的提供，那么 5G 则旨在提供无所不在的连接，其技术特征可以用几个数字来概括："1000×"的容量提升、"1000 亿＋"的网络连接、10GB/s 的最高速度、1 毫秒的网络时延，因而拥有更大的信息容量、更全面的网络覆盖、更快的速度、更灵敏的反应。而卫星互联网技术一旦变成现实，则将进一步在全球范围内压缩时空，彼时将实现真正的全球连通。无论是在偏远地区、高速移动等恶劣环境下，还是在人员密集、流量需求大的区域，人们仍然能运用移动设备来进行远程交流与沟通，建立"远距离的亲密感"。

5G 不仅压缩时空距离，还将推动信息传播形态的变革，信息的传播形式将更加具象、直接，移动视频通信或将成为人们的首选通信方式。利用快捷的 5G 网络，人们可以随时随地"进入"虚拟空间，不受限制地在现实和虚拟两种空间穿梭，虚拟与现实之间界限消融的实时在线感，必将进一步形塑新闻传播的表现形态。

此外，无论是 Web1.0 还是 Web2.0 时代，互联网强调的始终是人与人、人与信息之间的连接，而 Web3.0 时代则将更强调人与物、物与物之间的连通。在 5G 技术发展的推动下，人们将加快进入 Web3.0"万物互联"时代的步伐，届时推动媒介融合发展就不仅仅是传统媒体与新媒体的融合，而是朝着"万物互联""所见即所得"的方向实现媒体与物联网的衔接，从而让新闻传播呈现出智能、泛在的特征趋势。

可以说，作为信息传输与节点交互中介的媒体，在新一代通信技术逐渐变为现实的背景下，势必迎来更为广阔的业务创新与服务拓展的市场空间，区块链、5G、物联网等技术的发展必将重塑新闻传媒业的生态。当然，新技术的蓬勃发展也必然给建基于旧技术语境下既有的新闻传播与舆论工作格局造成冲击，从而给当前的新闻与舆论工作带来一些挑战。

4. 新技术的发展主要作用于舆论生成平台的生态格局，导致平台媒体的崛起而加速传统媒体的衰落

如前所述，人工智能、区块链、5G等前瞻性技术主要被国内外互联网公司、通信公司、信息行业等领域率先应用，在我国的传媒领域则处于被关注、讨论与少量应用的状态。如作为人工智能的算法推荐，主要由今日头条、腾讯、新浪微博等体制外的平台媒体所采用，它们凭借领先的大数据与算法技术，在新闻资讯的分发领域建立了体制内专业媒体短期内难以赶超的优势，无论在新闻终端产品的用户量和用户移动端使用时长方面，还是在互联网广告市场份额的攫取方面，传统媒体都无法比拟。而区块链技术最先在互联网金融领域被开发与应用，后逐步扩展至供应链管理、智能制造、社会公益、文化娱乐等行业领域，这些应用场景几乎都由体制外的科技与互联网公司所推动，它们将率先制定相关技术的标准与行业的游戏规则，获得技术与市场的话语权，从而给在技术上处于相对劣势的主流媒体造成不小的竞争压力。

如同Web2.0时代，微博、微信等社交媒体重塑了传统新闻传播的技术渠道与舆论运行的传播语境那样，区块链等新一代传播技术与连接方式的变革，或又将以某种新的方式重构业已数字化与一定程度社会化转型了的主流媒体。新形态的平台媒体以新汰旧，新型主流媒体又将归于传统，时刻面临衰落的危机。

5. 5G技术等在传媒领域的应用，使得舆情传播面临即时化的风险，准确的网络舆论分析变得更加困难

5G网络作为下一代移动通信网络，理论传输速度可达数十Gb每秒，比4G网络的传输速度快数百倍，这将推动新闻与信息"即拍即传"的完全实现。这固然使得新闻传播的时效性迎来进一步提升，但实时在线、虚拟与现实边界消融的技术环境，将给舆论的生成造成即时化风险，信息发布平台的事前审查将失去时间窗口，监管部门的事后追审似乎也更难操作。由于信息将更多以实时视频的方式而存在，这给主要基于文字和图片语义分析的大数据舆论分析技术造成冲击，准确的网络舆论分析变得更加困难。

6. 新技术的发展可能带来新的信息鸿沟，共识性舆论更难形成，主流意识形态的统合性建构面临挑战

当前，基于人工智能的信息推荐容易导致需求与供给的相互强化，加重社会不同人群间的心理区隔，从而给主流意识形态的统合性引领工作带来挑战。而5G技术在给人们的交往带来便利的同时，也给人们的心理与情感带来了危机。随着虚拟社会的建构，人们面对面的真实交流被虚拟交流所取代，现实生活中的情感联系被淡化。人们迷失于虚拟世界中，对周围的人和事物一无所知，也漠不关心，这可能导致社会情感疏离、人际信任的危机。也就是说，连接技术的极大化便捷将进一步使人们沉浸于自己的兴趣世界和意义消费的生存空间，再加上技术鸿沟可能导致的知识沟、信息沟被拉大，社会不同群体间的心理区隔和价值观分化持续面临加剧的风险可能。

三、如何运用新技术推动新闻舆论工作

基于上述对最新互联网传播技术给新闻与舆论工作带来的机遇与挑战分析，我们认为，在新技术环境与趋势下推动新闻与舆论工作的可持续发展，需做好以下几个方面的工作。

1. 积极跟进对新技术与应用的研究，实现新技术趋势下传统媒体与新媒体的持续融合

在新一轮工业与技术革命的大背景下，信息与传播科技的创新发展可谓一日千里。面对瞬息万变的技术环境，新闻传播的学界与业界需进一步加强对最新传播科技的观察和研究，以使媒体的融合发展与改革创新获得前瞻性的理念指导。同时，在财政支持、人才引进、技术合作等领域，要加大对主流媒体的扶持力度，加快人民日报社、新华社、中央广播电视总台等中央级媒体采纳人工智能、区块链等技术的步伐，补齐主流媒体的技

术短板,巩固其在原创内容生产与传播力方面的优势。

2. 对平台媒体与互联网巨头的新技术应用施加必要的行政干预和法制管理,尤其是强化其价值引领和责任担当

作为体制外商业公司的本质属性赋予民营互联网公司、通信公司等以强大的技术创新活力,但这也决定了其技术的开发、内容的流通最终以利润的最大化作为其运营的旨归。一旦技术深入到新闻与资讯流通的领域,这些公司往往会以牺牲一部分社会利益为代价,来换取经济利益。比如算法推荐技术在今日头条、快手等平台型媒体产品的应用,一定程度上强化了低俗乃至违规内容的传播面与流通量,挤占了主流新闻资讯广泛触达受众所需的流量与时长,从而弱化了舆论引领与意识形态宣传的效果。政府监管部门应在呵护信息产业健康与可持续发展的前提下,对拥有广泛影响力的巨型平台型媒体公司及其产品施加必要的行政与法制的干预、管理,促使其更好地履行企业的社会责任,配合主流媒体更好地实现主流舆论宣传与价值观引领。

(本文作者为张志安、汤敏。本文主要内容首发于《传媒》2018年第13期,第11~14页。本书收录时有所修订。)

第四章

政务微博与政务微信

社交媒体传播风险及其管理策略

近年来,微博、微信等社交媒体迅速兴起,用户规模多达数亿。越来越多的政府部门、企事业单位都开始认识到社交媒体的功能和作用,纷纷开设了机构官方微博和微信公众号,积极参与社交化传播,尤其是医院的官方微信公众号更是增长迅速。据2014年年底发布的《中国医院微信影响力指数排行榜》显示,截至2014年12月1日,该榜收集的925家三级医院中,有387家医院开通了微信公众号,大部分医院积极利用微信平台发布医院信息、导医服务、患者教育等资讯,还有一部分医院实现了微信挂号、微信支付等移动服务。①

不过,社交媒体在给医院带来了机会的同时,也给医院带来了传播的风险。2014年8月16日,西安凤城医院的一名医务人员将医生在手术室的合影发布到微信"朋友圈"上,② 这名医务人员的同学把照片下载后并配上一段文字于2014年12月20日传播到了个人微博上,由此引发了名为"手术室自拍"的风波。本文以此事件为例,探讨医院对社交媒体的风险管理及其在危机管理中的运用策略。

一、危机事件的传播过程

2014年12月20日上午,名为"@当维美不再唯美"的新浪微博用户把西安凤城医院的医生在手术室的合影发表到了微博上,并附上了一段评论:"作为一名医护人员我想说难怪医患关系这么紧张,手术同时你们在做什么?拍照留念。如果手术台上是你的父母亲戚,你还会这么做

---

① 《中国社科院:中山一院官方微信影响力全国第三》,见家庭医生在线网(http://news.familydoctor.com.cn/a/201412/733618.html)。
② 王乐文、方敏:《"手术室自拍"引发风波后——来自病人、医生的声音》,载《人民日报》2014年12月24日第11版。

吗?"(见图4-1)

图4-1 "@当维美不再唯美"发表的微博内容

12月20日18时20分,陕西广播电视台"都市快报"栏目的官方微博根据"@当维美不再唯美"的微博内容与图片,发表了针对此事的"一说为快"的博文。12月20日21时49分,"都市快报"栏目又用2分钟的时间在电视上对此事进行了报道,但栏目组并没有对涉事医院和医生进行采访核实。此事经由微博转发和电视报道后,到了12月21日便迅速成了各大新闻网站的头条,有的媒体新闻客户端上针对此事件的评论多达100万条以上。① 从微信"朋友圈"到微博,再从媒体微博、电视报道到各大网站转载,这则未经证实的消息迅速成为网络热点舆情事件,一场关于医患关系的网络大讨论就此展开。

2014年12月21日,西安凤城医院在其官网上发表了一篇公告《西安凤城医院关于网上所传一组照片事实情况的检讨》(见图4-2)。

12月22日,西安凤城医院相关负责人接受了西部网、陕西广播电视台以及《人民日报》《北京青年报》等媒体的采访,向记者澄清了手术室照片拍摄和传播的具体过程,"外界流传的5张照片中,有1张最早曾由

---

① 王乐文、方敏:《"手术室自拍"引发风波后——来自病人、医生的声音》,载《人民日报》2014年12月24日第11版。

第四章 政务微博与政务微信

图4-2 西安凤城医院在官网上发表的检讨

医院的官方微信推送"（见图4-3），而且"那些照片本是医院的内部资料，没经过医院和患者的同意，是不被允许发到网上的"。后来，经过公安部门调查，"手术室自拍"的照片是西安长安医院的一名护士发布的，该护士与西安凤城医院的一名医护人员是同学，那天通过网络社交平台得到了照片。①

从凤城医院微信公众号在2014年8月16日推送的内容可知，医生在手术室拍照确实是用来纪念陪伴了他们9年的旧手术室。而且，当时的手术很复杂，拍照也是在手术结束之后，为了纪念手术的成功。患者白某事后在接受记者采访时也说："医生们拍照我知道，也同意了。"他也感到很疑惑："医生辛苦那么久保住了我的腿，想不通为啥大家要批评他们。"②

当媒体逐渐报道出事件的更多真相、公众对事件的了解更加全面时，网络舆论出现了"拐点"，出现了很多支持医生、反思整个事件的声音，

---

① 《医院称竞争对手发布自拍照微信号4个月前曾推》，见大秦网（http://xian.qq.com/a/20141224/022468.htm）。
② 王乐文、方敏：《"手术室自拍"引发风波后——来自病人、医生的声音》，载《人民日报》2014年12月24日第11版。

图 4-3　凤城医院官方微信于 2014 年 8 月 16 日推送的内容

舆论从"一边倒"地谴责医生转向了多元审视的态势。

2014 年 12 月 21 日晚,西安市卫生局向社会公布了对西安凤城医院"手术室自拍"事件中的相关责任人所做出的行政处罚,部分网民认为,这样的处罚对医院和医生来说过重,于是网络中又出现了很多为当事医生"鸣不平"的评论。

二、医院应对危机中的不足之处

因"手术室自拍"照片引发的舆论危机最初是从微信"朋友圈"开始的,经过微博转发后,并在社交媒体、各大网站上迅速蔓延。从整个危机事件的传播过程看,由于西安凤城医院对机构和员工的社交媒体的使用行为管理无方,加上员工对微信"朋友圈"传播信息的风险预估不足,导致了危机事件的发生。事发后,医院方由于应对危机的方法与形式存在问题,导致了其在危机传播过程中的被动。具体分析如下:

1. 从管理机制上看,医院没有对员工使用社交媒体的行为规范做必要指引

这应当是此次事件发生的重要原因。由于西安凤城医院没有对员工使用社交媒体的行为进行有效的管理和指引,才导致医院内部与职务信息相关的照片被发表在医务人员个人的"朋友圈"中,造成内部信息的不准确、不真实的扩散。在网络社交化时代,有很多机构都已经意识到微博作为"大众自媒体"的传播风险,通常他们对于实名认证的员工微博会要求进行内部备案登记,并提醒员工不要轻易在社交媒体上传播与工作有关的信息。但对于微信"朋友圈",由于其主要面向亲朋好友,传播范围相对有限,因而一些机构并没对微信"朋友圈"的传播做硬性规定。而从"手术室自拍"事件的传播过程来看,微信的"朋友圈"恰恰成了危机传播的源头,这也反映出医院缺乏足够的社交媒体传播风险认知及危机管理意识。

2. 从社交媒体平台的运营上看,医院对社交媒体的使用不够成熟

首先,西安凤城医院开通了官方微信而没有开通官方微博。比较而言,微博作为开放的信息平台和社交平台,具有快捷的信息发布、披露事实、澄清谣言的作用。尤其是在纠错和辟谣方面,官方微博更加有利于医院"边掌握事实、边进行发布",滚动报道危机事件的相关信息。当危机事件引发的舆论在微博平台上广泛传播的时候,西安凤城医院因为没有开通官方微博而无法在第一时间利用官方微博来传播真相,使得舆论压力持续升温,最终导致危机事件的广泛扩散。

其次,医院仅仅将官方微信当成品牌传播、咨询服务的渠道,而未充分意识到其在危机传播和舆论引导中的重要作用。尽管西安凤城医院开通了官方微信,但从其历史消息和推送内容来看,大部分都是关于妇产科方面的健康知识、医院通知、医护人员的素质要求等内容。其对微信的功能定位,主要定位在为医院形象进行宣传推广和为患者提供咨询通道。"手术室自拍"事件的危机发生后,该医院没有及时利用官方微信进行信息

披露和舆论引导，而只是通过官方网站发布了检讨公告，这样相对单一的传播方式无法实现广泛的传播效果，因而危机沟通的效果必然也会大打折扣。

3. 从发布速度看，医院没有遵循社交媒体时代"及时讲真话"的原则

从西安凤城医院的应对速度和发布时机可以看出，医院并没有充分把握好危机传播的时效原则。危机传播往往具有突发性和紧迫性的特点，过去在传统媒体主导传播的时代，通常有"24小时黄金原则"的说法，即事件发生后1天之内相关机构应该及时发出声音。如今，在社交媒体兴盛的时代，危机的传播和扩散速度往往以秒、分计算，这对新闻发布的回应速度提出了更高的要求。美国西北大学舆论研究所的最新研究表明，在互联网环境下重大危机发生时最佳回应时间应在45分钟内，否则将会引起公众的不安，导致谣言在网上的传播。① "手术室自拍"危机事件发生后，西安凤城医院做出的第一次直接回应时间是2014年12月21日（也就是事发的第二天），尽管遵循了"24小时黄金原则"，但已经超过了互联网环境下的最佳回应时间。

三、社交媒体的传播风险与危机管理

从上述分析可以看出，社交媒体对于机构的危机管理而言是一把"双刃剑"。一方面，机构和员工在社交媒体上发布与机构有关的信息时，如果未经足够的确认和把关，容易导致机构和职务信息的不完整和不真实的传播，产生传播风险，并会给机构带来强大的舆论压力；另一方面，机构的官方微博、微信等社交媒体又能够为其提供主动、直接的信息发布平台，有利于机构更加自主、快捷地发布事实真相、消除误会，帮助机构更加主动地争取公众理解和进行舆论引导。为了更好地帮助机构在社交媒体的传播风险和危机管理中趋利避害，我们提出如下建议：

---

① 沈健：《从两次马航危机看互联网思维下的公关危机管控》，见豆丁网（http://www.docin.com/p-1010006389.html）。

1. 机构应加强对机构组织及员工社交媒体使用行为的有效管理、规范及指引

社交媒体是一个兼有群体传播和大众传播属性的公共空间。无论是出于公共传播还是出于个人表达的动机在社交媒体上发声，只要谈及跟机构或工作有关的内容或观点，就有可能需要适当保持在公共场所讲话和发表文章一样的审慎态度。在社交媒体中，公共和个人的边界通常比较模糊，如果非实名认证，表达的又是个人话题，则相对比较自由；如果是实名认证或"粉丝"众多、谈论的话题关于机构或职务信息，则需要更加谨慎。[①]

通常来说，机构不仅应严格管理官方的社交媒体账号，还应该为员工制定合理的社交媒体使用行为规范或指引。

首先，对于机构官方社交媒体的使用应注意保护机构内部的隐私，禁止将涉及机构内部隐私、涉及机构安全和敏感的信息发布在机构的官方社交媒体账号上。

其次，对于机构内的员工社交媒体的使用应进行一定的规范和指引。比如：①对于在微博中进行了实名认证的员工微博，应该在机构内部做必要的登记备案，尤其是对有影响力和较多"粉丝"数量的员工。这样做的目的，一方面，有助于机构对他们使用社交媒体进行适当的规范和管理；另一方面，备案制的实施也有利于提醒这些微博实名认证的员工，在网络表达时保持适当的自省和自觉，不要因为过于情绪化的批判而引发争议，或者在涉及职务信息的传播过程中给机构带来风险。②机构应当规定员工不得通过社交媒体发布仅供内部使用、对机构不利的、敏感的信息等内容，不得发表对机构不利、有损机构形象的言论。③机构还应当提醒员工在社交媒体中"发声"时要注意内容的真实性、语言的准确性，还要懂得把握微博和微信等不同社交平台的传播特点与差异，在表达时正确把握其不同的传播偏向。

[①] 黄雅兰、周珊珊：《英国政府公务员社交媒体使用指南》，见微信公众号"刺猬公社"（https://mp.weixin.qq.com/s?_biz=MzA5MjkyMDMxMg%3D%3D&idx=1&mid=202990524&sn=44d02956d2fa3491df4b2c537b9b5f0d）。

2. 机构应厘清其不同社交媒体的功能定位，在危机传播过程中充分运用社交媒体实现传播效能

机构的官方微博和微信具有各自不同的传播特点，在危机传播过程中，可以各有侧重、分工协同。微博是个相对开放的平台，机构应该充分利用其信息广场、公共舆论场的特点，在危机产生的第一时间在上面发出信息，特别是滚动发出动态事实和信息；而微信是一个相对封闭和私密的平台，如果微信公众号的"粉丝"众多，那么微信公众号也是一个重要的信息公开渠道。

当机构遭遇危机时，可以寻求微博中的相关"意见领袖"的支持，请他们帮忙转发信息和正确解读事件。微博中带"V"的"意见领袖"可分为专家型、社交型、"草根"型三种，对微博中不实的报道和传言可及时与他们沟通[①]，寻求他们的帮助，迅速扩大事实真相的传播范围，赢得微博舆论的支持。在微信平台中，机构除了第一时间在自己的微信公众号上发布信息之外，还可以寻求其他微信公众号的帮助，请他们帮忙转发分享信息，或者向微信中具有影响力的朋友寻求帮助，在"朋友圈"进行转发，以便实现真实信息的广泛转发、分享和传播。

3. 机构平时应该注意运用社交媒体强化与公众之间的信任关系和管理

学者格鲁尼格和黄懿慧从关系特征的角度提出"组织—公众"关系的五大特征：信任、相互控制、关系满意、关系承诺和达到目标。[②] 其中，信任是摆在首位的。从更深层次的角度来看，这次西安凤城医院危机事件中暴露出的其实是公众对医院等机构的不信任心理。长期以来，医院与公众之间因为缺乏足够有效的沟通，加上有的媒体对涉及医患关系的事件进行标签式的报道，导致部分公众对负面信息进行主观化、情绪化的解读，使得医院与公众之间的信任关系遭遇挑战。

[①] 张眉芳、陈晓燕、朱硕等：《医院社交媒体危机管理对策研究》，载《医学与社会》2013年第26期，第41～42、45页。

[②] Lynne M S, Lisa J L, Caroline A A. "From Aardvark to Zebra: A new Millennium Analysis of Theory Development in Public Relations Academic Journals". *Journal of Public Relations Research*, 2003, 15（1）: 27 - 29.

在此背景下，医院相关部门有必要在日常管理中，加大利用社交媒体进行医学知识的公共传播、医院和公众之间的信息关系管理。比如，平时可以积极利用社交媒体发布医院第一手的资讯，报道目前的医疗状况、行业状态、从业人员的生存状态等，促进公众深入而全面地了解医院及医护工作人员；积极利用社交媒体平台加强与公众的交流、沟通，尽可能地与公众互动、为公众答疑解惑，逐渐培养起与公众之间的信任关系；积极与媒体、医疗界的知名人士保持互动和沟通，有助于发现媒体报道出现偏差时能及时加以纠偏、危机发生后邀请专家进行理性解读。不过，调整医院和媒体、公众之间的信任关系，是整个社会普遍面临的挑战，需要整个行业认真思考、共同面对。

（本文作者为张志安、胡诗然。本文主要内容原以《社交媒体传播风险及其管理策略——以"手术室自拍"事件为例》为题首发于《新闻与写作》2015年第3期，第50～53页。本书收录时有所修订。）

政务微博微信：互动机制与深化路径

相继兴起的微博、微信赋予普通民众更多话语权，现已成为民意的集散地和舆论的扩大器，无论是微博场域的火热围观，还是微信"朋友圈"中难以杜绝的谣言，都在不断强化公共管理部门的风险意识，对其治理水平也提出更高的要求。总体上看，呈"井喷式"发展的政务微博微信，风险与机遇并存，考验着政府相关部门抢占舆论新阵地进行服务和发声的能力。如何才能有效发挥政务微博微信的协同作用，如何更好地运营政务微信，如何利用大数据挖掘方法来进行舆情研判，本文尝试对这些问题做简要剖析。

一、政务微博微信的协同互动

目前，政务"双微"成为政民沟通和危机管理的重要平台。政务微博和政务微信并非取代关系，而应该是互补关系，不同的传播特性决定了政务"双微"在危机应对、舆情引导和关系管理中可以发挥协同作用。

1. 危机应对：微博是不间断的新闻发布台，微信是精准化的应急中心

从平台属性来看，微博传播速度快、覆盖范围广，可随时随地进行信息发布，是最接近大众传媒属性的社交媒体；微信公众号是一对一的精准传播平台，噪音干扰少，信息发布频次受限制，是去媒介化的服务平台。在危机事件发生后，政务微博应滚动、快速披露事实，减少信息缺失引起的恐慌或谣言，是危机传播的"主战场"。而政务微信虽受发布频次限制，却可以利用其精准投放的特点，将应急信息推送至用户，成为应急管理中心。如2013年"4·20"雅安地震发生后的19分钟，"微成都"微信公众号就发出震情速递；"微成都"新浪微博在震后12分钟就发布地震快讯，随后滚动更新救助信息和灾情，地震当天共发布105条微博。

2. 舆情引导：微博具有谣言自净机制，微信具备深度解释优势

从受众形态来看，微博是依靠兴趣连接而成的弱关系圈，一切信息和评论都呈现在大庭广众下，便于民意的公开讨论；微信却是由熟人构成的强关系圈，信息的分享交流都在一个相对封闭的环境中进行，圈外陌生人难以获知圈内舆情动态，圈内传播的可信度高。所以，微博是公开的信息广场，具有澄清谣言的自净机制，政务微博可以联合微博"大V"和网友协同粉碎谣言，理性引导舆论。微信好比私密的会客厅，圈内传播可信度高，缺乏足够的谣言自净功能，但政务微信却可以发布深度文章解释事实，将碎片化的信息整合成图文和视频，在舆情引导方面更有说服力。因此，针对网络焦点事件、围绕复杂的社会议题，由微博来发挥动态事实披露的功能，由微信来发挥理性观念引导的功能，可以更好地进行危机传播和风险沟通。

3. 关系管理：互融互通共建服务型、阳光型新政府

危机传播并不局限于危机发生后的应急处理和舆情引导，日常沟通也是重塑政民关系、降低危机风险的重要手段。库姆斯（Coombs）提出的"情境式危机传播理论"认为，利益关系人会依据危机情境来评估组织的危机责任，责任归因越大，愤怒的情绪反应就会越大。而危机情境除了危机事件本身，还受到危机历史和关系历史两大因素影响，若平时关系不好，又有先前危机经验，组织会被认为需要对危机承担更大的责任。[1] 所以，建设服务型、阳光型政府是改善政民关系的必要途径。

从用户使用情况看，微博活跃度和用户数量双双下降，但全国17万个政务微博、可观的"粉丝"数量及信息公开的优势，却是发展初期的政务微信所不能比拟的。微信活跃度日益增强，用户规模已突破8个亿，成为人们获取信息和服务的重要渠道，政务微信是政府实现"移动化"行政、构建服务型政府的优质平台。因此，打通政务微博微信平台更有利于提升信息公开的力度和强化政务服务的深度。如2014年1月上线的"北京微博微信发布厅"，通过这个微信公众号，可以随时查看北京市的

---

[1] Coombs W T. "The Protective Powers of Crisis Response Strategies: Managing Reputational Assets During a Crisis". *Journal of Promotion Management*, 2006, 12 (3): 241-260.

政务微博,还可点击"新闻发言人"板块,将新闻发言人"请"进自己的"朋友圈",与朋友分享政务信息。

二、政务微信的主要运营策略[①]

经过几年的发展,政务微博运营已积累不少成功案例,在微博舆论场中初步掌握"议程设置"能力。而政务微信发展刚起步,其常规运营机制和策略值得探讨。

1. 再造服务流程,优化移动行政

政务微信具有私密性强、点对点高效精准传播等优势,在政务服务和精准传播方面具有更为广阔的应用前景。不过,运营政务微信来提供移动化的政务服务,必须遵循移动互联的规律和特点,如复旦大学副教授郑磊强调:"微信办事不仅仅是对既有办事模式的微信化,即只是将现有服务流程未经优化和改造、原封不动地照搬到微信上,而是应在微信环境下实现既有模式转型、流程再造和机制创新。"例如,医院挂号难让病患及家属心急如焚,佛山市卫生局官方微信"健康佛山"是全国首个实现微信预约挂号的政务微信。目前,用户可以通过该官方微信对市内 10 多家医院预约挂号,且一个微信用户可同时绑定多个佛山健康卡号,如可绑定父母或子女的健康卡号,该功能进一步方便了老人和小孩看病。

2. 组建专业运营团队,提高内容品质

开设政务微信服务号,对那些与百姓民生关系紧密的政府部门来说,不是太难,只要实现原先办事功能的在线化、移动化即可取得一定成效,服务功能的完善和创新可慢慢改进。不过,如果要开设政务微信订阅号,提供千字左右既有"干货"又有"美感"的优质原创文章,实在很有挑战性。保障微信内容的品质,一方面,需要组建专业的运营团队;另一方面,需要洞察用户的阅读兴趣。运营一个微信订阅号,通常需要文字编辑、视觉编辑、策划人员和信息员 4 个工种,其中信息员负责与政府各业

---

① 参见张志安、曹艳辉主编《政务微博微信实用手册》,南方日报出版社 2014 年版,第 219～229 页。

务部门协调合作。考虑到专业能力和编制问题，一些政务微信公众号选择将内容运营部分外包给专业的媒体团队。

3. 重视活动推广，加强多元互动

政务微信推出后，在提高知名度和增强用户黏性方面需要不断摸索和持续努力。正如有的政务微信运营者所言："目前的用户数量还太少，除了开通初期有过一轮推广，目前对自身平台的宣传和推广还关注不够，很多有了解政府部门信息需要的人还不知道有这样一个平台。"活动推广是迅速提高政务微信知名度的有效方式；而政民互动有助于培育用户黏性，提升民众对政府的信任度。常见的互动方式有关键词回复、微社区、"粉丝"俱乐部、答网友问等，如"@上海发布"首推"便民信息数据库"查询，对过去一年多时间里积累的涉及交通、社保、教育、卫生等领域的便民服务信息进行全面梳理、更新，设置了200个关键词，用户可输入关键词进行互动查询。

三、大数据分析与舆情引导深化

微博、微信平台为网络舆情分析提供了丰富的用户数据，包括基于用户注册信息和标签的人口统计学信息、基于GPS定位的地理信息、基于用户自创内容和检索词的文本信息、基于用户转发举报的行为信息等。基于微博、微信的大数据挖掘和分析，可以从物理场、信息场和心理场三个层面研判网民群体特征及舆情规律，提高预测控制能力，为政务微博微信在舆情引导中的互动提供深化路径。

1. 追踪群体舆情规律

借助大数据的大样本或全样本，我们可以真正开始研究群体层面的舆情规律，比如群体情绪追踪、意见领袖判别等。微博、微信等社交媒体所体现的个体之间的"在线连接关系"才是舆情研究真正可挖掘的"金矿"。如网络意见领袖是"在线连接关系"中处于中心地位的人，他们既是活跃的信息传递者，也是观念的影响者。面对危机传播，不管是政府相关部门还是个人都要遵循一个"说话"规律：晚点说不如早点说，被动说不如主动说，被乱说不如自己说，自己说不如专家说，大家说不如权威说。在众声喧哗的网络舆论场中，政务微博微信除了主动发声，还应积极与网络意见领袖互动协同。

2. 提高预测控制能力

大数据使舆情研究从描述和解释逐渐提升到预测和控制，比如美国学者通过推特（Twitter）情绪的分析来预测股市变化和美国大选的结果等。例如，2014年"上海踩踏事故"发生后，中山大学传播与设计学院大数据传播实验室研究人员以"外滩灯光秀"为关键词，抓取了2014年12月23日至12月31日的媒体报道以及新浪微博中媒体及政务微博提及"灯光秀"的新闻及信息。研究发现，"灯光秀"地址调整信息并未有效传达给受众，导致众多游客依然前往外滩，最终酿成悲剧。若相关部门能够提前利用微博、微信大数据研判网民知情度并采取措施，这一悲剧本可以避免。如果基层政府能够在网民传播大数据和公共治理大数据之间建立关联，借助城市仿真模拟建立模型，就能够有效提高对公众行为的预测能力，从而为基层政府治理提供更加有效的决策参考。

3. 数据开放不完全会阻碍舆情分析

尽管腾讯、阿里巴巴、百度等网络平台都拥有海量数据，但数据开放整体上并不完全和充分。一方面，不同平台之间尚未完全开放；另一方面，这些平台的数据也尚未对研究机构大规模开放。如何在不同平台的数据之间建立内在联系，如何以适当方式推动这些商业机构开放数据，需要探讨和实践。此外，政府通过跨部门、跨地区、跨平台合作，开放政务微博微信数据给科研机构，也是促进舆情分析的有效方式。为此，中山大学大数据传播实验室正在与微信、百度、新浪微博、人民网、今日头条、凯迪网等互联网公司建立数据合作，试图架设政府、企业和媒体之间进行大数据研究的桥梁，已经或即将通过"微信辟谣报告""社会共识指数""微博意见领袖榜"和"城市舆情地图"等产品及报告来进行学术研究和服务社会。

（本文作者为张志安、曹艳辉。本文主要内容首发于《传媒》2015年3月第5期，第29～31页。本书收录时有所修订。）

政务微博和政务微信：传承与协同

如果说 2011 年是政务微博元年、2013 年是政务微信元年，2014 年则迎来了政务"双微"联动发展新元年。2014 年 9 月 10 日，国家互联网信息办公室（简称为"国家网信办"）下发通知，强调"区分政务公众账号与政务微博的功能定位，实施'双微'联动、协同发展"。截至 2018 年 12 月，经过新浪平台认证的政务机构微博达到 138253 个，微信"城市服务"累计用户数为 5.7 亿①，政务"双微"运营新格局已具形态。

在风云变化的网络新媒体应用浪潮下，一些部门从早期的失声缺位、因循守旧，到个别破冰前行、激流勇进，再到整个国家领导层和中央政府的高度重视与大力扶持，政务微博、政务微信被寄予厚望，担负着壮大舆论宣传新阵地、塑造阳光型服务型政府等重要使命。但在"双微"发展新情境下，有人担忧政务微信崛起后，政务微博会衰落；也有人质疑，认为政务微信不过是"新瓶装旧酒"，与政务微博只有形式差异，并无本质区别，言外之意发展一种渠道就好；更有不少运营者迷茫，不知该以什么样的理念和方式同时运营发展政务微博和政务微信。

一、政务"双微"兴起的动因

要厘清上述问题，首先应理解政务微博、政务微信兴起的动因。美国传播学者詹姆斯·贝尼格（James Beniger）的"控制革命（control revolution）"理论认为，危机与控制不可分离，有了危机就必须强化控制手段；

---

① 中国互联网络信息中心：《第 43 次〈中国互联网络发展状况统计报告〉》，见中国互联网络信息中心网（http://www.cnnic.net.cn/hlwfzyj/hlwxzbg/hlwtjbg/201902/t20190228_70645.htm）。

新的信息传播技术是加强社会控制的重要手段。① 从信息技术与社会控制的关系来看，微博和微信及其可能引发的风险，是政务微博、政务微信兴起的原动力。

微博改变中国，政务微博的兴起是一种必然。互联网引入中国 25 年来，还没有任何一种媒体能像微博那样赋予普通民众如此广泛而强大的民主监督权力和民意表达机会。过去，普通民众通过传统媒体参与公共事务意见表达的机会相对较少，政府部门的网站通常是单向度的信息发布。论坛、博客虽然为民意表达提供了开放的平台，但其使用的便捷性、扩散的迅速性、用户的规模与微博不可同日而语。微博塑造了"人人都有麦克风"的传播现实，为普通民众赋予了自由表达的话语权。在微博时代，任何事件的当事人都可能通过微博发帖将信息传播出去，微博"转发"功能带来的裂变式传播让信息的绝对控制变得不可能。

在新形势下，微博上火热的"围观"和汹涌的舆论给政府相关部门带来前所未有的挑战。当微博成为民意的集散地和舆论的扩大器后，一些政府相关部门和政府官员在新的舆论场中主动出击，开通政务微博，收到意想不到的效果。且不提"@上海地铁""@北京发布""@厦门警方在线"等官方微博在公共危机事件中第一时间公布权威信息，单从"蔡叔""成都小微""警察蜀黍"这些亲切称呼就可看出政务微博在政府部门与民众沟通中的巨大潜力和价值。

在政务微博方兴未艾之时，政务微信又呈现兴起之势。与微博相似，微信自诞生之日起，用户数量呈几何倍数增长，用户活跃度节节攀升，2012 年 8 月推出的微信公众平台进一步扩大了微信的舆论影响力。微信成为继微博后的又一强势舆论场，政府对政务微信的重视也就成为必然。2013 年伊始，《人民日报》发表关于新媒体的 8 个猜想，其中第一个便是"微信——政务信息发布新平台"，这一猜想很快成为现实，政务微信成为政府新闻发布的新渠道。据新华网报道，2013 年 10 月，国务院办公厅下发了《关于进一步加强政府信息公开回应社会关切提升政府公信力的

---

① 戴皖文：《个人化行销：资讯时代的网路信赖机制》，载《新闻学研究》2006 年第 89 期，第 8 页。

意见》，文件明确指出"各地区各部门应积极探索利用政务微博、微信等新媒体及时发布各类权威政务信息"，政务"双微"成为与传统新闻发布会并驾齐驱的新闻发布制度。正如人民网舆情监测室秘书长祝华新所言："微信公众号数量庞大，但大多以体制外的为主。微信上经常谣言满天飞，敏感议题上乱发声的不少，经常传播社会的负能量。大力发展政务微信，有利于改变微信上的力量对比，高扬网络正能量。"①

总而言之，微博、微信的迅猛发展带来的不仅仅是民众获取、传播信息方式的改变，更是传统舆论中心的转移和网络舆论阵地的勃兴，而政务微博、政务微信的兴起则是政府对舆论场域转移和公民需求变化的积极回应。

二、政务"双微"的传承关系

对政府而言，加强自媒体建设的目的是"弘扬主旋律，传播正能量"②，尤其是提升政府在突发公共事件中遏制谣言、澄清事实、缓解社会对立紧张情绪、避免群体事件爆发、修复形塑政府形象的能力。政府必须运用互联网思维，在自媒体建设中把握三个要点：一是信息公开，以动态及时的新闻发布塑造"阳光型"政府，民众知情是民意理性的基础，真相是遏制谣言最好的武器；二是情感信任，在情绪表达极其鲜明的网络舆论场，"动之以情"有时比"晓之以理"更能阻断负面情绪交叉感染，在"众声喧哗"的网络舆论场，以服务和亲民来赢得民众的信任变得更加重要；三是平台依赖，在"众声喧哗"的网络世界，政府需加大自有媒体的宣传力度，建构民众知晓、依赖的媒介接触平台。而政府在自媒体建设的三个关键点上不应"喜新厌旧"，应当用发展的眼光看待政务微博和政务微信的传承关系。

1. 理念传承："阳光型"政府、"服务型"政府、"亲民型"政府

无论是微博还是微信，其随时随地传播分享的媒介特征为民意表达和

---

① 张志安、曹艳辉：《政务微博微信实用手册》，南方日报出版社2014年版，第253页。
② 《习近平出席全国宣传思想工作会议并发表重要讲话》，见中国广播网（http://china.cnr.cn/news/201308/t20130821_513374392.shtml）。

民主监督带来前所未有的方便,同时也让相关部门重新开始审视新媒体时代的治理理念和信息传播方式。"政务公开"和"为民服务"成为国家现代化治理理念中的关键词,而放下身段、与民亲近的"双向沟通"逐渐成为沟通新模式。在"围观改变中国"的微博舆论场中,政务微博以主动姿态吹响了政务公开、与民互动的新号角,一些表现出色的政务微博更是让人感受到政府利用微博新媒体建立"阳光型"政府、"服务型"政府的诚意。而随着政务微信的兴起,"指尖上的对话""指尖上的政务""指尖上的'政'能量""微信办事"等新有名词变成政务微信的标签,这与政务微博在理念上是一脉相承的。

2. 功能的传承:新闻发布、政务服务、网络问政

政务微博主要通过新闻发布、民生服务、网络问政等功能来提升政府舆论引导力和重新建构政府与民众之间的关系,政务微信亦传承了这些功能,成为新闻发布、网络问政、民众办事的新渠道。不同的是,政务微博作为舆论的公开广场,在网络问政上更具优势;政务微信因其目标对象的精准性,作为行政服务平台更加便利。当然,新闻发布类型也会因微博、微信的传播特征有所区别,例如政务微博更有利于信息的碎片化传播,而政务微信可以将碎片化的信息进行整合。

3. 资源传承:管理决策、运营团队、微博"粉丝"

从政务微博、政务微信的发展动态来看,在政务微博运营中敢于"尝鲜"、堪称翘楚的政府机构,在政务微信领域又表现出同样的特质和优势,如"公安系统""外交小灵通""成都发布""广东发布"等微博运营团队正在积极建构政务微博、政务微信联动的"双微"服务系统。究其原因,这些政府机构的管理决策理念、原有微博运营团队的人才培养、新媒体传播方式的实践、政务微博网聚的"粉丝"等都是政务微信运营时可以传承利用的资源。

三、政务"双微"的协同作用

政府自媒体建设不仅需要用联系的视角看待两者之间的共同点,还应当用分工协作的视角来定位两者的功用,真正实现"新旧结合"。具体则

包括以下两个方面。

1. 渠道协同："双微"共建，互融互通

公众聚集在哪里，党和政府的舆论引导主平台就在哪里。归根到底，公众才是舆论的创造者。无论是微博、微信，还是其他媒体渠道，只要这些渠道能网聚公众、汇集民意，则都应该成为政府实行舆论引导的新阵地。当前，新浪微博规模和活跃度呈上升趋势，截至2019年3月，新浪微博月活跃用户达4.62亿[①]；而微信作为当前网络应用之首，活跃度不断攀升，目前用户规模已突破10亿[②]，政务微信也自然是政府下一个着重建设的对象。由此可以预测，政务微博、政务微信将成为政府自媒体建设的重要场域，"双微"共建将成为未来几年之趋势。

渠道建设的协同不仅体现在两个渠道都要重视，更高阶层的共建旨在打通政务微博、政务微信两个平台，使其互融互通。政务微博和政务微信之间的融合，一方面可以互为宣传平台，另一方面是实现信息互通、资源共享。目前较常见的做法有：在微博平台的主页面宣传政务微信的开通；在政务微信平台菜单中设置可以链接到政务微博的子栏目。如"北京微博微信发布厅"上线后，在微信中设置微博栏目，网友通过"新闻发言人"板块可浏览全市新闻发言人的微博动态。

2. 功能协同："永不落幕"的微博发布平台，移动化的微信服务平台

微博、微信不同的传播特性决定了其功能定位的差异性和侧重点。有人将微博比喻成"永不落幕"的新闻发布厅，也有人将其比作民意表达的公开广场，可见政务微博在新闻发布、舆情监测方面具有不可替代的功能。政务微博更像是大众化的传播平台，更有利于信息的快速传播、舆情监测和危机沟通，当公共突发事件发生后，政务微博是信息滚动报道的主渠道，是新闻发布的"主战场"。当然，在公共危机事件发生后，也可以利用政务微信尤其是微信"朋友圈"的转发来进一步沟通信息。

[①] 《微博月活跃用户增至4.62亿 年度营收破百亿》，见新浪网（https://tech.sina.com.cn/i/2019-03-05/doc-ihrfqzkc1446626.shtml）。

[②] 《马化腾：春节期间微信全球月活跃用户数超过10亿》，见凤凰网（http://tech.ifeng.com/a/20180307/44898502_0.shtml）。

政务微信是移动化的民生服务平台，是精准化的新闻发布平台，是零距离的政民互动平台，也是创新型的公共服务空间。① 相较微博上的滚屏阅读和大众传播，政务微信在政务服务和精准传播方面具有更为广阔的应用前景，可以着重通过"为民服务"来增进百姓对政府的情感信任。比如，"在提供政务服务方面，借助微信支付，政务微信可充分打通支付渠道，为百姓提供水费、电费、燃气费等公共事业缴费或缴纳违章罚款等便民服务"②。此外，政府可还以通过政务微信跟网友形成更紧密的互动关系和反馈机制。

四、政务"双微"面临的主要挑战

一些政务微博、政务微信的优秀表现和国家领导层及中央政府的高度重视，让社会各界人士对"双微"时代的新闻发布、政民互动、网络问政、民生服务怀抱许多美好的向往和期待。但着眼现实，仍然面临巨大挑战，主要体现在以下三个方面。

1. 信息公开制度配套有待加强

虽然国务院办公厅于2007年就发布了《中华人民共和国政府信息公开条例》，近几年又多次发文强调要将政务微博、政务微信建设为政府信息公开的新平台，但在具体执行过程中，有的政府机构仍然抓"小"放"大"，难以触及根本问题，重要问题的信息公开与百姓心中所期待的阳光透明型政府还存在一定距离。如广州社情民意中心发布的《2013年度政府信息公开广东省城镇居民评价》报告指出，较多受访民众的评价是"一般"，比例为43%；认为"不太满意"和"不满意"的合计则有32%；评价"满意"和"比较满意"的仅有19%。③ 由此可见，政府信息公开制度还需要进一步加强。

---

① 张志安、徐晓蕾：《新媒体环境下新闻发布的协同机制》，载《新闻与写作》2014年第4期，第60页。
② 郑辛遥：《政务微信：能否离我们更近？》，载《新民晚报》2014年8月31日第A07版。
③ 王婧：《广东公众对政府信息公开评价下降》，见财新网（http://china.caixin.com/2013 - 10 - 10/100589636.html.）。

这几年的"微博围观"在政府信息公开方面确实起到了正向推动效果,但还有一些政务微博依旧存在"形式化""空心化""僵尸化"的问题;有的政务微博常常用一些轻松的社会新闻、温馨提示和笑话来取悦公众;即便是一些表现突出的政务微博,在涉及敏感议题时依旧在信息公开上还留有余地。政务微信刚刚起步,能在信息公开方面走多远,还有待观察。不管是微博还是微信,究其本质只是新闻发布的载体,对信息的把关和选择依旧是传播者。

2. 行政部门的协调配合有待加强

我国的行政部门错综复杂、数量庞大,不可能所有的部门都开设政务微博或政务微信,对于公众有限的注意力而言,也无必要。当前政务微博、政务微信的运营往往由一些单位的宣传部门牵头,但政务信息往往需要相关职能部门提供,如果没有形成有效的配合和顺畅的沟通机制,往往无法实现政务服务和信息公开的充分化。笔者在调研过程中发现,有的政务微博的运营者在微博中收到老百姓的各种咨询问题,却苦于缺乏相应的信息来回复。所谓"巧妇难为无米之炊",就算微博、微信运营者有心为民解惑和服务,但如果没有相关行政部门的密切配合、信息共享,也只能是有心无力。

行政部门的协调配合离不开制度的保障,否则又会落入纸上谈兵的窠臼。中央有宏观要求、上级政府部门有相关政策,在基层落实这些要求和政策时,相关部门应当制定配套的落实机制,包括考核和激励等机制。

3. 运营人手和资源的严重不足

这是基层政府部门最经常遭遇的困境,人手、资源、编制的严重不足,容易限制基层政府部门运作政务微博、政务微信的信心,导致其无法可持续发展。许多基层政务微博、政务微信的运营者是兼职或轮岗人员。他们一方面要承担自身的行政工作,另一方面还要兼顾政务微博、政务微信的运营。有的轮岗人员,一段时间内管理政务微博、政务微信的运营,另一段时间内又从事本职工作。不同人员轮流管理容易导致政务微博、政务微信的运营品质忽高忽低,也不利于经验的积累和风格的一致。

此外,许多政务微博、政务微信的运营者没有接受过职业化的训练,对如何按照信息传播的规律、依据网络服务的特点来运作政务微博与政务微信感到迷茫和有压力。因此，加强运营人员培训，使其掌握新闻发布、移动服务、互动沟通、舆情监测引导等实用策略至关重要。

（本文作者为张志安、曹艳辉。本文主要内容首发于《新闻与写作》2014年第12期，第57～60页。本书收录时有所修订。）

政务微博推动社会治理的路径思考

在过去的 25 年，互联网技术的迅速普及和应用的日新月异，既催生了庞大的网络产业，也带来了巨大的社会压力。首先，互联网作为"媒介"，可能发挥信息突破的管道作用，让过去一些被限制传播的信息可能借助于边缘突破的方式来获得相当程度上的传播；其次，互联网作为"技术"，会给一部分网络公众赋权，从而更可能促成基于线上交往而产生线下的行动；最后，互联网作为"空间"，给公众的意见表达和舆论监督提供了前所未有的平台，其直接产生的网络舆论以及由此形成的民间舆论场会给舆论引导带来较大挑战。

网络社会的崛起带来了全新的社会景观，互联网治理成为社会治理的重要组成部分。不仅如此，实际上互联网治理可以为社会治理提供丰富的资源和动力。社会治理理念中包含着开放、平等、对话、协商的内涵，而这种内涵跟互联网治理的内在精神高度契合。因此，互联网治理跟社会治理具有相当程度的同构性。本文试图以政务微博和社会治理的关系作为切入点，探讨政务微博推动社会治理的方式、途径、问题和对策。

一、政务微博推动社会治理的方式和途径

互联网技术的发展为社会治理带来了新的资源。近年来，蓬勃兴起的政务微博就已经成为社会治理的重要手段与平台。从网络治理与社会治理的角度看，运用政务微博推动社会治理的主要方式和途径至少有三种。

1. 把握微博舆情，以网络民意促进政府决策与公众利益的契合

中国社会正处于关键的转型期，社会生态较为复杂，"官方舆论场"与"民间舆论场"存在一定的分歧。建设理性的网络空间、实现舆论的良性互动对于社会治理而言至关重要。政府相关部门可以借助政务微博与网民保持密切交流，倾听意见和建议，并通过阅读评论、数据挖掘等方式

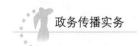

了解微博舆论，及时对公共决策做出调整和完善。而且，与民众保持频繁的网络对话，有利于增进相互理解与信任，对打通两个舆论场具有积极作用。

过去由主流媒体所代表的"官方舆论场"和网络媒体所代表"民间舆论场"，存在着不同程度的功能差别。前者由政府和媒体为主导，以正面宣传为主；后者由网民所主导，以社会批评为主。伴随越来越多的政务微博以及以"@人民日报"官方微博为代表的主流媒体微博的兴起，两个舆论场之间正在进行相互渗透。政府和主流媒体在社交网络上的话语权得到了增强，舆论引导能力也得以提升。

2. 发布政务信息，推动政府信息公开和决策的透明化

社会治理强调政府、社会组织、公民等多元主体的共同参与。当下，我国从社会管理向社会治理转型过程中的一大障碍就是政府与其他社会治理主体之间的信息不对称。借助政务微博，可以有效地实现更广泛、更及时、更密集的信息公开，尤其是在危机事件发生后，政府可利用政务微博这种具有可控性、自主性的社交媒体，贯彻"1小时"的"黄金发布原则"。由此，可以适当减少政府与公众之间的信息不对称，提升政府决策的透明度，提高社会治理水平。

比如，2014年7月10日下午，清远市财政局副局长罗良品在其办公室自缢死亡，类似的事件由于其官员的身份、财政局的重要岗位、办公室的场合，很容易引起社会的猜测和联想。7月11日凌晨1点36分，清远市政府新闻办官方微博"@清远发布"第一时间发布消息："市公安机关迅速介入调查，经现场勘查、现场调查，以及对现场提取的遗书和视频资料等相关证据比对认定，排除他杀可能，死亡原因与个人家庭问题有关。"这种做法有利于在"谣言跑遍全世界"前，让"真相穿上鞋子"，既体现出政府发布信息的自主性，也有效地保证了信息披露的及时性，同时有利于提升政府官方微博的公信力。

3. 实施网络问政，强化公众对公共决策的过程参与和问计于民

当下，我国公民的权利意识、参政意识不断高涨，政务微博可为公众监督、网络问政和政治参与提供重要渠道。公众可以借助政务微博，通过转发、评论、参与投票等多种方式直接或间接"问政"，从而在一定程度

上行使其公民权利。政府亦可以借助政务微博，直接"问计于民"，既节约了沟通成本又提高了决策智慧。

以银川市委、市政府办公厅官方微博"@问政银川"为例，此政务微博既负责管理全市的政务微博，又负责督促各部门处理网友在微博上反映的情况。公众可以非常便捷地发现城市治理中存在的各种问题，及时通过微博发出信息，各部门、各单位官方微博需要负责受理答复网友在微博上反映的问题，然后"@问政银川"予以转发或点评，以这种形式进行督促和反馈。总体上看，大多数政务微博的主功能依然是信息传播、民生服务，而大力主推"问政"功能的政务微博尤其值得肯定。

二、当前政务微博建设中存在的问题

虽然从理论上讲，政务微博可以通过以上三种方式服务于社会治理，但在实践过程中，我国政务微博建设中存在的一些问题制约了其社会治理的效果。

首先，我国政务微博整体数量庞大，但地域、行业、行政级别分布不均衡。近几年来，政务微博的数量在高速增长，截至2018年12月，经过新浪平台认证的政务机构微博达到138253个，政府、社会团体、党委、检察院等机构纷纷开设政务微博。其中，政府开设的政务微博数量最多，共开通93215个；其次为群体组织，共开通30886个。[①] 政务微博的规模已经十分庞大，但是从区域分布来看，经济发达的东部沿海地区政务微博数量要远远高于中西部欠发达地区；从行业分布来看，公安系统一枝独秀，与社会公众生活密切相关的医疗、卫生、教育等系统的政务微博还有很大的发展空间；从行政级别上来看，截至2018年12月，省部级行政单位共开通政务机构微博179个，县处级以下行政单位共开通超过12万

[①] 中国互联网络信息中心：《第43次〈中国互联网络发展状况统计报告〉》，见中国互联网络信息中心网（http://www.cnnic.net.cn/hlwfzyj/hlwxzbg/hlwtjbg/201902/t20190228_70645.htm）。

个政务机构微博。①

其次,运营维护机制不太成熟,缺乏与公众的有效互动。部分政府机构虽然开设了政务微博账号,但却没有认真组织相应人力、物力投入到政务微博的运营维护中去,微博的发布数量、转发数量有限,对公众的评论意见也没有及时反馈,缺乏与公众之间的网络互动交流,在促进公民参与社会治理方面有缺位现象。有的政务微博只注重形式,并没有真正通过政务微博有效提升社会治理水平。

最后,信息公开的速度和力度还受制于诸多因素的限制。其实,政务微博在常态新闻发布过程中的表现,只能维持其在网民心目中的"一般印象"。一旦某地发生了重大公共事件,尤其是涉及官员贪腐、权力滥用、社会冲突等敏感问题的现象,政务微博敢不敢发声、能不能发声,往往是影响其"突出印象"的关键。但受制于政府信息公开制度的粗放特征、顾忌地方形象的心理压力等因素,一些政务微博在关键问题上还有避重就轻或保持沉默的现象。因此,如何让政务微博和官方网站一起协同,成为信息公开的主渠道,这也是政务微博发展过程中的重要挑战。

三、政务微博推动社会治理的关键抓手

为了解决我国政务微博发展中的上述问题,促进政务微博社会治理功能的实现,可从以下三方面着手。

1. 建立政务微博评估体系,破除"粉丝"崇拜,实现可持续发展

一些政府机构在开设政务微博之后,片面地将"粉丝"数量作为衡量其政务微博成功与否的标准。笔者以为,开设政务微博的政府机构应对"粉丝"数量有一个清醒的认识。当前政务微博"粉丝"数量的构成中既有切实关注的网络公众数量,也有部分"粉丝"数量是由网络公司免费赠送的。《人民日报》就曾专门刊文指出政务微博当戒除"粉丝崇拜"。

---

① 中国互联网络信息中心:《第43次〈中国互联网络发展状况统计报告〉》,见中国互联网络信息中心网(http://www.cnnic.net.cn/hlwfzyj/hlwxzbg/hlwtjbg/201902/t20190228_70645.htm)。

用"粉丝"数量的多少来衡量政务微博所获得的成绩,其实是本末倒置,公众之所以关注某一政务微博账号,意在获得相关的政务信息,渴望从该政务微博账号上获得相应反馈与服务。因此,衡量一个政务微博的标准应该是信息的质量而不是"粉丝"的数量,关键是要看其是否能够服务、影响到那些渴望被服务、影响的公众,满足他们的需求。

国内已有相关研究从不同角度出发建立了政务微博的评估体系,用来衡量政务微博的质量。比如国家行政学院电子政务中心就从互动力、影响力、传播力、成长力四个方面出发,建立了一个涵盖"总被转发数""受众数""原创内容数量""日均被评论数"等 18 个二级指标的政务微博评估体系。① 从社会治理多元主体共同参与的内在逻辑出发,政务微博应该是沟通政府机构与公众的桥梁,因此,提高政务微博与公众的互动沟通交流能力便显得尤为重要,提升政务微博互动力应当是今后政务微博建设的重要着力点。国内已经有部分城市意识到政务微博与公众互动交流的重要性,比如 2013 年洛阳市就公布了《洛阳市政务微博考核评分细则》,着重强调要加强政务微博与公众的互动,明确规定与网民缺乏互动将被"扣分"。

2. 坚持危机事件公开原则,利用政务微博实现信息公开最大化

在危机事件发生时,政务微博是政府新闻发布、信息公开的重要平台。随着即时通信工具和网络媒介的迅速发展,一个危机事件可以在数小时内通过互联网迅速传播,并"发酵"为影响广泛的重大舆论事件。这就对政府新闻发布的反应速度提出了更高的要求。过去公共危机有"黄金 24 小时"之说,现在则是要在"黄金 1 小时"内发布权威信息,平息谣言,引导公众舆论。早在 2011 年 6 月,南京市就出台了《关于进一步加强政务微博建设的意见》明确规定,对于灾害性、突发性事件,要在事件发生后的 1 小时内或获得信息的第一时间,进行微博发布。在现实操作中,2011 年 9 月 27 日 14 时 37 分,上海地铁十号线发生列车追尾事故,上海地铁官方微博于事发 40 分钟后在微博上通告事故情况,随后直播救

---

① 国家行政学院:《2013 年中国政务微博客评估报告》,见中国共产党新闻网(29http://cpc.people.com.cn/n/2014/0408/c64387-24847446.html)。

援情况，并不断进行信息更新超过 60 多条，起到了防范谣言散播、引导公众舆论的作用。

为了充分利用政务微博、实现信息公开最大化，加速对危机事件的处理，有必要建立危机事件状态下的政务微博运营方案。该方案至少应该满足以下两点：首先，明确管理责任。笔者建议在危机时刻将各个政府部门的政务微博交由各级政府应急办公室统一管理，以保证政务微博群发布信息的一致性和准确性。由各级政府应急办公室统筹协调，各部门政务微博密切合作，为人民群众的日常生活提供全方位的信息服务。其次，确立平时和危急时刻两种不同的工作日程安排，妥善安排值班制度，调整政务微博工作时间，以便应对假期或夜间发生的危机事件。① 在 2012 年 "7·21" 北京特大暴雨事件中，"@北京发布" 政务微博就做到了这一点，平时 "@北京发布" 的微博发布时间集中在晚上 10 点之前，而在北京大暴雨期间，"@北京发布" 调整工作时间，全天候发布微博，"尤其是 21 时至凌晨 2 时时间段的微博发布数量显著提高"②。

3. 实现微博联动响应机制，以微博问政，实现对公共决策的社会监督

社会治理是一项复杂而又艰巨的系统工程，涉及社会的方方面面。其中一些问题的解决处理涉及诸多地区和部门。政务微博作为连接不同地区、不同部门的桥梁，实行微博联动响应机制是实现社会治理的需要。

在笔者看来，微博联动响应机制建设应该包括以下三方面：一是同一地区不同部门微博之间的联动，比如深圳在 2012 年抗击台风 "韦森特" 期间，以 "深圳微博发布厅" 为龙头，"@深圳天气""@深圳交警""@深圳公安""@深圳教育" 等多个部门微博联动响应，共同抗击台风，得到了深圳市民的肯定。二是同一系统不同地区微博之间的相互合作。以公安系统的政务微博为例，它很早就尝试在系统内的不同地区微博之间展开联动响应。早在 2011 年，全国 800 多家公安微博就联动直播春运安保

---

① 孙帅、周毅：《政务微博对突发事件的响应研究——以 "7·21" 北京特大暴雨灾害事件中的 "北京发布" 响应表现为个案》，载《电子政务》2013 年第 5 期，第 30～40 页。

② 孙帅、周毅：《政务微博对突发事件的响应研究——以 "7·21" 北京特大暴雨灾害事件中的 "北京发布" 响应表现为个案》，载《电子政务》2013 年第 5 期，第 30～40 页。

工作，为百姓出行服务，起到了很好的效果。三是线上与线下的联动响应，以"@问政银川"为例，它的定位就非常明确——转办、督办市民反映的问题，而且已经形成了一整套线上和线下联动响应的机制。当接到公民在政务微博上通过留言、评论等形式反映的问题后，首先转达给市级所属的各级政府部门和各县区政府，再由二级单位各自逐层下达到具体的负责部门。①

从社会管理转向社会治理的一大转变就是公民对社会公共事务的广泛参与，成为社会治理的重要主体之一。从本质上而言，政务微博是政府新闻发布体系的重要组成部分，开通政务微博的根本目的是满足公民的知情权、参政议政权，切实解决公民的利益诉求。政府做好上述微博联动响应机制三个层面的工作，为公民通过微博问政、参与社会治理、实现公共决策的社会监督提供有利条件，这应当是政务微博建设的应有之义。

（本文作者为张志安、吴涛。本文主要内容原以《政务微博与社会治理》为题首发于《新闻与写作》2014年第8期，第62～65页。本书收录时有所修订。）

---

① 佚名：《知名"大V"分享"秘笈"@问政银川"一小时内必回应》，见西部网（http://news.cnwest.com/content/2013-07/05/content_9665272.htm）。

政务微博的三种定位模式

在社交媒体蓬勃发展的大环境下,许多政府部门已将政务微博作为政务公开、政民互动、网络问政的重要平台和手段。尽管政务微博在数量增长上蔚为壮观,并初步呈现出粗略的定位模式和策略技巧,但邹建华、毕秋敏、张名章等许多专家指出,当前不少政务微博存在定位不清的问题,"经常出现该发言时不发言,不该发言时乱发言的情况,不但没有起到新闻发布和危机公关的作用,相反在制造危机"。

此外,有的政务微博缺乏特色,人云亦云;有的政务微博虽发布了大量信息,却生硬死板、缺乏新意,转发量和评论量寥寥无几,难以引起网民共鸣;有的微博形同虚设,在遇到重大突发事件时,不能及时做出回应而错失最佳时机,难以引导舆情;有的政务微博对工作人员职务、个人身份以及机构职能定位模糊、难以区分,容易给外界留下错误的印象;有的政务微博缺乏合适的定位和路线从而走向了盲目跟风和过度炒作的歧途。

20世纪70年代,美国著名营销专家里斯和特劳特提出"定位"概念,后被广泛应用到营销、传播、管理等各领域。"定位"是以受众需求为导向,力图在受众心中占据最有价值的位置,从而实现被定位对象的战略目标。

政务微博定位同样应该把握公众需求,精挑细选传播内容,从而提高政府部门的工作效率、服务水平和管理能力。政务微博到底如何定位才能完成角色使命、满足受众需求并凸显自身特色呢?本文将介绍当前政务微博的三种定位模式。

根据传播内容和功能指向的差异,当前政务微博可大致分为以下三种定位模式:信息发布型(以政府信息为主)、民生服务型(以民生服务信息为主)、网络问政型(以在线政务为主)。但需要注意的是,这三种定位模式并非毫无交叉,很多政府机构会根据实际情况将这几种模式运用于同一平台,但会重点突出某一方面的功能。

第四章 政务微博与政务微信

一、信息发布型

"信息发布型"政务微博,以公开、发布政府信息作为主要传播内容。其主要特点包括:政务微博的主要功能是作为党政机构向社会公众传递其工作动态、思想文化和管理服务等紧密相关资讯的平台;政务微博所关注和发布的信息主要涉及本机构(单位)的新闻稿件或图片、突发事件报道、行业动态报道、重大活动宣传、日常工作花絮和大型活动推介等。

为了保障公民、法人和其他组织依法获取政府信息,提高政府工作的透明度,促进依法行政,充分发挥政府信息对人民群众生产、生活和经济社会活动的服务作用,2007年1月17日,国务院第165次常务会议通过了《中华人民共和国政府信息公开条例》,并于2008年5月1日起施行。

对民众而言,政府信息公开是保障民众知情权的重要手段,也是民众实现参政议政、行使民主监督权力的重要基础;对政府而言,政府信息公开有利于提高政策宣传和行政服务的能力。政务微博为政府创造了一个低成本、高效率的信息发布平台,也为民众提供了一个便捷高效的信息获取渠道,普通民众只需"收听""关注"政务微博即可随时了解政府相关动态。

政务微博出现后,已经有不少网民养成了遇到重大事件第一时间查看官方微博的习惯。相比于政府网站而言,政务微博更有利于把政务信息"主动""一对一"地传递至微博用户,这为政府及时更新政务信息、了解社情民意创造了更具有亲和力的窗口。

"信息发布型"政务微博所发布的信息主要包括两类:一类为常态信息,指与政务部门日常工作相关的信息,如新出台的政策制度、重要的工作会议以及与公众生活相关的措施及其实施情况等;另一类为非常态信息,指政府为应对谣言、突发事件、公共危机所发布的具有官方权威性的信息,如突发事件初步核实情况、政府处理进程、公众防范措施和事件处置后续等。

二、民生服务型

"民生服务型"政务微博,定位为以发布便民信息为主要内容,以服务百姓生活为主要功能。这种类型的政务微博,在适当提供政务信息之外,主要以提供服务信息为主,围绕"便利市民日常生活"需求,结合地域特色,整合政府各部门的公共服务信息资源,在网上不断更新"食、住、行、游、购、乐"等便民生活服务信息,尽可能让百姓足不出户,就可轻松获取日常生活所需信息。

此类模式常见于市政府新闻宣传类官方微博,以"@上海发布""@微成都"为代表;或见于和民生关系紧密的机构微博,如交通、旅游、气象等部门的微博。

"民生服务型"政务微博,可通过发布菜价、住房、交通出行、天气预报、空气质量、文化消费等实用资讯,拉近政府与公众之间的关系;除此以外,还可开通"失物招领""信息资讯"等线上平台,为群众提供民生信息获取和交流渠道。

"@微成都"对自身定位的表述为"新鲜资讯,小微有速度;冷暖生活,小微有温度;麻辣话题,小微有态度"。自上线以来,"@微成都"不仅为网友们提供了大量"天气预报""出行指南""文化生活""健康资讯"等民生服务信息,同时也逐渐成为成都面向全国的一张名片。在微博平台上,"@微成都"向全国网友展示了优美独特的成都风光、风味浓郁的成都美食以及诙谐有趣的成都俗语等具有成都地域特色的城市文化。

"@上海发布"上线后的第一条微博,就以轻松亲切的话语体现其"民生服务"的微博定位:"这里将为关心上海的您,提供及时准确的政务信息和丰富多彩的实用资讯……"自上线以来,"@上海发布"关注着每一条与市民生活密切相关的信息:从天气预报到高峰期道路交通状况,从即时新闻更新到每周文艺精选,几乎贯穿着市民生活的方方面面。其中,关于每日菜价信息的"菜里乾坤"版块一直深受网友们好评,并引发热议和大量转发。不少网友称赞"@上海发布"的"菜价帖""路况信息""天气预报""户籍等级""住房保障"等信息务实、贴近民生。

然而，不同政府部门的职能与权责界限各不相同，因此，对于职能部门而言，其政务微博所提供的民生服务信息应充分考虑其部门职能，传播更为详尽专业的服务信息，确保市民能更为有效地了解、咨询或反映相关事务。如重庆市气象局的政务微博，除了每天发布日常天气预报、气象生活指数、气象预警等信息外，还开辟了气象科普知识宣传以及温馨提醒服务等栏目，以引导公众科学防御气象灾害。在清明节、端午节、高考、中考等特殊节日以及活动期间，"重庆气象"还为网友提供专业的气象服务信息，如发布天气预报和交通出行信息相结合的资讯。

作为与市民生活密切相关的职能部门，"@上海地铁shmetro"通过"地铁早晚高峰""地铁眼""安全提示""微博反馈"等栏目，发布实时人流和行车状况、同行风采、妙闻趣事及服务提醒等信息，与网友保持了高度的互动。同时，其微博还及时收集、整理遗失物品信息，通过直接发布或转发，为市民搭建"失物招领"的便民平台。

三、网络问政型

"网络问政型"政务微博，定位为以在线政务为主要内容，以政民沟通为主要功能，成为政府部门处理政务、公众参政议政的新型网络平台。

微博的兴起为中国公民参政议政、表达诉求提供了前所未有的便捷途径，也为各级政府打开了一个了解社情民意的窗口。通过微博平台，网友们能向各级政府反映涉及民生的各类问题，对各职能部门工作提出意见和建议，同时相关职能部门也能根据其所承担的工作任务对问题及时给予反馈和处理。利用政务微博增加政民互动和政务公开透明度，正逐渐成为地方政府各职能部门的一种共识。

"@问政银川"是银川党务政务网络平台的工作专用微博，主要功能是督促督办，受理银川市民的一般性事务投诉，同时还会通过内部政务短信平台直接给主办者单位领导发送信息责成改进。其对各部门微博的管理和督促，大大提高了网上办事的执行效率，让"微博问政"既有成效，又有时效，被网友称为政务微博的"督办局"。

河南省郑州市城市管理局微博,以其坦诚对话、即时处置、尽快落实,塑造了郑州城管新形象。该微博开通以来,对网友反映的事情,诸如饭店往马路上泼泔水、路牌错误、马路窨井盖缺失、洗车导致路面污水横流、某区乱放烟花、报刊亭抢占公交站台等,郑州城管都会给予回应,并协调相关部门处理后再告知结果。

需要注意的是,这三种功能模式并不是截然分开的,而是根据不同政府部门的业务需求互相叠加。优秀的政务微博,应把不同模式的特点加以融合,并重点突出某一方面。

目前,我国已出现不少兼具两种或三种功能模式于同一平台的政务微博。如何才能对政务微博进行准确、独特的定位?笔者认为,应综合考虑和应用部门特色、行政层级和区域生态这三个方面。

[本文作者为张志安。本文主要内容首发于微信公众号"一本政经"(ybzjwxh)。本书收录时有所修订。]

政务微博运营的25条法则

政务微博如何运营？本文集中介绍微博写作和运营的25条法则，这些法则也同样适用政务微博。

1. **标题：简短、有力、制造悬念**

用【 】来设置标题，标题要能引起关注、点出关键所在，一针见血地呈现出整个微博内容中最重要的信息。

2. **导语：节奏快捷、吸引阅读**

标题之后的"微导语"，必须节奏明快、短促有力，激发网民的阅读兴趣。一定要减少阅读障碍，少用长句子，少用被动语态。否则，稍有歧义或者艰涩的成分，就会让受众失去阅读欲望。

3. **文本：通俗、朴实、有节奏感**

微博的文本尽量通俗化甚至口语化，读起来富于节奏感；少用生僻词汇和专业词汇，努力用最高的效率传达最明晰的信息或观点。

4. **强化画面感，力图让网民有身临其境的感觉**

新闻写作中的规则"show me，not tell me"，同样适用于微博。如果一条微博中有细节、场景，能让画面跃然"网"上，这样的微博一定令人印象深刻。

5. **言简意赅，每句话都有信息量**

归根结底，140字能传达的信息量是有限的，因此，要学会"螺蛳壳里做道场"，用最精简的文字传达最紧凑的信息。最能体现信息量的往往是动词、数字、细节、场景，以及表达独特、富有启发性和令人回味的观点。

6. **时刻互动，保持随时@别人的意识**

写作微博的时候，要时刻想到如何跟人互动，随时随地地保持@别人的意识。可以@的对象通常包括新闻当事人、报道的作者、可能感兴趣的人、直接或间接相关的机构、"大V"用户、意见领袖等。

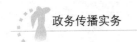

7. 使用链接，注明出处，尊重版权

如果要延伸阅读，则要使用链接来推广相关的长篇文章或者报道。不过，一般情况下，要注明出处，而且要写完整、清楚，以示尊重。比如用"via@中国青年报"或者"by@中国青年报"，而不要用"中青报"。

8. 使用图片、视频，增加视觉效果

微博运营者要非常清楚：到哪里去搜索图片、怎样选择图片、如何储存图片，以及简单地编辑图片。同时，也要注意图片的版权，还要懂得建立开放、协同的生产机制，除在行业内部由同事提供图片之外，还可从网友、通讯员那里征集图片。

9. 末句点睛，令人回味或忍俊不禁

微博的最后一句是非常重要的。如果想要激发网民的转发和评论兴趣，则一般有两种做法：①惊人之语，造成意境转折或突兀；②激发评论，唤起读者参与讨论。

10. 建立对话感，想象是对着一个人写微博

写作微博的时候，未必总要采取第三方叙述的口吻，也可以考虑采用跟受众对话和交流的方式，比如采取"你一定想知道吧……"或者"亲，你觉得呢？"这样的语句。

11. 使用"关注"，不断更新和优化列表

善用微博的"关注"，对有价值的关注对象进行合理分类，以便高效地获取和接受信息。通常来说，值得关注的对象类型包括：意见领袖、同行机构、活跃网友等。

12. 原创和转载之间保持适当比例

一般来说，如果政务微博的全部内容都是原创，则显得缺乏互动、过于自主。如果存在太多转载，则又缺少原创和新鲜感。如何选择？笔者的建议是：①"原创"那些可能会"火"的帖子，但须注明出处；②"转发"那些已经很"火"的帖子，加上妙评。

13. 转发评论，要有点睛之笔

千万不要在转发的时候，只有一个"转"字，而应该：要么从原帖的链接中找出更新鲜的事实加以补充，要么从原帖的评论中摘录一小段最令人印象深刻的评论，要么加上你新的补充点评。此外，转发的时候，如果空间不够，要对原微博进行删改，则不应该改变原来的意思。此外，还要留有 5～10 个字的空间，方便别人转发你的微博。

14. @别人，要适度适宜，不要叨扰

@别人的形式多种多样，比如原帖@、评论@、转发@等。此外，不要滥用朋友与熟人的感情、关系和资源，不要过度频繁地@同一个人或机构，以免给人造成负累感。

15. 巧用搜索：微博检索和搜索引擎

要利用搜索工具，来搜索想要@对象的微博，或者查找相关图片、微博的原始出处以及其他可用的资源。搜索某个实名认证的微博用户，如果没有查到，可以用"实名+@"的方式，在"搜索微博"中或许可以找到其微博账号。

16. 存储资料，以备随时挑选和使用

平时要养成随时创作、随时保存的习惯，可以多储存一些好的微博、图片和观点，然后"细水长流"式的发布。对政务微博来说，可以策划一些比较有持续性的栏目，保持长期的栏目更新。

17. 发布时间：选择目标用户最佳浏览时间

一般来说，热门时间段包括：上午 8—10 点；中午 12—14 点；晚上 18—22 点。微博运营者可根据目标用户习惯，摸索和选择最佳发布时间。此外，工作日发布的内容可适当严肃，周末发布的内容可适当轻松，要有所区别。

18. 更新频率：要适当均衡，不要过密

要保持均衡适度的更新频率，比如个人微博，日均 3～5 条即可；机构微博，日均 10～15 条较合适。如果政务微博或企业微博每天发帖太多（超过 20 条），会给用户带来刷屏的感觉，可能会"掉粉"。

19. 使用标签"# #"：简短、独特、易区别

标签要有独特性和辨识度，如果使用"#群众教育#""#活动报道#"这样的标签则没有独特性，因为大家都会这么用；如果使用"#成都好吃嘴#"则一下子就会让人记住这是介绍成都美食的栏目。

20. 使用长微博时，要注意排版和视觉效果

长微博的长短要适宜，3000～5000 字比较合适；图文并茂，图在长微博的头部比较容易吸引人；排版格式要美观；尽量不要在使用长微博工具生成后就直接自动转发，而要将长微博另存下来，再以插入图片方式发布。

21. 抓住热点事件的契机，制造影响力

在热点事件和热点话题出现的时候，如果能抓住机会发布微博，尤其是如果能提供独家事实、信息或观点，往往能够在短时间内引起网友的强烈关注。

22. "慢半拍"，最后看一眼才发布

在发布微博之前，请再检查下：①有没有错别字；②换位思考，判断读者感知，看看这条微博发出去会不会产生歧义或者误会。"慢半拍"发布，往往能够更妥帖、更周全，否则，一旦微博内容发布出去之后，等有了转发、评论，想再删除、改正，则为时已晚。

23. 内容为王，考虑微博的定位和风格

无论微博形式如何生动，归根结底，还是要靠内容来吸引受众。运营者不仅要考虑微博的内容，还要考虑微博的风格。比如，对政务微博来说，过度"卖萌"是没必要的，整体风格还是应该大气、严谨，但要真诚、有亲和力。

24. 进行风险判断，及时纠错和采取补救措施

发布微博前，尤其是针对敏感议题，还要判断和预估风险。如果发现发布的微博内容存在失实、失当的问题，则要第一时间予以纠正，消除负面影响。不仅要删除帖子，还要及时道歉和更正。

25. 要有法律意识，避免侵犯隐私、版权等

微博运营者要有必要的法律意识，对涉及身份信息、未成年人犯罪信息、具有版权的信息等，要审慎发布，避免侵权。

（本文作者为张志安。）

政务微信的社会功能及提升对策

随着微信的普及以及移动互联网的发展，越来越多的政府部门开通政务微信账号，实现移动化的政务服务。2013年年初以来，中央和地方政府对政务微信的重视程度不断提升，政务微信在发展过程中不断呈现出阶段性特点。继功能探索期、功能开发期之后，目前政务微信已经进入功能深化期，展现出更大的应用价值和发展前景。

传播的社会功能主要通过传播内容来体现。通过纵向维度和横向维度的对比，本文采用基础功能、信息内容、公共服务、互动参与和影响力五个维度进行内容分析。截至2016年1月，全国政务微信总量已超过10万个，覆盖了全国31个省（市、区）。在全国31个省份中，广东省的政务微信总量位于前列，政务微信发展初具规模。基于广东省政务微信全面铺开的发展态势，本文抽取广东省市级以上（含市级）政务微信为研究对象，总样本量302个（服务号101个、订阅号201个），涵盖21个地市，其中省级单位的政务微信账号35个，市级单位的政务微信账号267个。

本文将在内容分析的基础上，探讨政务微信的"正负"社会功能。客观、合理地评估移动互联网背景下政务微信的社会功能实现，对促进政务微信可持续发展，提高服务型政府的服务广度和深度，具有一定的现实意义。

一、政务微信的"正功能"分析

政务微信作为政务传播的新模式，基于点对点传播、移动化等技术特点，形成了不同于政府网站及政务微博的传播模式及功能特点。总的来看，政务微信"正功能"主要体现为媒介整合、去"隔层"化对话、社会管理及经济等功能。

1. 媒介整合功能

传播发挥作用的过程就是媒介整合的过程,整合社会是媒介的功能表现。[①] 通过对广东省政务微信的链接功能的分析发现,近 50% 的政务微信链接到政府网站、政务 App 或政务微博,且开通了栏目设置、使用帮助、联系信息等功能,功能的完备度高、信息内容来源多元且丰富。

媒介整合功能的实现,主要体现为跨平台的信息整合和服务功能整合。政务微信作为信息"集散"通道,发挥了沟通的中介作用。一方面,在内容采编上实现了传统媒体、网络媒体与新媒体平台的跨平台的信息资源整合;另一方面,促进了政府网站、政务微博和政务微信"三政"平台的服务功能的资源整合。通过开设网络链接入口,将 PC 端的政府网站服务功能、政务微博信息发布功能聚合,并通过功能的不断开发,实现跨部门的服务功能整合。例如,"广东发布"将民政、出入境、社保等 21 项服务链接到政务微信,开通网上办事大厅,实现服务、平台的资源聚合。

2. 去"隔层"化对话功能

对话是互联网时代的精神所在和互动方式。从本质上看,政务微信依托手机客户端及互联网的技术特性,将政务信息越过中间"隔层",拉近了"后台"传播者与"前台"受众的距离,其主要体现在信息回复及互动参与两个方面。

从信息回复角度来看,政务微信主要有"人工回复""自动或关键词回复""人工+关键词回复"三种方式。目前,"自动回复或关键词回复"方式占比重最大。此外,在政务微信发展起步较早、功能建设较为完善地区的公共账号,已经实现了信息回复功能的"2.0 版本"。在政务微信 2.0 阶段,其运营人员的构成趋于丰富,涵盖了文字编辑、图片编辑、活动策划和外拓人员;服务创新继续优化升级,提升用户服务体验;传播渠道更加多元,通过整合政府资源,打造权威的政府信息发布平台。例如,"东莞交警""文明肇庆"等账号开通了在线客服服务,能够更好地实现

[①] 陈翔:《媒介整合社会:建构媒介功能新理论》,载《西南民族大学学报》2004 年第 4 期,第 364～368 页。

信息回复和深度的互动沟通。

3. 社会管理功能

主流价值是社会制度、社会结构的体现，政务微信通过主流价值的宣传，能够强化政府把关意识，把握正确的价值传播导向，是重要的社会管理功能体现。对于社会热点议题，政府通过政务微信平台及时发声，以鲜明的态度和正确的价值观加以引导。目前，政务微信内容以政府新闻资讯、宣传推广类信息为主，占到了总量的48.4%。政府主要通过制造话题、设置议题以及政策解读，延续议题，实现舆论引导功能。此外，政务微信还通过塑造政府形象进行社会管理。政府形象塑造是政府和社会公众相互作用的过程，政府通过政务微信创新管理模式、传播正面信息、危机公关管理，塑造了服务型政府高效、民主、负责的形象。

4. 经济功能

政务微信的经济功能主要包括具体经济功能和派生经济功能。从具体经济功能来看，首先，体现为分化功能，提高行政效率，降低行政成本。例如，通过将业务窗口链接到政务微信，代替行政机关服务窗口行使问询、预约等功能，可以节省政府人力和财务成本。通过设置关键字回复，解决部分问询，提高服务效率。其次，政务微信可以活跃市场，开拓经济渠道。在移动互联网的发展背景下，政务微信有助于拓展电子商务平台的服务模式，促进社会经济资源的合理分配。例如，广东省公安厅出入境和中国邮政速递物流（EMS）以及微信支付合作，开拓了新的经济发展渠道及合作模式。

从派生经济功能来看，借助"外包服务""众筹服务"等机制，一些政务微信通过将服务"打包"给专业的、懂得新媒体运作规律的网络媒体运营，来发挥新媒体团队的专业水平，实现共赢局面。此外，还通过众筹活动，提升账号活跃度及用户参与度。

二、政务微信的"负功能"分析

"负功能"是指会削弱系统适应的功能，是一种功能失调以及功能"异化"的表现。"负功能"往往会产生主观目的与客观不一致的情况。

政务微信在"正功能"的实现过程中,也会呈现出功能失调、功能失效等"负功能",主要体现在象征服务性环境、潜功能显性化以及传播失效三个方面。

1. 象征服务性环境:深度和广度不够

在新媒体发展背景下,拟态环境和象征性治理在大众传媒及政府治理的领域依然存在,并且呈现出全新的发展特征。基于政务微信的功能现状,笔者认为,现阶段政务微信在一定程度上是通过象征服务来营造象征服务性环境的。目前,政务微信实现了一定程度的信息发布、公共服务等服务功能,但在深度服务和个性化服务方面仍存在不足。

其一,服务深度不够。首先,基础功能建设受到制约,操作易用性不强。其次,信息回复速度慢且不能有针对性地解决问题,互动方式较单一,互动性不足。笔者通过对账号发送"有问题该如何反馈?"的服务请求测试,部分政务微信虽然通过关键词回复的功能实现"秒回",但是所答与所问却"南辕北辙",不能实质性地解决用户的困难。

其二,服务广度不够。一方面,信息内容较为单一,信息内容上以政策引导内容为主,服务类、互动类信息在文本形态上未适应移动端阅读习惯。另一方面,服务定位及服务多样性不足。在民主参与方面,实时交流、政策咨询、民意征集投诉建议功能开设不足,实时咨询、问答机制缺乏,并未实现民主参与和在线办事等深度服务。

2. 潜功能显性化:"选择性报道"

政务微信在政府部门活动信息、政策信息等发布方面,整体仍然延续着传统的"选择性报道"的思路,对公共信息发布、民生服务信息发布的"供应"不足。通过内容分析发现,一些政务微信发布的政府部门活动信息主要围绕着领导人、会议和活动成果等宣传性的信息展开;政策信息多停留在解读方面,有关政策制定和具体执行情况的信息很少。其中,有关政府采购、财政投资的信息公开比例最低。

遵循"选择性报道"的思路,一些政务微信在信息公开方面的内容存在不足。一方面体现为更新缓慢,在涉及政府招标、决议和落实监督的信息发布方面较欠缺;另一方面体现在功能单一,用户在使用过程中的互动性和个性化功能有限,网络传播的优势未能体现。美国社会学家默顿提出,当潜功能显性化时,就会失去原有的功能,这时,"负功能"的转变对政府政治传播理念就会提出更高的挑战。

3. 传播失效:非预期效果与衍生负效果

传播效果是衡量传播行为的重要尺度,传播过程不仅仅在于"传",更重要的是"播"和"达"。通过采用"流量"和"传播力"对政务微信进行内容分析发现,一些政务微信的平均阅读量、平均点赞量较低,整体影响力不足,而影响力不足带来的"负功能",属于传播失效的范畴。

首先,"传"而不"达"。一方面体现在政务微信的打开率、阅读量和点赞量低;另一方面体现在政务微信的"传播力低",主要体现为媒体转载量低、信息内容传播广度不够。例如,有的政务微信偏好内容发布数量,忽视内容发布质量,陷入信息内容发布的"数量迷思"。

其次,资源浪费与受众流失。政务微信影响力低,从长远来看,会进行负效果的"衍生"和"异化",带来更大程度上的资源浪费与受众流失。从资源浪费角度来讲,政务微信运营团队多数是政务微博的运营者以及兼职人员,信息内容的"传"而不"达",实际上是对有限的人力资源、财力资源的浪费。

政务微信的"负功能"并非不可逆。通过对政务微信的"正功能"和"负功能"的分析,能够更好地发现政务微信功能发展的得失,趋利避害,推动其更好地发展。在移动互联技术深化的背景下,政务微信的社会功能应当寻求可持续发展的方向,实现从"象征服务"到"深度服务"的转变。

三、结语和对策

基于"互联网+"及"智慧城市"的发展,政务微信的社会功能拓展将对政府利用新媒体产生积极的影响,有利于促进政府政治传播以及社会治理的良性运行。而政务微信社会功能的拓展需要不断发挥其正功能,并克服因结构制约而出现负功能进一步发展的可能性,通过功能拓展、服务优化、观念转变及加强新媒体融合等,实现政务微信"正"功能的强化。基于上述对政务微信社会功能的分析,笔者尝试从以下角度提出政务微信社会功能拓展及可持续发展的对策。具体包括：

1. 营造结构化运作空间

从内部结构来说，建立内部绩效激励机制；从外部结构来说，增加财政支持力度，提高部门开放交流及创新程度。

2. 内外协调联动，平台传承协同

从部门层级上看，各级机关之间需要增加彼此之间的"共享"，沟通联系、共同发力，通过模式参考和沟通交流提升政务微信的建设和社会功能的发挥。从部门之间来看，部门之间要分工明确、相互配合，打通政务服务的"出入口"功能，发挥"制度共享"效益。

3. 用户导向思维，加强公众参与

政务微信社会功能的拓展，同样需要引入"用户"思维，加强用户的互动参与，从服务的易用性、公众参与等角度完善社会功能。"用户思维"导向在现实运用中主要体现为"本地化"和"个性化"两个方面。

（本文作者为张志安、徐晓蕾。本文主要内容首发于《新闻与写作》2015年第9期，第55～57页。本书收录时有所修订。）

政务微信运营的关键策略

一、准确定位，打造特色政务微信

首先，要根据机构性质来决定哪些政府部门更适合推出政务微信。有真正的重要消息推送或与市民有大量直接互动需求的政府部门和事业单位更适合推出政务微信，如气象局，可通过其官方政务微信每天向市民发送天气预报。而承担大量政务办事功能的部门则可把办事流程迁移到微信里，一方面可以节省自身的人力资源等运营成本，另一方面也可提供更便捷的服务，使市民利用碎片化的时间即可完成过去需要来回跑才能完成的业务。

"广州公安"微信公众号经过精准定位后，致力于打造便民业务查询的特色品牌。它的定位不在于信息内容的硬性推送，而是聚合政务办事信息，成为在公众需要时可随时查询的一个非干扰性移动官方平台。它标杆性地将政务在线办理融入微信平台，为市民提供46项在线业务查询、路况信息、办事指南和4项预约服务、1项网办服务；交通违法查询、车辆及驾驶证状态查询等；出入境、户政业务办理进度查询；出入境和户政业务网上预约功能、往来港澳通行证再次签注办理及各类办事指引；等等。作为全国首家实现综合查询和网办业务的政务微信平台，"广州公安"开拓出了一条新网络媒体时代公安机关积极应用社会化媒体服务社会和管理社会的新路子，也为自身获取了大量"粉丝"。

其次，要彰显政务微信"本地化、个性化"的角色，积极研究本地人群的需求、特性和关注点，打造一到两个固定的、市民喜欢的品牌栏目。高品质的政务微信依靠其强关系圈子传播政务信息必然会获得较好的口碑效应。例如，广东省中山市共青团官方微信"中山青年"便专注于发布青年活动独家信息，预告各式各样的公益活动，提高青年人的参与热情。

二、形成稳定的推送频率和时间，控制推送数量

作为一个24小时开放的平台，政务微信运营不能因循常规的8小时工作制，应根据不同时间段调整发布数量和内容，形成一定的规律性。每天的9—10点、16—18点、21—22点三个时间段，市民一般临近上下班空闲时间，在线人数较多，发布信息更易于被更多人看见。

在每天的发布数量上，政务微信需遵循适当的节奏，避免失语或刷屏。每天发布的消息最好控制在1～3条之间，这样既不会给市民带来刷屏的困扰，也可避免重要内容淹没在推送的众多信息中。

三、信息分栏归类，重点一目了然

为了使微信内容更加一目了然，方便市民查找，信息的分类十分有必要。而固定栏目的定期发布也有利于培养稳定的用户群。

"广东共青团"微信公众号就长期设有许多固定栏目，如"最热Hot"介绍最新的与青年有关的新闻资讯；"阅读吧"介绍符合青年口味的经典好书；"胶片记忆"介绍优秀的摄影师和摄影作品；"如影随形"介绍最新影片资讯和杂志影评……这些信息分类都能帮助用户更方便地查阅自己感兴趣的内容。

四、微信信息回复以自动回复代替人工回复

随着关注"微友"的增量，相关咨询工作量难免大幅增加。不断涌现的信息互动将对政府部门的人力配置提出考验。为提高回复群众问题的效率，政府不妨预先准备好一些常见的咨询类题库，以应对"同质化"询问。及时地丰富关键词回复，将大大省去一些反复、同质的工作量。

据"平安肇庆"微信公众号介绍，"大约70%的咨询业务可由后台设置的视频、文字、图片、语音等自动回复，而剩下的30%不适宜程序化

即时回答的咨询，则由'平安肇庆'的值班人员人工服务来答复"，"只要输入一些关键字，如户口、车管所、出入境等，'平安肇庆'微信马上会自定义回复相关的公安业务"。

五、语言要接地气，使用亲民话语，内容贴近民生

和政务微博一样，政务微信要放低身段，与市民平等交流，多用生活用语、网络用语、口语等，语气平和、公允，避免"官腔"，尽量避免使用机关公牍式的语气。同时，推送的内容应与民众的生活相关，文章要简短，尽量少采用严肃单调、长篇大论的官方通讯稿件。

"黄埔检察"微信公众号的头条一般为精神激励性文章，向市民传达积极向上的信念。固定栏目如"微故事""微案例""微感悟""微服务""微问答""微趣味"等，多使用娓娓道来的方式，吸引用户阅读。其中"微故事"为原创连载故事，故事围绕虚拟人物"小明"的经历展开，用生活化的语言向市民普及司法知识，力图避免传统的说教模式。

六、采取多种表现形式，增强可读性

除了在内容上贴近民生之外，政务微信还需做到形式上的多样活泼。相对于纯文字内容而言，"富文本"的微信内容更能吸引用户的关注和兴趣。政务微博中就常常通过插入表情、图片、视频、语音等各种"富文本"方式以增强内容的可读性，政务微信同样可以借鉴。

七、调动市民参与热情，加强互动

1. 努力提高回复民众问题的效率

政务微信可开发具有自动回复功能的自定义菜单，可供市民自助即时查询。准备好一些常见的咨询类数据库，应对"同质化"询问，及时丰富关键词回复，减少重复的工作量。如果查询的问题无法自动回复，可再向人工提问。

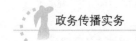

2. 设置功能全面的政务微信界面

"广州公安"微信公众号的界面分为"路况资讯""服务事项""便民指南"三个菜单按钮，每个菜单里又包含三项内容。其中，"路况资讯"界面可以查询实时的市区路况情况，还有市政施工、交通事故等可能对交通造成影响的事件的通报，这些通报与交警的官方微博同步。"服务事项"里，交通管理、出入境和户政三类业务都能直接点进对应的页面进行查询操作。如果是第一次操作，需要进行手机验证。验证后会自动形成一个金盾网账号，以备以后使用。如果用户需要给警方留言，点击下部菜单里最左边的键盘图标，也可以进行文字或语音输入。

3. 发起线上线下参与活动

"广东共青团"微信公众号善于与用户互动。例如，邀请微信网友发送朗诵语音，每日在参与互动的粉丝中抽选一位送出一本书等。在其"阅读吧"的栏目中，推出在本期微信图文文章中找出团委标志并将其发送到朋友圈即有机会获得赠书的活动，巧妙地宣传了自家的公众号。

八、保证时效性，不发过期信息

发布过期信息在公众眼中是一种消极怠慢的态度，是政务微信的大忌。因此，政务微信要与政府各项工作紧密结合，及时更新推送相关信息，真正发挥出微信的正面、积极作用。

从整体上看，发布信息及时迅速、更新内容勤快的政务微信号通常都拥有较多的"粉丝"关注，其"粉丝"的互动积极性也比较高，这些政务微信号的影响力也从而得以提升。

九、微信、微博双管齐下，优势互补

大多数开通政务微信的政府部门也拥有官方微博，应在了解并把握微博和微信二者各自传播特性的基础上，实现"双微合璧"、优势互补，提高政府服务社会的治理水平。

十、利用好政务微博的集群效应，微博和微信有机融合，共同推进

我国政务微博的数量已突破6万，并且克服了以前政府不同部门网站之间较少往来的弊端，政务微博间的互动增强，已形成集群效应。对于紧急的动员、有时效性的信息发布，为了能够精准地推送和到达，首选微信，同时借助微博集群效应，在微博平台上形成策应和补充。例如，在微信平台收到的投诉、曝光的内容，在核实相关材料后，可把其中一部分发布在微博上，这样就可以利用私密性在微信上沟通问题，而利用公开性在微博上则能形成更好的监督。

十一、借助政务微博推广政务微信

因微信是私密空间内的闭环交流，其传播扩散力较弱，公众号的宣传是一大软肋。借助政务微博推广政务微信，可大力扩展微信公众号的人群覆盖面，增强政务微信的权威性和信息传播扩散能力，有效推动新媒体问政深入发展。

"广州公安"微信公众号在2013年6月6日正式开通综合查询和网办功能，更新"路况资讯"中的"电子警察分布图"功能以及"服务事项"中的"机动车违法查询"以及"护照、通行证等业务预约""港澳再次签注业务办理、"身份证业务预约"等功能。这一系列的平台升级都是通过官方微博将最新功能告知网友的，从而扩大了公众的知情范围，使政务微信公众号获得更多关注。

十二、及时打击"山寨"政务微信

目前，不少貌似"官方出品"的微信账号纷纷出现，有些"山寨"微信号还采用了当地政务微博的专用图案作为头像，外观上足以乱真。一旦这些微信账号被利用来发送诈骗及不实信息，政府部门的公信力便有可

能受损。

及时打击这些"山寨"微信号,一是需要各地政府的舆情监测部门给予高度关注,防止出现借官方名义发布谣言等情况。二是尽快开通各自的官方认证政务微信以示区别。如果条件暂未成熟而不能开通的,应在相应的官方微博或通过其他途径及时澄清,公布"山寨"账号,或考虑交涉注销相关"山寨"账号。三是可效仿"肇庆公安",成立网络问政办公室,及时发现和打击"山寨政务微信"。

(本文作者为张志安、罗雪圆。)

第五章

基层宣传与城市传播

大数据在对外传播实践中的应用

近年来,"大数据"迅速成为国内外热门词汇,占有数据和应用数据将是国家之间未来竞争的焦点。2012年,美国政府公布"大数据研发计划",旨在提高和改进人们从海量、复杂的数据中获取知识的能力,发展收集、储存、保留、管理、分析和共享海量数据所需要的核心技术。2015年,由我国国务院新闻办公室主办的第四届全国对外传播理论研讨会,设立了"大数据与国家形象传播"分论坛。各国政府对大数据的重视程度不言而喻,但大数据在对外传播中的研究和应用还处于探索阶段,尚未形成以解决现实问题为导向的大数据应用方案。

一、跨文化传播中的多维度受众分析

对外传播是典型的跨文化传播活动,对受众异质性及其认知心理的把握是对外传播的重点,也是当前我国对外传播实践的短板。据财新网报道,专门研究各种"声誉"的全球性私营咨询公司声誉研究所(Reputation Institute)连续9年发布了"国家和地区声誉排行榜",中国在2018年的得分排在55个上榜国家中的第45位,仍属榜单靠后位置。我国对外传播活动形式多样,如拍摄国家形象片、对外新闻报道、开展公共外交等,但传播效果却常常不尽如人意,有时候甚至与传播目标背道而驰。究其原因,一是受众定位宽泛,无法真正把握受众需求;二是以传者利益为导向,缺乏对受众的深层洞察和理解。

大数据为受众研究提供准确的时空信息。在新媒体环境下,受众的信息接触习惯发生了颠覆性改变,对传播内容及媒介接触时间的记忆模糊,使得传统的回忆式自我报告方法捉襟见肘。接受问卷调查的受众可能记不清一天花多长时间看微博、刷微信、浏览网页,以及何时接触这些媒介,但大数据却能持续准确地记录受众的媒介接触习惯。随着移动定位技术的

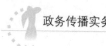

发展，蕴含丰富地理信息的大数据还可用于定位和观察不同国家、城市、社区的受众差异。

大数据为受众研究提供丰富的语义信息。国外公众喜欢谈论哪些与中国相关的元素和议题？在谈论中国时的情绪感受如何？不同情绪态度背后是什么样的认知结构在起作用？哪些因素影响公众对中国的认同程度？这些问题是对外传播受众研究的核心问题。自然状态下的言语表达反映受众的真实感受，因此基于互联网用户自生产内容（UGC）的大数据文本分析可以有效回应这些问题。例如，通过对文本的关键词统计可以了解国外公众对中国政治、经济、文化、旅游等领域的关注热点，通过文本分析工具 LIWC 软件进行文本心理分析，可以追踪受众的情绪态度，等等。

大数据为受众研究提供量化的行为信息。基于互联网大数据，不仅可以真实记录公众的媒介接触行为，还能准确量化特定传播内容的搜索量、点赞量、转发量、评论量、阅读量等，这些行为数据既可以用于分析公众对与中国相关议题的关注度、认同度，同时也是检视传播效果的重要测量指标。此外，根据社交媒体中用户的传播行为可以描绘传播关系网络，识别对外传播活动中的意见领袖，即关注中国议题多、观点被他人转载或赞同频率高的用户。这些意见领袖可能是政府官员、中国企业、非政府组织、知名人士、国外公众，对意见领袖的识别有利于发挥多元主体在对外传播中的协同作用。

二、融合渠道的实时舆情监测系统

媒体是人们认识世界、感知世界的主要渠道，对媒体内容的监测是了解国外舆情的重要手段，也是确立和调整对外传播策略的重要决策工具。过去，对外传播的舆情监测聚焦于国外传统的主流媒体及新闻网站，由于依赖人工判别内容，常常采用抽样的方式来分析国外新闻媒体的报道议题、报道倾向、消息来源等。

在新媒体环境下，这类传统舆情监测手段的局限性日益突出。一方面，新闻媒体并非对社情民意的镜像反映，而是多种把关机制影响下的拟态环境，网民自生产的时空信息、语义信息和行为信息更能真实反映民众的态度。另一方面，网络新媒体改变了传统媒体的渠道优势，公众越来越依赖社交媒体、新闻App等新媒体平台获取信息，迫使传统媒体朝着媒体融合的方向发展。因此，大数据时代的舆情监测应从传统媒体拓展至社交媒体、视频App、新闻App等融合媒体平台，并将主流社交媒体作为重点监测平台。

1. 锁定重点地区的舆情监测平台

在跨文化传播语境下，不同国家或地区民众对中国的感知和评价存在显著差异。根据段鹏的研究，美国、欧盟、日本等国家或地区对中国国家形象存在太多负面认知，而非洲、南美国家对中国态度友好。[①] 对外传播应该根据国际战略关系和友好关系锁定重点舆情监测地区，如欧美、日本、"一带一路"沿线国家以及中国的台湾、香港地区，并根据当地民众的媒介使用情况因地制宜地选择能代表当地政府和民意的融合媒体进行舆情监测。

2. 建立重要议题的舆情数据库

数据库是大数据分析的基础，建立动态的舆情数据库有利于及时掌握舆情热点，把握舆情演变规律。对外传播包罗万象，涉及政治、经济、文化、军事、旅游、环境、社会等方方面面。根据以往研究经验，国外公众对中国的关注热点及负面认知主要集中在"中国威胁论"、经济、人权、民主、环境等议题。国外公众对这些议题的讨论散落在社交媒体、新闻报道、新闻评论等各种数据中，需要精确设置关键词进行数据挖掘。

3. 加强数据开放与合作

获取监测平台的信息还牵涉到信息公开、隐私权和信息监管等问题。没有数据开放就不存在大数据应用，这就需要加强和创新国内外数据合作战略，充分发挥企业、非政府组织、学界等多元主体在国际数据合作项目中的作用。

---

① 段鹏：《国家形象建构中的传播策略》，中国传媒大学出版社2007年版，第34～39页。

三、基于大数据精准传播的平衡点

一般认为,精准传播是提高传播效果的有效方式。精准传播的核心是基于受众个体特征、兴趣需求、活动规律、地理位置、社会关系网络等多维信息来设计传播内容和传播途径,通俗地说就是"量身定制"。正如前文所述,"大数据"为多维度的受众认知提供便利,自然也为对外传播的精准化创造了各种想象空间。

值得一提的是,并非所有的对外传播活动,都是越精准传播效果越好。据 2012 年美国宾夕法尼亚大学 4 位学者进行的一项政治传播研究发现,占很大比重的美国人反对针对他们个人量身定制的政治广告。① 数据显示,86%的人不欢迎"根据个人兴趣量身定制的政治广告",61%的人会实际拒绝量身定制型传播。更糟糕的是,如果他们获悉他们倾向投票的候选组织在竞选过程中运用脸谱(Facebook)向他们的朋友发送表示支持候选人的"声称"广告的话,50%的人会大大降低他们的支持率。美国公民拒绝定制政治广告的主要原因有两个,一是威胁隐私权,二是侵蚀民主价值。

不过,基于大数据的精准传播已经广泛运用到营销传播领域,并逐渐应用于政治传播领域,所取得的成效也是有目共睹的,如电商购物推荐对销售量的促进作用、智能化的行政服务对提高政府治理能力的作用。应用于这些领域的精准传播虽然同样可能会侵犯受众的某些隐私权,但带给目标受众的利益远远高于其所付出的成本,符合经济学中的利益最大化原则。

基于大数据的精准传播应充分考虑对外传播情境,在可能性与接受性中寻求平衡点,以传播效果作为重要的衡量尺度。将精准传播扩展到对外传播领域,除了考虑到公众隐私权和公众利益外,还应考虑到文化价值观的差异、意识形态的冲突和国家利益的敏感性。例如,崇尚个体主义价值

---

① 姜飞:《如何理解大数据时代对国际传播的意义?》,载《对外传播》2014 年第 2 期,第 39～41 页。

观的民众可能比推崇集体主义价值观的民众更重视隐私权的保护，民主程度高的国家民众对精准传播威胁性的认知度可能更高。而牵涉国家利益的敏感性议题，数据挖掘可能会因威胁国家信息安全而遭到监管。

（本文作者为张志安、曹艳辉。本文主要内容首发于《对外传播》2015年第10期，第23～24页。本书收录时有所修订。）

城市传播的媒体呈现及提升策略

在全球化背景下,良好的对外城市形象不仅有助于吸引境外资源、扩大对外交往,也有利于增强本地民众的城市认同和发展自信。珠海作为沿海旅游城市,曾是中国最早实行对外开放政策的四个经济特区之一,如今又是粤港澳融合发展的重要连接点,因此,在对外传播方面具有独特的地理优势。近年来,随着横琴新区作为国家战略的全面实施、港珠澳大桥的建设、中国航展国际盛事的举办,珠海更是吸引了不少港澳台及国际媒体的关注和报道。本文旨在科学评估珠海在境外媒体中的形象呈现,并为进一步提升珠海城市形象提供策略建议。

一、境外媒体对珠海城市形象的建构

媒体是境外公众感知中国城市形象的重要窗口,本文以"珠海"[①]为关键词,分别在 Factiva 和 LexisNexis 两个数据库中搜索了英国、美国、日本、澳大利亚等10个国家或地区的37家具有舆论影响力的媒体关于珠海的相关报道。检索时间为2009年1月1日—2014年8月31日。人工删除重复或无效样本后,得到有效样本4307篇。然后采用随机抽样方法选择了其中的702篇报道进行内容分析,其中英文报道140篇,中文报道562篇。[②]

---

① 依据搜索媒体的语种不同,分别使用"珠海"在英语、简体中文与繁体中文中的不同表述形式。

② 为使分析更加充分,本文对报道数量较少的媒体设立了较高的抽取比例,而在数据分析时进行了加权,以保证每家媒体的报道在总体中所占比例不变。

(一) 报道数量

1. 91.2%的报道来自境外中文媒体

在本研究统计时间内，8个国家或地区的24家英文媒体关于珠海的报道共计377篇；5个国家或地区的13家中文媒体关于珠海的报道数量巨大，共计3930篇，占总报道量的91.2%。由此可见，珠海在境外中文媒体中的影响力要远远超过英文媒体。中文媒体中，香港的《文汇报》《星岛日报》与《明报》对珠海最为关注，报道量分别占据报道总量的37%、16%与11%；其次是台湾媒体中的《经济日报》与《联合报》，报道量分别占据总量的4%与5%；此外，马来西亚的《南洋商报》和《星洲日报》对珠海的报道也较多。

在英文媒体中，香港《南华早报》对珠海的报道最多，占据报道总量的5.8%（251篇），其次为马来西亚的《新海峡时报》，占报道总量的0.7%（30篇）。而具备国际影响力的西方主流媒体对珠海的报道少，最多的为《纽约时报》（6篇），最少的为《卫报》（2篇）。

2. 2009年、2010年珠海更受境外媒体关注

从时间维度来看，境外媒体在2009年、2010年间对珠海最为关注，报道数量分别占到报道总量的22.2%与22.6%；2011年、2012年的报道数量呈下降趋势（分别占13.7%、13.4%），2013年有所回升（17.1%）。2014年的数据只采集到8月底，因此该年度数据的代表性受到一定影响（见图5-5）。

(二) 报道形式

1. 93%的报道属于1000字以下的简明新闻

报道字数是衡量报道显著度的重要指标。境外媒体对珠海的报道主要集中在1~500字之间，此类报道占据报道总量的55%；501~999字的报道，约占38%；1000~1999字之间的报道约占6%；2000字以上的报道数量较少，不到1%。相对而言，中国的港澳台地区与新加坡媒体更多地使用较长篇幅报道珠海，2000字以上的报道只出现在上述地区或国家的媒体上；有2篇5000字以上的报道，均来自澳门的《新华澳报》；英、

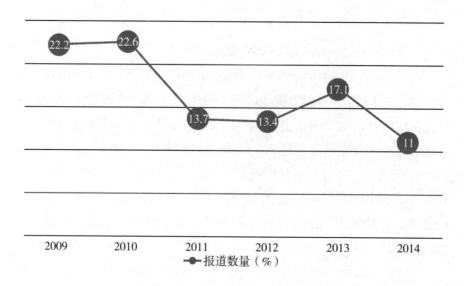

图 5-5 境外媒体各年度对珠海的报道数量及所占百分比

美、日本与澳大利亚媒体对珠海的报道基本在 1000 字以下，只有美国媒体有 7 篇 1000～1999 字之间的报道。

2. 港台媒体使用新闻图片比例最高

媒体往往会在其认为报道价值高的新闻中配上图片。据统计，有 12% 的关于珠海的报道使用了新闻图片。调查显示，新加坡、马来西亚与中国港澳台地区的媒体在报道珠海时较多地使用新闻图片。其中，香港的《文汇报》《南华早报》与台湾的《苹果日报》在有关珠海的报道中配有图片比例最高，台湾的《苹果日报》还会直接采取图片新闻的方式报道珠海。

（三）报道内容

1. 境外媒体最为关注珠海经济、社会、工程建设、政治等议题

就报道议题而言，与经济相关的报道比重最高，近 26%；其次为社会、工程建设、政治等，所占比重分别为 15.8%、13.4% 与 12.5%。但境外中英文媒体对珠海的关注点有所不同，中文媒体最为关注的珠海议题（前 3 位）分别为经济（42.3%）、社会（26.6%）与工程建设

(23.0%); 英文媒体最为关注的议题（前3位）分别为经济（3.0%）、港珠澳大桥（2.0%）与社会（1.0%）。在涉及珠海的标志性事件中，港珠澳大桥与中国航展较为显著，分别占报道总量的2.5%与0.6%，其中英、美、澳大利亚等国的媒体对中国航展较为关注。

2. 珠海与港澳台的交往最受关注

有24%的报道中提及珠海与其他国家、地区或城市的交往。其中，珠海与香港、澳门及台湾的关系被提及最多，其次为东南亚国家，再次为日本和美国。报道显示，珠海与香港、澳门的交往范围广泛，涉及政治、经济、文化、社会、教育诸多维度；而与台湾地区、日本及东南亚国家的政治交往也较受关注。另外，珠海与其他国家或地区的交往关系主要为经济关系，港珠澳大桥在报道中常被提及。

（四）报道倾向

1. 对外形象总体正面，但社会形象较负面

呈现珠海正面形象的报道占比43%，中立报道占比32%，而负面报道占比24%。在媒体关于珠海的正面报道中，经济报道所占比重最大（24%），其次为工程建设（13%）与政治（10%）。此外，珠海的文化、环境与旅游形象基本以正面为主。而在负面报道中，社会议题所占比例最高，为14.7%，内容主要涉及犯罪、安全事故、社会冲突、法律纠纷等；其次为政治议题，占6.0%；最后为经济议题。可见，珠海经济形象在大多数情况下为正面，但社会形象则明显呈现负面报道倾向。

2. 中文媒体报道较正面，美国媒体负面报道较多

相对来说，境外中文媒体对珠海的报道更正面。但同一地区不同媒体的报道倾向也存在明显差异，例如，香港的《文汇报》与《香港经济日报》、台湾的《联合报》与《工商时报》、马来西亚的《南洋商报》、新加坡的《联合早报》以及澳门的《新华澳报》对珠海的报道都以正面为主；但是，珠海在香港《明报》、台湾《苹果日报》与《自由时报》上的形象以负面为主。美国媒体1/3的涉及珠海的报道呈现负面倾向，如在《纽约时报》《华盛顿邮报》上的珠海报道以负面为主，不过在《国际先驱论坛报》上的报道以正面为主。

(五) 新闻来源

新闻来源是增加新闻可信度和权威性的重要手段，媒体通常会在新闻报道中注明新闻来源。了解境外媒体对于新闻来源的偏好，有助于通过新闻源设置境外媒体议程，更好地塑造珠海的对外形象。

1. 政府机构、官员是媒体首要新闻源

所有报道中具有新闻源的报道比例高达75%，其余的文章没有新闻源或无法辨识。在所有的已知新闻源中，匿名新闻源约占24%，其余76%的新闻源都注明了身份。这其中，官方新闻源（政府机构、官员）所占比例最高（45%）；随后是公司企业组织及代表，为20%；再次为普通民众15%，专家、媒体作为新闻源的比例分别占9%与8%。

2. 英文媒体更重视企业作为新闻源

值得注意的是，在英文媒体中，公司企业作为新闻源出现的比例略高于政府机构及官员，分别为6.4%与5.6%。例如，《国际先驱论坛报》专门撰文报道格力总裁董明珠；英国的《每日电讯报》报道董明珠及格力集团的成功，特别提及格力集团向海外拓展的抱负。

二、珠海对外传播形象的总体特征

从媒体对城市形象的建构视角来看，报道数量和形式影响公众对城市形象显著度的感知，报道内容形塑城市形象的显著点，报道倾向则与城市形象的美誉度息息相关，而新闻来源指涉城市形象的传播主体。通过上述相关报道的内容分析可知，在2009—2014年期间，珠海在境外媒体中的形象呈现具有以下特征。

（一）珠海城市形象在不同媒体中存在显著差异

珠海在境外中文媒体中的影响力要远远超过英文媒体，91.2%的报道来自中文媒体。中文媒体对珠海的报道更正面，但同一地区不同媒体的报道倾向存在明显差异。从对外传播的地域差异看，港澳台地区与新加坡、马来西亚等周边国家的媒体相比，对珠海的报道数量多、篇幅长，且较多使用新闻图片；而英国、美国、日本等发达国家媒体对珠海的关注度则较少。在涉及城市交往的报道中，珠海主要与港澳台地区的交往关系紧密，其次是东南亚国家。由此可见，珠海城市形象在国际主流英文媒体中的传播力还有待加强。

（二）经济发展和热点事件吸引境外媒体报道

境外媒体对珠海的形象建构聚焦于经济、社会、工程建设与政治方面，其中经济发展是珠海对外形象中最为显著的点。从年度报道数量来看，境外媒体在2009—2010年间对珠海的报道数量超过其他统计年份，这主要归功于横琴新区开发（2009年）、港珠澳大桥动工（2010年）、大陆空军首次成为中国航展主办单位（2010年）等珠海热点事件的发生，吸引了境外媒体的广泛关注。由此可见，国际热点事件有利于提升珠海城市形象的显著度。

（三）总体形象正面，社会形象有待改善

珠海的经济形象在大多数情况下为正面；此外，珠海的文化形象、环境与旅游形象也基本以正面为主；珠海的政治形象存在分歧，有时正面，有时负面，但以正面为主；但是，珠海的社会形象则明显呈现负面倾向，医疗卫生形象也以负面为主。从新闻来源来看，政府官员、企业是塑造珠海对外形象的重要传播主体。

三、提升珠海对外形象的对策建议

针对上述珠海在境外媒体中形象呈现的特点与不足，笔者认为，应从如下三个方面进一步提升珠海对外传播形象。

（一）坚持"大外宣"理念，丰富城市形象内涵

珠海参照中央和省的做法，成立了市委对外宣传工作领导小组，将外事、"台办"、港澳、文化、旅游、公安、海关、投资招商等部门及横琴新区、各区（经济功能区）纳入全市外宣系统，初步构筑了"大外宣"

工作格局。但从境外媒体的报道内容来看，珠海对外形象还比较单一，显著点主要体现在经济方面。笔者认为，珠海拥有悠久的海洋文化和独特的滨海风光，有"幸福之城""浪漫之城""宜居之城"的美名，在文化记忆上有珠海渔女、丝绸之路、特色古镇等遗产，未来珠海外宣工作领导小组一方面可加强与旅游、文化、外事等部门合作，在生态环境、文化旅游等方面加大传播力度；另一方面也要吸纳企业、跨国社会组织、社会名流等多元主体扩大外宣格局。

（二）借力热点事件，开展公共外交

数据显示，横琴新区开发、港珠澳大桥建设、中国航展等重大热点事件在吸引境外媒体关注和提升城市国际形象方面取得显著成效。例如，2014年10月25日，英国三大主流报纸之一的《每日电讯报》以《珠海会展蓄势腾飞》为题介绍了第十届航展规模盛况及珠海会展业发展情况。在同一版面，该报还以《推动生态进步 建设宜居城市》为题，刊文称赞珠海在经济和生态文明均衡发展方面取得瞩目成就。未来，珠海外宣工作者还应继续借力国际盛事创造新闻点，如邀请其他国家政治、经济重要人物参观航展等，并逐步加强对珠海其他国际活动的传播力度，以获得境外媒体更多的报道空间。此外，还应针对普通境外公众开展公共外交活动，如举办外国人才艺秀、跨城公益行动、城市体验日等活动，吸引境外公众主动传播珠海。

（三）扬长不避短，理性看待负面报道

除了积极呈现珠海城市的正面形象之外，也要理性看待负面报道，做到"扬长不避短"。受新闻价值、媒体立场、专业精神等因素的影响，在城市对外形象传播中，难免会有一定比例的负面报道。例如，社会议题中有关犯罪、安全事故、社会冲突、法律纠纷等负面事件报道，符合媒体对冲突性、反常性等新闻价值的偏好。即便是珠海引以为傲的大事件，境外媒体也会从不同角度予以报道。例如，英国《独立报》在2010年1月28日的报道中指出港珠澳大桥可能对环境构成威胁，影响白海豚的生活环境；香港《南华早报》在2014年8月11日报道了"环境咨询委员会"

对大桥会对香港水质造成影响的担忧；新加坡《联合早报》在2012年12月27日报道了《横琴新区，粤港澳合作平台发展遇困难》。笔者认为，政府应从新闻传播规律理性看待境外媒体的负面报道，适度宽容负面社会议题的报道；对城市开发引发的争议与质疑不必反应过激，而应从多元主体共治的视角积极回应和吸纳媒体意见。

（本文作者为张志安、曹艳辉、张军芳。本文主要内容原以《城市对外形象的媒体呈现及提升策略——以广东珠海的对外传播为例》为题首发于《对外传播》2016年第4期，第54～56页。本书收录时有所修订。）

基层政府的宣传报道与外宣策划

社区、乡镇、街道等基层政府，要对外宣传，向来不易。主要难在三个方面：值得报道的题材比较缺乏，新闻价值小，辐射面和影响力有限；新闻媒体的资源有限，能维护的记者关系层次不高；外宣工作的人力和资金缺乏，要有"大手笔"非常难。

《南方日报》发表的长篇报道《"把大家的钱花得好花得值"——"罗伯特议事规则"下的文华社区居民自治实践》[①]（简称《社区自治实践》）就是一篇不错的基层新闻报道。初读这篇报道，读者会发现这是一篇角度独特、题材新颖的社区新闻——从袁天鹏的社区自治实验及居民参与故事中捕捉到社区管理的新动向；再读这篇报道，又能从居民社区自治背后的政府倡导中读出"外宣"的价值——体现基层政府探索、鼓励社区管理创新的开明意识。

笔者想到胡乔木在《人人都要学会写新闻》中的一段话："最有力量的意见，是一种无形的意见——从文字上看去，说话的人只是客观地、朴素地叙述他所见所闻的事实。这样，人们就觉得只是从他那里接受事实而不是从他那里接受意见。新闻就是这种无形的意见，愈是好的新闻就愈善于在内容上贯彻自己的意见，也愈善于在形式上隐藏自己的意见。"

胡乔木这段话，表面上谈的是"新闻"，实际上谈的是"宣传"，他想强调：宣传要尊重新闻规律，要用事实说话。其实，新闻跟宣传本质上是两回事：新闻传播事实，宣传传播观念；新闻提供决策依据，宣传影响行为；新闻要求真实、全面、客观、公正等，宣传要求观点和材料统一。

但对基层政府来说，在实践中，想要严格区分两者几无可能。因此，最大限度地尊重新闻规律、挖掘新闻题材，在新闻传播的基础上实现

---

① 刘昊：《"把大家的钱花得好花得值"——"罗伯特议事规则"下的文华社区居民自治实践》，载《南方日报》2013年8月12日第SC03版。

"外宣"价值,才是务实可行的做法。基层政府做"外宣",必须要扎根基层、捕捉亮点,"一滴水中见太阳",找到来自基层却又能辐射城市、也许琐碎却有典型意义的报道题材。

结合《社区自治实践》这篇报道的特点及传播,可以总结出基层政府"有新闻才有外宣"的操作策略,主要包括7点策略:

1. 寻找关乎社区治理的典型题材

基层政府的社区治理千头万绪,越是矛盾聚集、问题集中的地方,越需要进行管理和服务创新。这方面若有一些改革举措,往往具有探索意义和示范效应。例如,深圳罗湖区文化社区,在社区事务决策过程中引入"七不准"(不打断、不超时、不跑题、不攻击、不"扣帽子"、不贴标签、不质疑动机),这种做法很值得其他社区借鉴,因此,就具有较大的报道价值。

2. 挖掘与社区居民有关的生动故事

好的新闻报道必须学会"讲故事",故事往往来源于"冲突"(居民之间的观点之争或利益之争)、"细节"(令人印象深刻的行为或场面)、"场景"(具有张力或活力的情境)等。此外,故事的核心在于"人",必须要讲"人"的故事。

在这篇《社区自治实践》报道中,不少地方挺有故事性。比如这段:

相比遵照罗伯特议事规则一板一眼的会议,这样的讨论会显得比较随便。"袁老师,你别这样看着我,看得我有点慌。"有居民代表这样说,引来一阵哄堂大笑。还有人说"袁老师,干脆你来当楼长算了"。袁天鹏笑答:"我当楼长不靠谱的。"有居民代表听罢立马抗议:"我们谁都可以说自己不靠谱,就你不能说,因为你要带着我们继续走。"

3. 邀请资深记者进行实地深度采访

通常,基层政府通讯员的采写能力比较业余,他们会准备很多宣传材料给记者,但这些材料往往"宣传味"太浓,记者没法用、媒体没法登。因此,要充分借助省市级党报、都市报的记者人脉资源,邀请敬业又专业的记者深入基层进行采访,掌握第一手的素材和故事,按照新闻规律写出比较鲜活、生动、有感染力的报道。

4. 让记者独立判断而非由宣传官员来主导

不少宣传官员喜欢对记者大谈地方政府治理中的"创新""亮点"甚至"模式",主动替记者设计报道思路、角度和文本。其实,好的记者往往有自己的独立判断和思考,一件事、一个话题、一种现象是否有新闻价值,好记者自己会判断。如果只是单纯地给他现成的东西,会有"摆布"或"利用"之嫌,不如对他们表现出充分的尊重,给予其足够的自主,请他们自己根据报社定位、个人兴趣来写作报道。

基层政府做新闻,最大的动力在于展示工作成绩、宣传改革创新成果。如果这些成绩真正造福于民、解决顽疾,本身对公众来说就具有"新闻价值",媒体也可以很自然地进行报道;如果这些所谓的"成绩"只是形式主义、华而不实的"包装",甚至是劳民伤财的"作秀",那么,再专业的记者也做不出好新闻。

5. 搞活动或推政策时要考虑新闻性

亚马逊公司 CEO 贝索斯有个习惯,在业务部门开发新产品前,要求总监先写好"新闻稿",目的在于推动他们站在消费者和公众的角度,来提炼这个产品最能吸引公众关注和兴趣的"新闻点"。这种"新闻意识"对产品规划和推广契机选择都有积极意义。

与此相似,基层政府在组织活动或者推行政策的时候,都应该有"新闻价值"意识,即从新鲜性、重要性、接近性、显著性和趣味性等角度考虑"我要说的事"是不是"大家想知道的"。最简单的做法就是想一想:"如果我是老百姓,最关心什么问题?"然后,从他们最关切的角度去凸显活动和政策的"新意"。此外,还要学会把握时机,比如在重阳节推出敬老政策、在教师节或开学前后实施教改举措,都比较容易引起公众关注。

6. 巧妙运用媒体资源推动社区治理

基层政府提供的不少新闻稿,往往很空洞,因为只有"想法"、没有行动,只有"理念"、没有现场,只有"政策"、没有故事。对记者来说,往往感觉"无米下锅"。其实,基层政府在社会治理过程中会遭遇诸多困惑、矛盾和麻烦,如果能够借助媒体资源,灵活地实施"媒体治理",记者不仅会体验到真实的参与感，而且会在参与过程中捕捉到新鲜的新闻素材。

7. 运用不同平台和资源进行整合传播

基层政府的报道，一般多在党报发表，之后可在社区新闻网转载推荐，利用基层政务微博进行推荐。此外，还可以充分借助基层活跃的网络意见领袖，来进行分享、转发。

实际上，基层政府对"外宣"目标应该有清醒的定位和理解：要么推介社区，提升知名度和美誉度，有利于地方经济发展和社会进步；要么服务社区，强化公众归属感和认同感，有利于地方社会治理。

基层政府宣传部门的同志，在一定程度上需要这种实现从"宣传"到"新闻"的观念转型。归根结底，尊重理解媒体，把握新闻规律，挖掘报道价值，才能比较务实地找到"外宣"之道。

（本文作者为张志安。《南方日报》记者刘昊、吕冰冰对本文亦有贡献，特此致谢。）

附录

媒体生态新格局和舆论引导新机制

编者按： 2019年5月31日，梁溪大讲堂第三讲开讲，中山大学传播与设计学院院长、教授张志安围绕"舆论新生态与引导新范式"作专题报告。梁溪大讲堂是在整合无锡全市讲坛资源的基础上，由市委宣传部牵头，市纪委、市委组织部、市委统战部等多个部门联合举办的一个唯一的市级讲堂。报告中，张志安教授结合鲜活案例，融入自身的长期研究与思考，就突发事件的舆情态势与处置技巧、网络舆论生态与意识形态、突发事件的新闻发布等方面内容进行了生动讲解。现摘编演讲内容，以飨读者。

一、一个事件带来的教训和启示

首先，我用一个比较典型的案例给大家剖析一下突发事件处置中的一些主要技巧和策略，然后结合这个案例讲一讲现在的舆情态势。

前年，在四川某县一所中学，一个中学生从楼上坠落摔死。事情尘埃落定、调查清楚后，大家了解到他是失足从楼上坠落，而非被人欺凌或遭到殴打坠楼。但是，这件事情发生以后，有一些复杂的情况出现。首先，的确有不少人借势传播谣言，比如说他是被5个同学打死的，这样的谣言在网上引发了部分老百姓的质疑。其次，这个孩子的家长在事情发生的前几天，不同意给孩子进行尸检，由此导致最后死因鉴定结论迟迟未定。最后，在该事件发生过程中，当地政府并没有做好主流媒体的接待工作，导致负面舆情进一步扩散。

从这件事中，我们能得到哪些教训和经验启示？

第一条经验，突发事件的处置、调查的部门如何确立？上述案例事件发生的第二天，所在地的市公安局迅速成立调查组开展调查工作。一个突发事件发生后，到底应该由谁来牵头调查呢？一般有两种情况。第一，牵头单位应该是这个事件涉及的主要部门。但如果这个事件涉及多个部门，那么我们最好的选择就是最直接利益相关部门。但是，地方政府在处置时，会有另外一种选择策略，这要看我们对这个事件性质的界定。如果这个事件涉及多个部门，比如说上述案例既和教育部门相关也和公安部门相关，这就要看公众的关注角度。如果公众更多的是从教育的角度关注，那就可以由教育局牵头来调查；如果公众更多的是从案件调查的角度关注，那就可以由公安局牵头。

从事件调查和处置部门的层级角度来讲，一般来说，越是让基层的政府部门做调查的主管部门越好，这样可以把事件性质界定为基层事务。但是这里面临一个问题，负责调查的基层政府部门是否和这件事情存在利益冲突？如果有冲突的话，让上一级的政府部门来调查会显得更权威、更独立。由此，我们可以得出结论，突发事件的主管部门通常应由不存在利益冲突且直接主管，并且符合公众心理预期的部门来进行危机事件的牵头调查处理，这样比较合适。

第二条经验，突发事件的新闻由谁来发布会比较合适？一般来说，应该由负责调查的政府部门来发布。如果宣传部门要帮助进行传播，也应该在负责调查的政府部门的政务微博或政务微信发布之后，利用宣传部、外宣办的官方账号来进行转发，由此体现出"谁主管、谁发布"的原则及其角色明确和责任担当。

第三条经验，突发事件新闻发布的节奏如何掌握？突发事件的新闻发布有一个基本原则，就是边调查边发布，但一定要快报事实、慎报原因。因为原因没那么快可以确认，必须要有确凿的证据才能确认和说明原因。另外，如果一个事件结果刚出，就公布原因，公众会觉得结论下得比较草率。在这种情况下，如果要在第一时间就给出调查结果，就必须把详细的调查过程、调查依据、确凿证据充分地告诉公众，只有这样，公众才会相信你的结论是真实的。

第四条经验，突发事件处置过程中怎样接待媒体记者采访？当上述案例事件发生后，某中央媒体记者赶到当地进行采访，被当地政府围追堵截。我后来了解到，是当地负责处置这件事的领导刚刚调上来，他虽然地方工作经验很多，但是对媒体舆论、宣传工作的经验却不足。对于主流媒体的记者,本来是可以通过沟通去配合做好舆论引导工作的,但是当地的做法却激怒了媒体记者。

第五个经验,面对谣言传播应该如何有效辟谣呢?要有据有理,据在先,理在后。如果地方政府只是简单地发布消息,说涉嫌传谣的网民已经找到并且接受处罚,那么,一小部分的公众仍然会怀疑——这个做法是否存在掩盖真相的企图,部分公众仍然会感到疑惑——到底这些谣言从何而来。所以,最有效的办法在于说明谣言的不实之处或传播源头,让公众真正相信这的确是谣言。

上述案例事件尘埃落定后,当地市委书记召开新闻通气会,由"一把手"正式通报,这样的新闻发布会是高规格的。"一把手"进行新闻发布,既体现了当地政府对此事的重视态度,也体现了地方主要负责人的担当和责任意识。

总的来说,这个案例至少可以给我们如下启示和教训:简易的发布是无法解疑释惑的。当公众情绪激动的时候,政府要采取灵活的发布方式。当谣言四起的时候,辟谣更要有据有理。阻挠记者采访显示出当地政府部门的不自信。当突发事件发生时,记者既不是政府部门的领导,也不是下属。记者应当是政府相关部门在应对突发事件过程中的挑战者,以其专业调查挑战政府相关部门进行专业处置和回应的能力。此外,这个案例也反映出一些值得总结的教训:公众为什么会相信谣言?在突发事件的处置中,我们一定要有换位思考的意识,要知道谣言背后公众有着怎样的认知特点。只有对公众的风险感知和社会心态有一个整体把握,我们才能比较有针对性地理解、回应和处理。

二、新媒体环境下的公共沟通策略

我们已经进入了互联网是舆论主战场的新常态,我们已经进入了各大平台舆论分化的新常态,我们已经进入了习惯于不同利益群体存在不同诉求的新常态,我们还进入了突发事件舆情处置不能够做到政府发布后就获得百分之百赞同的新常态,因为整个社会的利益和价值观在一定程度上分化了。那么,在这些新常态之下,我们政府的公共沟通应该怎么办呢?

第一，对象转换。我们过去主要是跟主流媒体沟通，他们是我们舆论工作的重要中介。但现在，我们更有压力，有时候要直面公众。所以，很多和公众联系紧密的政府部门都有自己的微博、微信、微头条，通过它们可以直接和公众沟通。但是我们也会遇到一些问题，比如人力物力不够、专业化程度不够。还有一点，如果是涉事部门发布信息，就算对事件真相是抱着负责态度的，其独立性总还是不够的，因为在公众看来，政府部门还是从自己的利益诉求出发进行回应的，而主流媒体在这个时候有所介入、报道和发声，可以保持相对独立的立场。

第二，观点赛跑。过去，政府部门认为自己讲一个意见，就会一锤定音，而现在公众有时以各种理由抱有怀疑，因此，自我的意见、反对的意见和边缘的意见都会相互竞争。以前，政府部门在应对舆情时，主要的新闻发布策略是讲事实。而现在，光讲事实是不够的，公众对政府部门有更高的期待。他们会看政府部门在讲事实时，所表达的情感是真诚的还是傲慢的。没有真挚的情感作为支撑的新闻发布，有时候公众是无法接受的。除了事实披露和情感表达这两点还不够，还需要有更高的站位，也就是价值观正确。你的"三观"正不正？你在阐述这件事情时，是否站在为人民服务的立场上，是否站在一个国家依法治国、国家治理现代化的理念上？总之，当下的舆情处置和风险沟通过程中，事实、价值和情感这三个要素变成越来越重要的三个变量。只有做到以上三点，才能在观点赛跑中不会败下阵来。

第三，坚持底线：不说谎、不躲避、不出丑。有可以不说的真话，但是决不说假话。这是非常重要的技巧也是底线，要做到并不容易。举个例子，"天津大火"发生后，初期新闻发布最主要的问题是缺乏足够的重视和担当，让基层干部出来讲话，相关部委负责人和市领导没有出来。事发后第三天召开新闻发布会时，当记者问道"这次爆炸事故的总指挥是谁"时，主持发布会的领导只能回答"要详细了解后才能答复"，这个回答马上引起了次生舆情，因为这容易给公众造成"没有人在真正负责"的感受。其实，即便暂时没有确定由哪个部门的领导来做总负责人，也可以讲得中性一点，避免造成负面的公众感知，比如，"情况是这样的，总指挥的确定，既要考虑事故调查的专业性，又要考虑组织救灾的便利性，截至目前,这次爆炸事故由中央部委和市政府共同协同指挥"。这样的话,或许既可以描述客观事实,同时又可以避免招致误会。

国际上有个舆情应对和新闻发布的"3T原则":Tell it fast;Tell it your own;Tell it all。这三句话翻译过来就是"及时告知、主动告知、充分告知"。充分告知,即尽量告知但未必能百分百告知。为什么不是全部告知呢?因为要考虑到社会环境和政策制约。在此基础上,再加上"反复告知"——针对一些复杂问题,需要多次解释和说明,"及时告知、主动告知、充分告知、反复告知"这16个字就是我们新闻发布的基本原则和主要策略。

三、网络舆论的基本格局和主要特征

第二部分,我将重点给大家剖析一下网络化社会——包括微博、微信、抖音、知乎等不同互联网平台的舆论格局,以及在此基础上,通过一些案例讲一下在今天的舆论格局之下,我们如何跨学科地超越对舆情的简单认知,而能以一种更高的战略眼光来看待舆情背后的社会心态和意识形态。

当前,网络舆论的生态格局是怎样的?我们如何在舆论的基础上去做社会心态的研究?如何把社会心态和意识形态联系到一块,让我们的舆论引导变得更加有针对性和实效性?这些问题值得研究。

当然,主流媒体要担当重任,要加快融合转型。例如,《无锡日报》正在构建一个以数据和技术为驱动、注重结果导向的新型主流媒体,这一新型主流媒体必将实现内容流、传播流和注意流的"三流合一"。建设未来媒体中心,必然能实现优质内容的集中、汇聚和分发。同时,在处理好专业媒体与平台媒体之间关系的前提下,未来媒体中心还将实现优质内容与不同平台之间的对接,讲好无锡故事,传播好无锡声音。

其中,更为关键的是能实现"注意流"的汇聚,内容流、传播流可以做到无锡故事、无锡声音的"入眼入耳",但是要做到"入脑入心"就需要媒体争取到用户的注意力。通过建设未来媒体中心,可以实现对注意力的舆情分析,这不仅能够强化传播对象的精准性,而且能整体提升传播

的效率。

无锡日报报业集团的融媒体中心在无锡未来的智慧城市建设中应该贡献更多力量,比如可尝试通过舆情分析与地方产业发展结合,为地方经济社会发展提供智力支持。报业集团的未来媒体中心应成为无锡智慧政务的协同指挥中心,在结合当前大数据的前提下,主流媒体应成为智慧城市治理的大脑。

具体到舆情研究或网络舆论研究,首先涉及如何有效认识网络舆论。舆论是什么?舆论要有很多人参与,并且在参与过程中形成相对一致的看法。中国人民大学新闻学院的陈力丹教授讲,没有三分之一的人讲话就不叫舆论,没有三分之二的人形成共识性观念就不叫主导舆论。现在很多情况下,我们的网络舆情只是部分网民针对一件事的反应,我们目前的舆情太多聚焦于事件而不是围绕着话题。

首先,我们要重视网络舆论、敬畏网络舆论,但是不宜盲从和顺从舆论。某地爆炸发生后,当地区政府快速处置危机,动态发布事实,但是在发布事实时,却没有提到领导重视,结果有网民说领导不重视;同时,还有来自内部的压力,于是,当地外宣部门专门补发了一条关于领导重视的新闻,把各级领导的关注和关切都关照好。

这个事情的教训是什么?我们的确要回应质疑,但是不能因为质疑乱了阵脚。如果复盘的话,这个事情应该怎么做?应该正常通报事故进展,在正常通报中放上一段话,来适当体现各级领导对作风建设的高度重视。

现在微博的热度有所下降,但依然是主流平台,负面情绪、批评声音减少,但依然是观点交互的空间,在突发事件发生后,其爆炸式传播的力量还是非常强大的。地方政府还是不要放弃微博平台,微博基本上还是目前能相对开放地看到完整的舆论、听到开放声音的一个平台。可以说,微博是形成网络舆论为数不多的公共广场之一。

如今要了解真实的舆情特别是隐性舆论,微信群变得越来越重要。因为很多话有时候不合适放在公开平台说,就主要改在微信小群里面说,所以,微信群变成了解潜在舆论的重要渠道。微信有 10 亿网民在用,信息扩散速度极快,情感动员力极强。当然,微信也有一个挑战,那就是小而散的公众号无法完全进行规范管理,所以,会成为负面信息传播的主渠道。另外,敏感议题在微信群里面传播监控的难度比较大。总之,微信是局部生成舆论的"客厅后院",有一定的封闭性,也有很强的开放动员性。我们怎么去做微信舆论引导?我们既要开自己的账号,也要有效地监测微信群。危机处置的基本原则是尊重人心。如果不尊重人心,舆论引导工作就做不好。网络意识形态不是传统意识形态机械的网络化,而是碎片化的、娱乐化的、生活化的传播。

四、突发事件新闻发布的关键策略

第三部分,我将结合重大突发事件的新闻发布得失给大家做一个策略方面的介绍。

首先,危机事件新闻发布的基本原则就是及时讲真话。危机处置部门是站在前面的,宣传部门的工作是统筹协调,是站在后面的,不要随便把宣传部门推出去。

举个例子。前些年,上海的闵行区倒楼事件,事件发生两个小时后就开了发布会,发言人出来介绍三句话:一、几点几分倒了楼;二、马上成立三个小组,包括事故调查小组、居民疏散小组和媒体沟通小组;三、这个事故归根结底是一起安全生产事故,但是请买了房的老百姓放心,政府一定会切实维护好你们的权利。危机处置有很多具体的技巧和做法,但需要心思细密才行。

其次,要掌握合理的发布节奏。先要表达遗憾,再说明及时补救措施,接着明确必要偿还,最后是给出改革举措。大部分地方政府最容易忽略的就是第四个环节:改革。什么是改革?就是要从事件中吸取教训,哪怕是推出一项制度、一个举措的完善,都比一个不推要好。看一个地方舆情工作做得好不好,最直接的就是看这个地方总结了什么经验教训。从地方治理角度出发,有什么新的做法?给出一个举措,做出一个姿态的转变或策略调整,比什么都不做要好。

在信息传播和内容传达方面,现在特别强调情境意识,这要具体事件具体分析。每一次处理危机,既要看利益相关者,也要看危机史。如果这个危机是第一次发生,相对比较好处理;如果同类型危机发生过好几次,就不太好处理。

再次,要建设好媒体平台,微博、微信、今日头条、抖音,各大平台都要做。我们需要有策略、有选择地运用这些平台进行沟通。

要注意新闻发布的信息协同。很多人问,现在我们还要搞发布会吗?当然要。即便有网络发布,新闻发布会也要做,只是我们要了解不同发布形式的作用。网络发布是动态记录事实,比如政务微博。新闻发布会是当面交流关键事实。主流媒体帮我们准确报道核心事实有时能起到一锤定音的作用。善于与意见领袖合作,这个工作好多地方政府还没有开展,但这其实越来越重要。我们要构建一个包括自媒体、机构媒体在内的协同舆论引导的网络,这样可以为我们整个灵活的、多元的舆论引导方式创造好的条件。所以,要整合资源,要维护与意见领袖的关系。

最后,要持续探索新闻发布的话语创新。我再给大家一个非常好的案例。有一次,中央电视台曝光某地区民间捕杀候鸟的消息。当地相关部门很紧张,马上采取措施,当天晚上准备了新闻发布稿,交给该市外宣办。这个稿子写得不算差,但是外宣办一看还是发现了很多问题:过于强调领导,有喧宾夺主之嫌;采取负面用词,没有做到中性化表述;总体框架还是略显被动。经过修改后,准确的表达、翔实的数据与现场图片,大大提升了新闻发布的准确度和可信度,满足了公众的需求,避免了质疑和猜测。

总结一下对于重大事件的舆情应对,党的十八大以来我们政府部门探索了许多行之有效的做法,比如:实施贯彻新方案制度,建立标本兼治的工作目标,善用新媒体,对国际舆论和国内舆论的倒灌进行防范。但是,还存在什么问题呢?主要包括:责任主体不够明晰;针对重大事件的评估缺乏提前的风险意识;地方党政"一把手"的舆论引导意识还需要提升。

综上所述,针对数字媒体时代的舆论引导,我有如下几个建议:第一,完善重大突发事件的舆情分析和风险评估。我们目前的不足是,判断重大事件的根据往往是死亡人数,实际上重大舆情看的是这一事件是否引发全国关注。第二,强化领导部门和主管部门的舆情风险意识,要做好舆情风险评估。第三,要做好舆情背后社会心态的解读和长期研判。第四,要特别重视中层网民群体的诉求。中层群体是未来中国社会治理的关键。

第五,防谣辟谣。第六,重视意见领袖和自媒体联盟的作用。第七,运用大数据健全重大事件意识形态风险评估体系。这就是我针对重大突发新闻事件处理所做的一些建议。

我们要超越舆论引导的"入眼入耳",要更加深刻地走向"入脑入心",把复杂心态作为舆论引导的主要目标,把复杂心理的引导作为工作的关键挑战,从议程设置、理性表达和媒介话语创新去探索新的社会心态的调适范式,这样才能做到我们舆论业态的敏锐把握和舆论引导方式的持续创新。

(本文的演讲人为张志安。夕土根据讲座录音整理。本文主要内容首发于《城市党报研究》2019年第6期,第21~25页。本书收录时有所修订。)

"玻璃房"内官员如何提高"媒商"

编者按：在一些热点事件中，我们见过"惜墨如金"的官方发布，见过"防火防盗防记者"的地方政府部门，也见过令人大跌眼镜的领导。这些应对失当的案例一再证明，在上下互动、内外互动、虚实互动的新媒体格局中，地方官员在面对镜头和话筒时，需要有更高的媒介素养。

不过，在公众从过去关注新闻发言人到如今关注政府信息公开的同时，新媒体也为官员赋权，通过政务微信、微博，官员有了更多的发声渠道。官员和媒体的关系日渐扁平化、透明化，每个党政机关干部都无法置身事外。在形如"玻璃房"的互联网时代，每个领导干部都要思考怎样面对媒介、关注民意、提升媒介素养的问题。

第8期"议事厅"，《新华每日电讯》记者（以下简称为"记"）就官员媒介素养问题，对中山大学传播与设计学院院长张志安教授进行了一次专访。张志安认为，讨论官员媒介素养问题，要给领导干部提出合理建议，但不能将板子全打在官员身上，应该放在媒体、官员、社会的复杂现实生态中加以考量。

提高"媒商"，不只是学会"应对"

记：在一些突发事件尤其是敏感事件中，有些领导干部不愿见记者、不想发声，而有些领导干部用的全是一眼就能识破的"套路"，这些都是媒介素养不高的表现吗？

张志安：不敢见记者、不敢面对媒体，是不少官员的常见心理。出现这种现象，一个重要的原因是他们担心自己说错话。过去有官员因一两句错话而传为笑谈。例如，某官员问记者"你是准备替党说话，还是准备替老百姓说话"，表面上是反问或口误，实质上却暴露了他的某些认知问题——把党性和人民性对立了起来。

身处社交媒体高度发达的时代，官员有可能 99 句都说得很好，因为一句话说错，就变成被围观的对象了。如果是在公共危机事件中的发言不当，组织上可能会认为他处理问题的能力不足，在舆论场上也容易被围观、批评。更极端的情况是，官员的某些言论成为舆论焦点，可能让当事人遭到"人肉搜索"，甚至付出更大的代价。

当然，目前官员面对媒体时还有另外一种情况：他们的媒介素养似乎越来越高了，但其实只是通过一些培训、讲座，学到了一些"应付"舆论的技巧。比如，讲话滴水不漏，在周末或半夜发布公共政策。过于注重"套路"，其实有些本末倒置。我们不能把信息公开当成一个纯技术问题，而需要充分意识到，履行政府职责、满足公众的知情权才是"本"。

不过，这其中存在一种两难困境——如何在真诚和控制之间保持平衡。在新的舆论形势下，这对有些官员来讲是新课题。

记：官员媒介素养良莠不齐，有哪些原因？

张志安：官员媒介素养不仅仅与官员有关，而且应该将它放在媒体、官员、社会的复杂生态中加以考量。它涉及媒体生存环境、记者职业生态以及特定地方的政治生态等多个因素。

碰到负面事件，应对不当的官员通常会有几种表现：第一种是拒绝采访，媒体联系时挂断电话或称自己不在，还有一些官员见媒体上门就闭门谢客、落荒而逃，甚至还闹出官员面对摄像机镜头否认自己身份的笑话；第二种是媒体正在采写报道，官员想要把报道"摁下来"，千方百计阻挠报道，或找媒体"打招呼"，或私下与少数不检点的记者做交易，或托关系找领导防止信息扩散。

有时，一些基层媒体的报道会因各种原因出现夭折的情况，这在一定程度上助长了部分官员的傲慢；同时，有些记者职业素养不高，让地方官员觉得给记者好处就能堵住所谓的"负面"报道。

其实，领导干部害怕说错话，也跟历史上传统的官场文化有关。我们比较强调低调，"木秀于林，风必摧之；堆出于岸，流必湍之；行高于人，众必非之"，这些观念让不少官员认为低调没有坏处，高调可能会招来麻烦，于是选择宁可低调也不愿张扬，宁可沉默也不愿发声，宁可回避也不愿走向台前。这其实是要不得的。

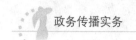

记：虽然"低调"是传统，但不同地区的官员面对媒体时，"面貌"似乎也有所不同？

张志安：是的。特定地方的官场文化和媒体环境也很重要。一般来说，在媒体报道空间比较大、媒体竞争激烈、媒体舆论监督相对发达的地区，官员整体媒介素养也高一些，他们毕竟有更多的锻炼机会，也经历过更多考验。

所以，我们能观察到一种现象，舆论监督压力越大，官员"媒商"反而越高。一旦发生公共突发事件，他们快速进行信息公开的意识也会越强。相反，本地媒体的结构越单一，竞争不激烈，媒体本身的舆论监督能力也越弱，当地官员长期被"宠着"，那些在"温室"当中成长起来的官员，媒介素养就没那么高。

及时坦诚发声，才能获得主动权

记：社交媒体、移动通信等新媒体的发展，是否有利于官、媒之间更透明地对视？

张志安：从今天的媒体环境来说，官员已经逐渐从"小黑屋"走进互联网时代的"玻璃房"了。过去官员守在"小黑屋"里，相对来说比较神秘；如今有了社交媒体，形成了一个"人人可能被监督、人人可以去监督"的舆论环境。在越来越透明的环境当中，每个官员都不能置身事外，他在公共场合的一举一动、一言一行都如同在"玻璃房"中。一旦官员言行失当，就容易被舆论敲打。

但要注意的是，社交媒体也在为官员赋权，如今官员发声的机会、渠道也多了。而且，官员所在的单位也有政务微信和政务微博，碰到公共事件发生时，最简单的应对就是及时讲真话，这也是"媒商"高的体现。

如果能及时告知、主动告知、反复告知，基本上就可以做到从容不迫地应对舆情。事实上，与其被动去说，不如主动去说，以体现姿态积极；与其遮遮掩掩地说，不如充分地说，以体现坦诚。有些新闻事件的情况确实比较复杂，老百姓对此有些怀疑甚至社会上会出现一些阴谋论，但如果真诚地去说，大部分公众还是可以理解的。

记：新媒体时代的舆情传播，还有哪些新特点？

张志安：现在有几千万个微信公众号、几亿个微博，确实也带来一个问题——在良莠不齐、鱼龙混杂的舆论信息传播中，官员比任何时候都更容易"中枪"、被污名化。其实，很多网络举报帖，可能七分真实三分夸张，专业媒体一般会去进行核实，但很多自媒体在转载时往往缺少核实环节，容易导致不实信息被快速传播，这就会让一些地方官员"躺枪"。

从理论上讲，如果官员能快速出来辟谣，所属机构予以发声，情况会好很多。但难就难在，社会上确实有一些民众对官员存有偏见，他们看到一些负面消息和谣言，更倾向于"宁信其有、不信其无"。这种"污点记忆""负面记忆"一旦形成，想要擦除是非常难的。

官员辟谣、澄清也很难，因为总有人不相信。现在有一些"野蛮女友式"的网友，当官员说"好吧，我来给你一个解释"，网友就说"我不听，你说的都是骗人的"；当官员出面表示对此负责的时候，网友就说"我不信你能真正负责"。如果官员能够像习总书记讲的那样，经常到网上听听不同意见和批评的声音，容忍批评的胸怀会更大。

记：在一些热点事件中，有的政府部门发布了消息，但很多网友都不相信，总觉得事情会出现"反转"。你怎么看待这个现象？

张志安：这种现象在学术上被称为"塔西佗陷阱"：当一些部门失去公众信任的时候，不管如何发声都是不被信任的。但对于官员来说，不管有多大比例的公众相信和接受，都要努力地发声。这是岗位的必然要求，公务员不仅要对公众服务，还要回应公众的质疑和关切。

记：所以，政府信息公开过程中，单向度的负责方式是个难题？

张志安：我国在信息公开、新闻发言人制度实施以后，取得了很多成绩，但存在的一个问题是，有的政府部门与上级领导之间是单向传播，而不是回应社会关切、接受社会监督。

实际上，改善信息发布的机制、健全透明政府的信息保障制度，还是很重要的。尤其在网络时代，不能及时回应，就会在舆论上陷入被动。

记：就你的观察，官员与媒体打交道时，最佳的姿态是什么？

张志安：最重要的不是去讨好媒体，也不是去迎合媒体、顺从媒体，当然也不是去抵制媒体、防范记者、"摆平"媒体，而应该不卑不亢、从

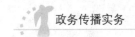

容淡定。其实,我觉得媒体也会欣赏、尊敬这样的官员。

我们首先欢迎的是专业的、自信的官员,其次就是希望官员能做到真诚淡定,最后就是要讲真话。有句话我觉得很好:"一个官员要记得立场是人民的,但是话语是自己的。"

(本文首发于《新华每日电讯》2016年6月1日第6版"评论议事厅",文/记者王阳。本书收录时有所修订。)

想法不改变，念不好"一本政经"

张志安的头衔有很多：中山大学传播与设计学院院长、教授、博士研究生导师，国家互联网信息办公室网研中心特约研究员，新闻出版总署新闻报刊司"全国新闻记者培训教材编写项目组"成员，以及多所海外知名高校访问学者。因为游走于新闻学界、业界、政府之间，故而他被称为"三栖"学者。不为外界所熟知的是，他还有一个身份——微信公众号"一本政经"的运营者。

不少宣传部部长是"粉丝"

微信公众号"一本政经"关注的话题，包括网络舆情、政务微博微信、城市传播、媒体沟通等，专注于分享关于政务传播的知识和技巧，同时力图在政府、公众和媒体间搭建沟通的桥梁。

做这个公众号，最初是应众多政务传播从业者的要求。那段时间，时任中山大学传播与设计学院副院长的张志安经常给政府部门做讲座，讲完之后，意犹未尽的听课者会向他要演讲稿以及更详细的内容。这种需求让张志安感到，如果自己有一个移动互联网的终端，分享这些内容和观点岂不是更加方便？

而另一方面，媒体融合和新媒体，本就是张志安的研究内容之一，他也希望能亲自尝试一番。就这样，张志安在排得满满的日程中，加上了运营公众号这一条。

2013年8月，微信公众号"一本政经"发出了第一篇原创文章。彼时，正值政务微博方兴未艾，而政务微信又蓄势待发。在新媒体环境下，网络舆论阵地兴起，这对各地区、各部门政务信息的发布提出了新的要求。

经过1年时间，涨"粉"2万，这个速度跟一些微信"大号"比，算不上"爆发式",不过张志安对此基本满意:"毕竟,'一本政经'针对的人群主要是在党政机关从事政务传播的人和一些媒体,专业性相对强一些。"他告诉记者,比起数量,他更关心的是"粉丝"的质量。"一本政经"的关注者,不乏各级宣传部部长、外宣办主任、网信办主任、新闻发言人等。在公众号以外,张志安建立了一个"一本政经交流群",把能够确认身份的核心用户都拉到其中。有时,他在后台看到颇有见地的留言,也会把该留言人拉进群里,一来二去就成了朋友。

有了"一本政经交流群",张志安便有更多机会和用户交流互动。有时,大家会就"一本政经"推送的文章展开讨论,或者就一些热点事件发表看法。

大家一起开药方

"一本政经"的不少案例,就是这样"聊"出来的。

2014年,广东某地贩卖野生动物被央视新闻曝光,当地林业部门当晚就草拟了一篇新闻统发稿,通报了相关部门现场会的工作部署。当地外宣部门对新闻稿进行了及时调整,翌日,发布了一个新的版本。

这一前一后两个新闻稿,很快在"一本政经交流群"里引发热议。有人看到,虽然危机事件适逢节假日,基层政府部门的反应却很迅速,值得肯定。也有人指出,第一稿在表达方式上存在一些惯性思维,如过度强调领导重视、未能回应社会关切;此外,试图把事件责任推到媒体宣传力度不够、公众法制意识淡薄等方面的表述,容易引起一部分公众的反感。而修改后的稿件更加"去宣传化",并且体现出政府主动沟通的姿态。

这个案例为张志安提供了直接的创作素材。不久后,"一本政经"推送了一篇题为《你造吗?怎么变宣传通报为风险沟通》[①] 的文章,就是以此次事件为例,探讨了危机公关的新闻发布策略。文中,修改前后的新闻稿被全文引用并细致对比。比如,原稿中程式化的领导批示"一、二、三"经过技术处理后,官腔官调减少了,管理者的主动性突出了;修改

[①] "你造吗"为网络用语,意思是"你知道吗"。——编者

稿把过去政府惯用的"欢迎媒体监督"提法变成"回应社会关切",表达更加准确,也给政府自身留下调查真相的余地;新增的翔实数据与现场图片,大大提升了新闻发布的服务性和可信度,满足了公众的信息需求,避免了不必要的猜测或质疑。文章最后得出结论:在面对危机事件时,单纯强调领导重视、过度强化正面事实、急切进行舆论引导,可能会对政府解决问题起反面作用。与其害怕或视而不见,不如准确把握、直面回应,通过持续性的新闻发布和信息公开,来保持沟通、减少疑虑。

表面上是文本的差异,背后却是传播和治理理念的更新。对很多政务传播一线的从业者来说,这无疑又是一堂生动、实用的业务公开课。

复旦大学传播与国家治理研究中心主任李良荣教授这样评价说:"张志安的研究特色之一是非常接地气。"对此,张志安坦言:"如果没有他们提供案例并进行讨论,要写出这样接地气的案例分析,是非常困难的。"

"念经"还有不少局限

现在,"一本政经"已形成几个固定的栏目。"微讲座",主要是张志安相关讲座的内容精华;"微知识",着重介绍政务传播的理论知识;"微案例",侧重于具体案例的点评;"微访谈",以访谈的形式分享观点,人民网舆情监测室秘书长祝华新、中国传媒大学媒介与公共事务研究院高级研究员侯锷等,都是近期的"座上宾"。推送的内容以原创为主,大多结合案例,观点清晰,对于一线工作人员来说,具有相当的可操作性。有一位在区级宣传部门工作的公务员,干脆把张志安归纳的政务微博微信运营法则直接写进了部门工作手册,因为"说得太实在了,每一条法则都货真价实"。

采访中,张志安给记者讲述了一个小插曲。有一次,他在看电影《星际穿越》时,不知怎么误操作,退出了"一本政经交流群"。等看完电影,发现自己竟然不在其中,他吓了一跳。重新"归队"后,他受到了大家"报复式"的热情欢迎。他自嘲说,看完这么一部科幻电影再见大家,"如同重生";而群里的朋友们也开玩笑说,"你再不回来,我们要开新闻发布会了"。由此,张志安心生感慨:"可见'一本政经'核心用户们的忠诚度还是很高的。"

自开设"一本政经"以来,张志安的总体感受是,他接触到的政府部门及其官员越来越善于利用新媒体提高工作效率、强化公众沟通,信息公开的意识也在逐步增强。不过,根据一些从业者的反馈,这项工作依然受到种种局限。比如说,基层公务员即便掌握再多的技巧,如果领导的想法不改变,很多事情还是实施不了。另外,很多地方部门其实都有切实利用新媒体的愿望,但由于基层缺乏能够与之匹配的人力、物力和财力,有些工作依然展开不了。在这位中国最年轻的新闻传播学院院长看来,"适应这个时代的政务传播理念确实越来越普及了,但是在不同地方、不同部门、不同层级,它的贯彻落实还有很大差别"。

对　话

"解放周一":为什么取名"一本政经"?

张志安:跟媒体讲话,我是"打气",更多的是鼓励那些坚守的人和转型的人,希望大家能够更热爱这个职业。给官员讲课,则是"念经",我希望让大家知道,在你面对公共危机事件和公众质疑时,"讲真话"其实是你最佳的处理方法。现在,信息公开的理念尚未成为一个绝对的共识,即便成为共识了,在具体执行当中也会遭遇麻烦和问题,所以,我想通过这个微信公众号,把公共传播的理念更好地传递给大家。

"解放周一":虽然你素有"小超人"之称,但我们仍很好奇,在身兼数职、教研任务繁重的情况下,你是如何做到坚持运营"一本政经"的?有没有人协助你?

张志安:尽管很忙,但是我觉得做"一本政经"还是很有意义的。我可以通过它逼迫自己保持一个写作的习惯,能够用这个平台跟这个圈子的人保持紧密的联系。接下来我希望能招募一个三五人的团队来协助运营。我自己的体会是,自媒体如果真正靠一个人来做是非常吃力的,也很难持久。其实"一本政经"也曾有过半年左右的瓶颈期,好在现在又能保证一定的更新频率了。所以,还是要采取一种"1+X"的模式,就是有一个核心人物来做价值和选题的把关,还要有一个小的团队配合共同来进行运营,不论是在技术还是内容方面。

"解放周一":近期有什么线下的计划吗?

张志安:微信公众号里的文章到现在也积攒很多了,大部分是原创。我们会在今年把其中的优质内容结集起来,出版一本《一本政经:政务传播实用手册》①,围绕新闻发布、政务微博微信运营、危机管理、城市形象传播等主题,探讨新媒体环境下政府传播和沟通策略的理念与技巧。据我所知,很多政府部门也有这样的需求。我希望这本书能成为"政务传播从业者需要的案头书、政府部门得心应手的工作指南"。

(本文首发于《解放日报》2015 年 4 月 13 日 "解放周一" 第 5 版。文/记者刘璐。本书收录时有所修订。)

---

① 即本书,在正式出版时定名为《政务传播实务》。——编者

媒体有公信力,政府才更有公信力

2012年6月30日,天津蓟县莱德商厦发生火灾。随后,虽然当地政府及时发布了事件消息,但内容过于简单。此后,网络上对此次火灾的各种传言开始流行,如"拉卷闸门影响逃生""死亡人数超过300人"等。这些言论流传了十几天,直至2012年7月17日中央电视台"东方时空"针对相关传言所作报道播出后,才基本消弭传言。

在公共危机事件发生时,由传统的主流媒体发挥权威的作用,有利于澄清谣言、狙击谣言,在一定程度上还能消除公众的不信任感。

综观过往很多案例,主流媒体迟来的详细报道虽可以还原真相,但有些地方政府在重大公共突发事件中反应迟钝,对政府公信力造成一定的损害。同时,舆论引导完全依赖网络也损害了主流媒体的公信力。

在网络时代,媒体的公信力遭遇挑战

现在舆论和社会心理的多元的、批评的态势,在给政府相关部门带来压力的同时,也给媒体的公信力带来了挑战。

《新京报》:"天津蓟县大火"作为一个重大的突发公共事件,在信息传播方面呈现出一面是媒体报道的严重不足,一面是网络上各种传言广泛传播,如何看待这种现象?

张志安:过去由媒体所垄断和掌握信息主导权的传播格局,在互联网时代特别是社交媒体时代已经发生了巨大变化。

过去的新闻生产机制是专业的记者在新闻现场采访,进行严格的把关和专业标准的控制,最后再传播出去。在这种情况下,生产比较集中,管制也比较高效,舆论引导也有一定空间。

但是,现在越来越多的新闻现场是由目击者、当事人甚至是有一定利益诉求的利益相关者进行发布,经过爆炸式的传播,使原来组织化的新闻生产机制越来越变得社会化,由封闭变得开放,由相对可控变得不易控制,媒体在重大突发公共事件中的信息垄断优势几乎不存在。

《新京报》:除了这个原因,还有什么对媒体的公信力带来挑战的因素?

张志安:像发生火灾这样的事件实际上是公共危机,面对这种公共危机,有的政府部门在压力下,比较强调信息发布的节奏性和舆论引导的正面效应,还是倾向于在不同层面对信息传播进行管制,信息发布的速度和效率还是相对滞缓,集中表现在对公众质疑的回应和有关部门及时调查的速度比较慢,这就带来"真相还没穿上鞋子,谣言已经跑遍了全世界"的问题。谣言传播的背后往往都有一个社会公众的普遍情绪、不信任的态度或长期形成的刻板印象,当谣言和这些因素碰撞到一起,谣言的传播速度就会更快,更何况现在有新媒体。

《新京报》:如何看待公众心理状态对媒体公信力的压力?

张志安:整个社会的公众和网民的心理特征、舆论特征,反过来对媒体的公信力会形成很大的压力。我国在几十年来高速发展的同时也存在一些还没有解决的矛盾和问题,比如医疗问题、教育问题等,这些都会给公众形成一定印象。这种印象在互联网上就会表现为批评性的负面情绪,在公共事件发生后,政府相关部门再也不能简单地像以前那样处于舆论比较正面的态势中,不管政府部门怎么做、如何发布,还是会时常听到批评的声音。

像于2012年5月份发生的"深圳飙车案",即使政府相关部门做了很多的发布和调查,但是最后网络调查显示,仍然有30%左右的网民对公安部门的调查结果持怀疑态度。

新闻媒体权威性优势将长期存在

媒体可以持续投入专业的记者、编辑等人力资源,对事件的幕后进行深度的挖掘和调查,进行深度报道,这是"草根"新闻所不具备的,在这方面媒体具有更大的价值。

《新京报》:从中央电视台于2012年7月17日播出针对网络上之前的

一些传言所进行的调查报道后,越来越多的网友开始改变对这个事件的看法,如何看待媒体的这种作用?

张志安:媒体的优势首先在其专业性,能真正对其发布的消息经过把关,编辑进行确认,遵循客观、准确等新闻专业理念,所以,它发布的事实本身具有更高的可信度和权威性。

对于一些知名的媒体还有一个层面的价值,就是提供理性的公共对话的平台。现在互联网还难以形成足够的理性,整体来看,情绪化、碎片化的信息比较多,还无法建立一个理性的、公开的、以公共利益为导向的对话机制,这是媒体作为公共空间的特别价值所在。

《新京报》:对比"深圳飙车案"的信息发布和"天津蓟县大火"的信息发布,事件在经过了一段时间的热度后,公众的注意力会转移,这可能会让一些官员认为,事情总会过去,及时发布和不及时发布实际上结果是差不多的。

张志安:如果及时地针对公众的质疑进行事件的调查,以滚动的方式利用微博、发布会进行回应,一定可以澄清大部分的质疑。

至于始终还有一小部分公众不相信,这是正常的现象。一个社会越发达、越自由、越进步,它必然越能够包容多元、不同的声音,越能包容正面和负面、理性和非理性的声音,这是一个常态,要慢慢接受这种局部、小部分的不信任。

《新京报》:在缺乏对信息发布特别明确、具体规则的情况下,对于不同的官员而言,他们可能不会从整体的公信力角度考虑问题。

张志安:做与不做一定是有差异的,做了就一定有效果,不做效果一定会很差。如果采取那种应付的、"等事情过去就算了"的态度,就太低估公众和网民的理性了。公众对政府部门的信任不是一蹴而就的,也不是靠单个事件就能够实现的,而是在一个一个事件的表现中形成整体的、长期的判断。

如果单独对比这两个危机事件,好像现在存在"关注得猛、批评得烈、转移得快"这样的特点,但不能用这个共性来抹杀危机个案导致负面影响的个性。

公众在这个事件、那个事件中看起来确实转移了注意力,但对政府相关部门的认知、评价是否降低了？他是不是通过这个事件积累了社会情绪？这种情绪不是短时的、当下的、完全显现的，它是理性的。

《新京报》：如果要求官员个体从整体公信力的角度考虑危机事件处理，这个要求可能有点高。

张志安：要求确实太高了，因为他很难去考虑整体。所以，如果没有一个机制来保障贯彻《信息公开条例》，在危机事件当中，他依然还是会选择性公开，选择对自己有利的、看起来有利于舆论引导的信息进行公开。

发挥新闻媒体"一锤定音"的作用

《新京报》：媒体的位置在哪里？

张志安：开放。我们应该更大程度地欢迎媒体的舆论监督。在公共危机事件发生时，能够由传统的主流媒体发挥权威的作用，比较有利于澄清谣言、狙击谣言，在一定程度上还能消除公众的不信任感。

《新京报》：从类似天津大火的事件看，媒体应该如何做？

张志安：我们不能说网络上的都是谣言，网络上还是有很多真实的声音的。网络上多元声音的传播中有真有假。

面对这种多元的、复杂的、但更快捷的舆论场，媒体只有坚持它专业、权威、深度的优势，发挥在多元质疑声音中一锤定音的作用。因为媒体往往能够呈现更扎实的事实，以此来披露被遮蔽的真相，这种真相是最能去狙击谣言的。

政府信任媒体，媒体承担责任

《新京报》：在一些重大突发公共事件中，作为信息发布主体，政府部门应当如何面对媒体？

张志安：政府部门首先要信任新闻媒体，相信媒体作为专业的新闻报道组织者和传播者，有能力客观、准确地报道事件。不必过多地干预媒体的采访，更不必要垄断信息和选择性地发布信息。

新闻媒体的整体团队经过专业训练,加上分工、制作、把关、传播等流程,其信息传播的质量比较高,内容品质是有保障的。这也是新闻媒体一贯以来给公众的印象。

目前,也只有媒体会花几乎全部的时间和精力投入到新闻报道中,挖掘真相,不仅能满足公众对动态新闻的需求,还可以满足公众对深度新闻的需求。而新闻媒体在信息获取资源上更有优势,记者通过和政府部门的沟通与互动,拿到重要的第一手信息,这是普通公众难以做到的。

此外,还有一个大家容易忽视的现象,那就是网络信息目前还只是一种随机的、碎片化的呈现,并没有一个行业的共同体,而新闻媒体有比较强的外部的监督,媒体之间可以互相监督,有追求的媒体对如何报道都有一些基本共识,如果出现不规范的行为会有机制进行纠错,媒体之间会进行相互的批评,这使得新闻媒体可以保持一个比较好的职业认同并发展职业规范和标准。

《新京报》:相比网络,新闻媒体的一个特点是,如果报道出错,它能承担责任,也应该承担责任。

张志安:新闻媒体不能保证事事都不错,但它能保证有错必纠,所以,不用担心给媒体自主报道事件充分的空间会带来问题。政府部门的职责是及时发布信息,支持配合媒体报道;如果媒体报道出错,甚至无中生有,可以事后追究媒体的责任。

当然,现在也有新闻媒体报道的瑕疵在短时间内被放大,而在纠错时又"羞羞答答"的问题。目前,还没有一个强有力的机制保证媒体在犯错时能够真真正正地去面对,以当时报道时同样的重视程度去纠错,这个问题也需要解决。

《新京报》:重大突发公共事件发生时,政府应当主动向媒体包括都市类媒体发布信息和提供采访便利。

张志安:主流媒体尤其是市场化的主流媒体,是政府危机事件信息发布和风险沟通中非常重要的黏合剂,发挥着中介的桥梁作用。

对网民来说,很多市场化媒体也有较高的公信力,其发行量和对受众的影响力都有优势。政府应对危机更主要的是和公众沟通,这时不能忽视市场化媒体的作用,对政府来说,要充分运用好这种公信力和传播力。

《新京报》：以"天津蓟县火灾"为例，新闻媒体在事件中不到位，一方面网络上的质疑甚至谣言纷纷出现，一方面却是新闻媒体长时间的失声或只言片语，导致网络传言无法及时澄清。

张志安：新闻媒体在重大公共突发事件中失声，或仅仅发布极为简短的消息，无法满足民众的知情权。

本来传统媒体的速度就不如网络，等到第二天、第三天还没有权威的信息出来，怎么让公众对新闻媒体有信心呢？如果媒体不能客观、充分地报道，网络上各种传言必然盛行，结果政府相关部门又要耗费巨大的成本去应对，但效果却很有限。

对于应对危机中的政府部门而言，除了向新闻媒体提供信息、主动支持配合媒体采访外，当然也可以在网络上把重要信息发布出去，起到协同的作用。但无论如何，离开了媒体的主动调查，只有政府部门单方面的信息发布，效果总是有限的。

《新京报》：如果新闻媒体在重大公共事件中缺位致使其公信力受损，政府的公信力同样也会受到损害吗？

张志安：是的。只有新闻媒体有公信力，政府部门也才能有公信力。尤其是在当下，新闻媒体的管理都是由政府部门主导的，新闻媒体的公信力是和政府的公信力联系在一起的。如果新闻媒体失去了公信力，人们势必会从网络上寻找信息，就难免会接受鱼龙混杂的东西，反过来政府部门还要花大力气去做去伪存真的工作。

政府部门如果期望推动自身的公信力增强，就要用更宽松、开放的、多元的灵活政策给媒体更大的报道空间，保证新闻媒体的公信力。

（本文原以《媒体有公信，政府公信才有保障》为题首发于《新京报》2012年7月21日第B04版《评论周刊·访谈》。文/《新京报》时事访谈员杨华云、实习生陈白。本书收录时有所修订。）

本土微博兴起尚待顶层设计

2012年3月1日,中山大学传播与设计学院张志安博士受邀到东莞为全市新闻发言人做了一场讲座培训。事实上,张志安在政务微博研究领域亦颇有心得,曾发表过第一份《中国政务微博研究报告》。3月4日,《南方日报》记者就政务微博的运行模式与考核、城市形象塑造、微博问政等热点话题对其进行独家专访。

谈城市形象:完善现实比提升形象更重要

《南方日报》:此次东莞政务微博集体上线被视为塑造城市形象的新窗口。如何看待政务微博与城市形象塑造的关系?

张志安:一个地方经济越发达、媒体越发达,受到的社会关注度也会越高。东莞的城市建设和经济增长速度很快,在发展中遭遇一些个性和共性的问题很正常,加强城市形象建设也反映了政府对城市软实力的重视。

城市形象的塑造是一个综合实施的体系、一个策略传播的过程。城市形象的塑造如同国家形象一般,最关键的是城市本身发展的现实,其次才涉及媒体对它的报道以及地方政府的外宣成果。在我看来,完善现实比提升形象更重要。城市形象塑造的基础在于城市的发展现状,这个才是最关键的。

政务微博的开通,是拉近政民关系、提升城市形象的新载体和新平台。它跟其他媒体的不同之处在于,对政府来说,别的媒体都是间接的、他者的平台,而政务微博则是个直接的、自主的平台。政务微博的话语权掌握在政府自己的手中。如果政府能够通过运营政务微博建立庞大的"粉丝群"(尤其是本地网民数)和较高的公信力,则相当于拥有了一张互联网上的"主流大报",就可以通过这个清晰、便捷、高效的渠道来发布公共信息、实现政民互动,由此掌握更大的影响力和话语权。

当然，伴随这种直接与高效的传播效能，随之而来的是公众对政府会有相应的高期望和高要求。这种新型的网络传播方式，改变了以往传统媒体的单向传播，要求政府部门直接走向前台，与公众零距离进行接触，倾听公众的心声、要求、质疑乃至投诉，由此，也在某种程度上给城市形象管理和建设带来一些压力。通过政务微博的渠道与公众进行紧密互动，促使政府转变自身的姿态，采取更为平等的方式与民沟通，这对微博的运营人员、开微博的公务人员和政府部门都是一项挑战。

简而言之，政务微博对城市形象塑造有明显的好处，又有潜在的挑战。好处是政府部门可以清晰、统一、便捷地掌握具有自主话语权的传播平台，挑战是必须直接、坦诚、谦逊地面对数亿网民的评价与互动。如果不及时回应来自民间的关切和质疑，及时进行沟通和化解，政务微博所建立的话语权和公信力本身也会逐渐消解。

《南方日报》：政务微博在改善城市形象方面能发挥多大作用？

张志安：政务微博最大的特点是把政府为民服务的角色意识给确立起来，把与民沟通的谦逊姿态给强化起来。同时，这也是一个及时发现城市治理中的隐患和风险的管道，更有利于解决城市发展的现实问题。它跟城市形象有关系，但本质上，其主要功能并非为城市形象服务，而是为公众服务。

政务微博最主要的功能是发布政务信息、提供民生服务，倾听民意、把握舆情，增进政府与民间的互动，推动政府信息公开，促进网络问政工作，有利于透明、开放、可接近政府的建设。

政务微博与政府的公共治理和社会管理息息相关。有些基层政府官员担心，随着政务微博的开通，网民对城市形象的要求将逐渐提高，一些政府部门将疲于应付甚至不堪重负。我个人觉得，这种顾虑应该打消，但打消顾虑的外部条件很重要，至少包括宽容的管理文化、专业的人员配备、足够的资源支撑和灵活的考核方式。

谈微博考核：质化考核为主，量化考核为辅

《南方日报》：最近，东莞正在对新成立的政务微博管理人员进行培

训。政务微博管理人员应具备哪些素质？

张志安：观念的确立应该排在第一位。在打造服务型政府的过程中，政务微博管理者除了要拥有更为开放的理念，一定要确立以民为本、为民服务的意识，以开放、积极的心态来参与这项工作。

我个人认为，"因为认同，所以热爱"是政务微博运营团队最重要的特质。他们应该认同网络对中国改革的正面影响，认同微博是推动社会进步的积极动力，由衷地激发对这项工作的热爱。

其次，他们需要"因为喜欢，所以专业"，即掌握运营微博的技巧，熟悉微博的特征，了解微博的传播机制，把握微博的舆论生态，能够娴熟地进行微博写作、视觉设计、多媒体应用。

此外，谦逊的沟通心态和积极的互动意识也不可或缺。他们需要及时观察和了解网友反映的问题，并积极给予回应，形成良性互动。

《南方日报》：东莞有政协委员提出将政务微博列入政府考核内容。这一提议是否对促进政务微博发展可行有效？

张志安：政务微博的考核应该优先解决运行机制、保障机制及激励机制的问题，其次才考虑如何将其列入考核内容，探索科学适宜的评估方式。

2011年是"政务微博元年"，政务微博数量增长迅猛，目前全国已超过5万个。但是，在有些地区和部门中，政务微博的开设基本上是一道自上而下的"命题作文"。很多机构官方微博的开通，都源自领导的行政指令，没有进行事先充分的调研，没有足够的投入，也缺乏配套的激励和考核机制。这使得基层在执行过程中缺乏足够的资金、专业的人力和可持续的机制。如果连激励、保障等可持续发展机制都还没健全起来，急于进行考核显得步伐稍快了一点。

对于政务微博，首先要解决好保障机制和激励机制的问题，然后再来考虑考核方式的问题。如果要进行考核，也应建立"质化考核为主、量化考核为辅"的动态、多元评估机制，对不同类型、不同层级的政府机构，进行分类定位、分类考核，千万要避免搞"一刀切"。比方说，交通和旅游等与民生更接近的部门，每天会发布大量实用信息，受网民的关注度和欢迎度就比较高；但是，对于档案局、统计局这类部门，可能就没有那么多的信息来进行常规发布，因此，对这些部门的政务微博在考核上就得区别对待。在考核其互动性的时候，越敏感的部门在回应敏感问题时压力就越大，面临问题的频度、解决问题的难度应该各不相同，这也是在考核时需要考虑的因素。

谈微博作为：基层微博问政离不开党政"一把手"的支持

《南方日报》：与"东莞微博发布厅"同时上线的政务微博既包括市一级的政府部门，又涵盖不少基层镇街的官方微博。它们在运行定位上有何选择？

张志安：宽泛来看，政务微博大体有三种模式。第一种模式为"服务型"，以发布便民信息、服务百姓生活为主。这种政务微博特别注重给市民提供生动的实用信息，尤其以吃喝玩乐、天气咨询、交通出行、旅游等资讯信息为主。它们在适当提供政务信息之外，主要以提供服务为主。此类模式常见于市级官方微博，以"@上海发布""@微成都"为代表，办得非常有亲和力；或者是跟民生比较相关的机构微博，如交通、旅游、气象等部门。

第二种模式为"推广型"，以传播政务信息、提升区域形象为主。相对来讲，省一级的政府微博比较适合选择这种定位。省级单位覆盖全省，如果对单一中心城市提供服务资讯，在面上显得较为狭窄，因此，他们更加注重全省的形象建构，除了政务信息之外，会提供各种各样关于本省发展的新闻，也会把各个部门的工作亮点展现出来。

第三种模式是"问政型"，以解决实际问题、实施网络问政为主。如"佛山南海""问政银川"等微博，都力图把政务微博办成网络问政的渠道，将政务微博与社会管理结合在一起。这样的微博，能更多地用来解决实际问题。

具体到东莞，市级微博的模式可选择介于上述第一种和第二种之间，注重给市民提供服务的同时，也应用于建构及营造更好的城市形象；镇一级的基层政务微博则可以更多发挥在社会治理、社会服务、社会管理等方面的问政功能。

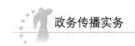

《南方日报》：微博问政往往涉及政府部门问责，在基层能够真正全面铺开吗？

张志安：参照全国已开通的众多政务微博，其实真正定位在网络问政的并不多。这与我国的公共管理体系、特点及信息公开制度是息息相关的。

2008年，我国颁布了《信息公开条例》，但这一条例只是"规"而不是"法"，在具体执行当中就存在部门化、地方化等问题。在信息公开过程中，有的政府部门往往选择公开对自己有利的信息、屏蔽对自己不利的信息，以"主动公开"为主。

另外，网民通过政务微博所要求的不只是信息公开，还有投诉、质疑、举报、办事等。这涉及不同部门之间的关系协调、沟通机制，解决问题的难度、效率等。所以，目前对微博发挥"网络问政"功能寄予过高期望是不现实的。

据我观察，一般能把政务微博作为问政的主平台的地方，背后往往跟党政"一把手"的支持与推动密切相关。如果没有"一把手"领导的大力支持和强势推进，这样的工作要具体落实是非常困难的。

（本文首发于《南方日报》2012年3月7日第A02版。文/记者黄少宏。本书收录时有所修订。）

新闻执政：干部能力新要求

2009年3月1日，浙江湖州安吉县领导干部新闻素养研讨会上，张志安博士给乡镇部门的"一把手"做了一场题为《全球化、信息化时代：新闻执政能力提升》的精彩演讲。他结合当前中国面临的国际国内形势，援引2008年的一些重大案例，详尽阐述了新闻执政的基本内容、重要意义及主要策略，引起我县领导干部的热烈反响。什么是新闻执政？为什么要强调新闻执政？如何新闻执政？带着这些问题，记者对张志安博士进行了专访。

挑战来自何方？

记者： 从新闻传播的角度看，领导干部、地方官员当前面临着哪些挑战？

张志安： 我们可以从信息化和全球化两个角度来分析政府官员在执政能力上面临的挑战，这些挑战无疑是严峻而迫切的。

信息化意味着信息的充分、快速、海量传播，尤其是互联网兴起后，其传播效能大大升级，正在深刻影响政府信息公开的方式和行为。其挑战至少包括四个方面：

（1）应对公民监督。互联网提供的"人肉搜索"、论坛BBS、个人博客等传播形式，给普通人参与公共事务提供了表达意见、监督决策的开放平台，由此，要求政府部门运作更加公开透明和科学民主。

（2）资讯如何筛选。在信息爆炸的海量时代，领导干部能否通过不同渠道获取信息，及时、全面掌握准确、有价值的资讯，是能否科学决策的基础。

（3）危机如何应对。如社会学家贝克所言，现代社会就是风险社会，风险无处不在。风险社会中，危机事件的常态化在考验官员化解风险能力

的同时，也考验其能否有效利用媒体的能力。由于互联网、手机等新媒体的存在，危机可以立即扩散，危机传播的速度更快、控制更难、负面影响扩散更大、社会舆论和情绪积聚更容易，由此，对危机处理过程中的传播能力提出更高要求。

（4）意见如何表达。在传播渠道多元化、受众接触细分化的情况下，官员能否借助不同方式来精辟表达观点、建构个性风采、传播政府信息，也是重要的执政素养。如何紧扣政府工作的中心，利用活动、博客、论坛等各种形式，制造"新闻点"、传播亲和力，对很多官员来说还是新课题。目前，还有一大批官员在跟媒体打交道时不够自信、心怀顾虑甚至有抵触情绪。

而从全球化的角度看，官员执政能力所面临的挑战主要有三个方面：一是政治意识的民主化。民主是个好东西，但民主必须立足国情、因地制宜，官员应该建立以人为本、开放现代的思想意识。二是文化观念的多元化。要接受同一个世界的不同声音，熟悉不同国家的不同文化，在对外交往中懂得尊重。三是经济视野的全球化。要学会用世界眼光分析中国问题，如全球金融危机对我们的影响和我们的应对策略。

记者：面对这些挑战，我们的政府官员是否已经开始有所准备和应对？

张志安：当然，上至中央，下至地方，对信息化和全球化带来的考验都已经给予高度重视和积极应对。从 2008 年到 2009 年，值得关注的"信号"至少有三个：

一是，胡锦涛总书记到人民网视察，强调想问题、作决策、办事情都要广泛听取人民群众意见，集中人民群众智慧，而互联网是了解民情、汇聚民智的重要渠道。

二是，为加强中国国际形象传播和世界舆论话语权争夺，中央决定划拨一定资金支持新华社等媒体增加驻外力量，积极打造类似 CNN（美国有线新闻网）这样的世界级媒体。

三是，国家副主席习近平于 2009 年 3 月 1 日在中央党校的讲话中，提出领导干部的六种能力，除统筹兼顾、开拓创新、知人善任的能力外，有三个新提法值得关注，分别是应对风险、维护稳定和同媒体打交道的能力，这充分反映了中央对当前形势的判断。

我个人认为，应对风险离不开舆情监测，维护稳定少不了信息传播，同媒体打交道不仅是接受采访的能力，后三种能力其实都与"新闻执政"能力密不可分。因此，新闻执政已经不再是少数官员或者新闻发言人的职责，而成了所有官员必备的基本素养，成为中央对各级领导干部能力提出的新要求。

何谓新闻执政？

记者：什么是"新闻执政"？它跟我们过去熟悉的新闻发言人制度有什么不同？

张志安：新闻发言人制度的目的在于推进政府信息公开，它只是信息公开的一种机制，也只是新闻执政的一种方式。"新闻执政"的英文是 governing with the news（用新闻来治理），这个提法源于美国的白宫发言人，其内涵不同于传统的宣传管理（rulling by propaganda）。

所谓"新闻执政"，也就是运用新闻来提高执政形象、执政公信和执政合法性，向公众传播政府决策、方针，以达到贯彻落实的目的。依据这种理念，政府官员不应该只是把接受媒体采访或者参加新闻发布会看成配合宣传部门所做的工作，而应该主动自觉地把运用新闻资源看成自己日常工作、执政的必要组成部分。因此，从新闻发言人制度到新闻执政，意味着"新闻"对政府工作重要性的全面提升，新闻执政已经逐步成为成功执政的重要基础。

记者：您能否结合一些案例，说明"新闻执政"的核心理念和策略？

张志安：好的，我们简单回顾下2008年发生的三件大事，它们能够充分说明我们新闻执政能力的不断提升和其主要原则。

首先是对于2008年的"3·14"西藏打砸抢烧事件，我们采取了相对封闭的做法。在事件发生初期，我们没有允许外国记者到现场采访，也没有及时向外国媒体提供足够丰富、确切的事实数据，中央和西藏自治区政府的发言人接受采访时提供的信息也比较有限，只强调这是达赖集团的阴谋策划。再加上西藏问题一直是西方记者报道的焦点，当"3·14"事件与人权、民主等议题联系在一起的时候，更加成为世界媒体关注的热点。外国媒体对此事件做了大量的负面报道，有一些还犯了低级的技术性错误，由于中国政府的声音没有得到及时、全面的传播，我们受到了一定的国际舆论负面冲击。

其次是2008年的"5·12"汶川大地震，在经历了短暂的报道限制之后，配合中央政府高效、人道、义无反顾的救灾举措，中外媒体对这次灾难的报道尺度可谓前所未有的开放。相比30年前的唐山大地震，政府对于"天灾"报道的信息公开意义怎样评价都不为过。正因为没有采访报道的限制，媒体才发挥出及时报道灾情、动员社会救援、凝聚各方力量的积极作用，对政府救灾给予了有力的支持。

再则就是2088年8月的北京奥运。我们投入了巨大的人力、物力筹备奥运会，精美绝伦的开、闭幕式，细致周全的赛事组织，热情专业的服务水平，再加上完全开放的传播姿态，使本届奥运会顺利、圆满举行，也大大提升了中国的国际形象。

从2008年的这三件大事中不难看出：真实才有公信力、透明才有话语权、传播才有影响力。"新闻执政"的核心精神和策略也就在其中。过去，我们在对内传播上采取一定的控制、管理策略，现在，在对外传播策略上必须有所改变、突破和创新。

改革开放30多年来，在经济上不断崛起的中国，正成为全球化时代世界格局中的重要力量。如何改变多数西方公众对中国的"负面认知"，是摆在我们面前的重要挑战。由于新闻体制的差异，中西方新闻价值观、操作手法的不同在面向国内公众、报道内部议题时可以做到"相安无事"，而一旦涉及放在全球化的框架中、涉及他者议题的对外传播，就必然产生冲突、碰撞。对于正在不断强大的中国而言，需要相当长的时间去适应外国媒体如何报道中国，去学习如何向世界说明中国。

如何应用策略？

记者：大到一个国家，小到一个个体，成功运用新闻资源都十分重要。我们听说，您本人的网络应用十分活跃和有效？

张志安：互联网对我个人的积极作用至少有三点：一是分享。过去，我有个专业博客叫"传媒视域"，开通三年多时间内的访问量超过900万人次，主要是学生和业内人士看，有少量原创，主要是转载。二是交友。我的MSN上1000个好友已经加满，其中六成都是中外媒体从事深度报道的记者，如果要交流业界动态、探讨业务经验十分方便。三是事业。我曾在某电子商务网站担任过公关经历，后来读研究生时开始与两名合作伙伴自主创业，创办了国内最早的中老年社区服务平台"老小孩网站"。尽管我的重心是教书育人，但仍然每周抽点时间关心下自己的"副业"。

就个人实践而言，我深刻感受到新媒体带来的巨大变革和传播能量，也真切体会到提高新闻素养的价值回报和重要意义。虽然运用目的和传播方式有所不同，但是，学者与官员对信息传播的需求和应用方式却是共通的。

记者：关于"新闻执政"，发达国家尤其是美国有什么经验可以借鉴？

张志安：有学者专门就美国新闻执政的经验做过研究，总结出一些典型的做法，包括：

（1）表达政府态度。重大事件发生后及时表态，第一时间发出政府声音。注重政务公开和发言人制度，及时让人民了解政务。掌握新闻发布规律，有效引导舆论，提高执政能力。

（2）预告活动日程。美国领导人经常视察讲话，把活动日程提前告诉记者，让记者把领导人的行动和讲话及时变成新闻，通过媒体争取民心和连任。

（3）突出政策亮点。围绕"新闻性"制定政策，修改或制定政策一定要有新内容，并且是能获得群众欢迎的内容。换句话说，他们很注重把握政策发布的时机，突出政策中的"亮点"。

记者：结合国情，请您具体针对政府官员的"新闻执政"策略提供一些建议和对策。

张志安：我个人以为，要从四个方面下功夫：

（1）学习新闻知识，把握传播规律。政府官员要充分了解中国媒体和西方媒体的特点，掌握新闻传播的基本规律。对内传播时，懂得以沟通取代控制;对外传播时,能够遵循外国记者的报道要求向世界说明中国。总体上,要逐步以新闻思维取代宣传思维、以沟通思维取代控制思维,以更专业的姿态进行传播。

(2)获取多种资讯,做出理性判断。政府官员要善于从中国媒体、世界媒体,官方消息、民间声音,传统媒体、新媒体等各种渠道获取资讯,要善于对各种信息进行辨别、批判、筛选,在此基础上做出相对理性、准确的判断。我比较推荐大家多上人民网、新华网、财经网等。

(3)传播政务信息,塑造健康形象。在议题设置上,要改变单纯的宣传思维,实现政府议题、公众议题与媒体议题的重合;在网络互动上,要利用网络论坛(BBS)、个人博客、手机短信等多种形式的媒体渠道,传播集体、个人的不同意见和信息,强化与公众的互动沟通;在接受采访时,要遵循"金字塔原则",约定采访主题、准备精彩引语,给记者提供故事,让自己的语言生动,并且言简意赅;等等。

(4)运用新闻资源,妥善处理危机。要遵循快速、公开、针对、统一的原则,体现尊重民意、体恤民情的姿态,根据预案采取行动,主动传播信息、柔性沟通、妥善应对,及时化解矛盾纠纷,妥善处理群体性事件。在危机舆论传播时,要充分利用新闻报道、电视直播、网络聊天、手机短信等多种形式与公众进行沟通。

记者: 中国政府官员跟外国记者打交道的经验相对比较缺乏,最后,请您再就这方面提供一些宝贵经验。

张志安: 我在 2008 年对 10 多位在华资深的外国记者进行过深度访谈,在南方日报出版社出版了一本新书《中国怎么样:驻华外国记者如何讲述中国故事》。结合我平时跟外国记者的交往与沟通,提七点技巧供参考:①掌握知识:了解西方新闻业概况和媒体价值取向;②实地观察:邀请他们去新闻现场,而不只是饭桌;③提供事实:多提供事实、数据,而不总是强调结论;④解释背景:提供新闻的背景资料,深化他们的认识;⑤降低期待:别指望他们说好话,关键让他们援引你说的话;⑥增加信源:尽量多让老百姓、专家等第三方来说话;⑦尊重文明:从世界眼光、制度比较的思维看问题。

记者：感谢您接受本次采访。

（本文首发于《安吉日报》2009年3月6日第3版。文/昝多娇。本书收录时有所修订。）

参 考 文 献

[1] 张志安，曹艳辉. 政务微博微信实用手册［M］. 广州：南方日报出版社，2014.

[2] 俞可平. 治理与善治［M］. 北京：社会科学文献出版社，2000.

[3] 张志安，等. 新媒体与舆论：十二个关键问题［M］. 北京：中国传媒大学出版社，2016.

[4] 冯春海. 中国政府新闻发布变迁［M］. 北京：清华大学出版社，2015.

[5] （德）乌尔里希·贝克. 风险社会［M］. 何博闻，译. 南京：译林出版社，2004.

[6] 中共中央宣传部. 习近平总书记系列重要讲话读本［M］. 北京：学习出版社，人民出版社，2014.

[7] Tony H，等. 第四范式：数据密集型科学发现［M］. 潘教峰，等译. 北京：科学出版社，2012.

[8] （美）凯文·林奇. 城市意象［M］. 方益萍，何晓军，译. 北京：华夏出版社，2001.

[9] 段鹏. 国家形象建构中的传播策略［M］. 北京：中国传媒大学出版社，2007.

[10] 吉学方. 框架中的"舞者"：深圳罗湖区"双周发布"新闻实践的场域理论分析［J］. 特区经济，2018（11）.

[11] 张志安，汤敏. 论算法推荐对主流意识形态传播的影响［J］. 社会科学战线，2018（10）.

[12] 张志安，曾励. 媒体融合再观察：媒体平台化和平台媒体化［J］. 新闻与写作，2018（8）.

[13] 张志安. 人工智能对新闻舆论及意识形态工作的影响［J］. 人民论坛·学术前沿，2018（8）.

[14] 张涛甫, 徐亦舒. 政治沟通的制度调适: 基于"澎湃新闻""上海发布""上海网信办"的考量 [J]. 中国地质大学学报: 社会科学版, 2018, 18 (2).

[15] 张志安, 李霭莹. 2017 年中国新闻业年度发展报告 [J]. 新闻界, 2018 (1).

[16] 仇筠茜, 陈昌凤. 黑箱: 人工智能技术与新闻生产格局嬗变 [J]. 新闻界, 2018 (1).

[17] 张志安, 李春凤. 隐性新闻发布的类型、动因及反思 [J]. 新闻与写作, 2017 (12).

[18] 张志安, 刘杰. 人工智能与新闻业: 技术驱动与价值反思 [J]. 新闻与写作, 2017 (11).

[19] 张志安, 李春凤. 新闻发布评估机制变迁与构建研究 [J]. 新闻与写作, 2017 (10).

[20] 冯怡. 从机器人小冰看《钱江晚报》人工智能 + 新闻的创新探索 [J]. 中国记者, 2017 (6).

[21] (英) 斯科特·拉什. 风险社会与风险文化 [J]. 王武龙, 编译. 马克思主义与现实, 2002 (4).

[22] 刘鹏飞. 从近年案例看舆情引导规律 [J]. 新闻与写作, 2017 (3).

[23] 刘笑盈. 当前新闻发言人制度建设的进展与挑战 [J]. 对外传播, 2016 (12).

[24] 张宁. 消解作为抵抗: "表情包大战"的青年亚文化解析 [J]. 现代传播 (中国传媒大学学报), 2016, 38 (9).

[25] 张志安, 张美玲. 网民社会心态与舆论引导范式转型 [J]. 社会科学战线, 2016 (5).

[26] 张志安, 束开荣, 何凌南. 微信谣言的主题与特征 [J]. 新闻与写作, 2016 (1).

[27] 夏琼, 覃进. 准确地把真实情况告诉公众: 谈政府新闻发布制度化的内容把关 [J]. 新闻战线, 2015 (23).

[28] 唐文方. 大数据与小数据: 社会科学研究方法的探讨 [J]. 中山大学学报: 社会科学版, 2015, 55 (6).

[29] 曾繁旭,戴佳. 中国式风险传播:语境、脉络与问题[J]. 西南民族大学学报:人文社会科学版,2015,36(4).

[30] 袁跃兴. 中国网络社会心态折射了什么?[J]. 中国职工教育,2014(23).

[31] 郑雯,桂勇. 网络舆情不等于网络民意:基于"中国网络社会心态调查(2014)"的思考[J]. 新闻记者,2014(12).

[32] 孙芳令. 移动网络舆论场的现状与引导[J]. 青年记者,2014(32).

[33] 童兵. 舆论引导新格局的建构:体制和机制[J]. 当代传播,2014(6).

[34] 余建华. 网络社会心态何以可能[J]. 北京邮电大学学报:社会科学版,2014,16(5).

[35] 李海燕. 新闻发言人用语策略解读[J]. 新闻战线,2014(10).

[36] 董子铭. 舆论引导的学理解读:元理由、概念及其系统特征[J]. 四川大学学报:哲学社会科学版,2014(5).

[37] 周晓虹. 转型时代的社会心态与中国体验:兼与《社会心态:转型社会的社会心理研究》一文商榷[J]. 社会学研究,2014,29(4).

[38] 张志安,罗雪圆. 中国互联网20年与新闻发布变迁[J]. 新闻与写作,2014(6).

[39] 张征,陈海峰. 简论"两个舆论场"的内涵与价值[J]. 当代传播,2014(3).

[40] 吴志润. "懒人包:不容忽视的舆论宣传"利器"[J]. 传媒,2014(8).

[41] 张志安,徐晓蕾. 新媒体环境下新闻发布的协同机制[J]. 新闻与写作,2014(4).

[42] 姜飞. 如何理解大数据时代对国际传播的意义?[J]. 对外传播,2014(2).

[43] 王俊秀. 社会心态:转型社会的社会心理研究[J]. 社会学研究,2014,29(1).

[44] 王凌. 论大数据时代媒体业发展趋势 [J]. 中国出版, 2014 (1).

[45] 李卫东, 贺涛. 微博舆论传播的复杂网络拓扑结构模型及其演化机制 [J]. 新闻与传播研究, 2013, 20 (11).

[46] 孙帅, 周毅. 政务微博对突发事件的响应研究: 以"7·21"北京特大暴雨灾害事件中的"北京发布"响应表现为个案 [J]. 电子政务, 2013 (5).

[47] 张眉芳, 陈晓燕, 朱硕, 等. 医院社交媒体危机管理对策研究 [J]. 医学与社会, 2013, 26 (1).

[48] 林雪霏. 转型逻辑与政治空间: 转型视角下的当代政府信任危机分析 [J]. 社会主义研究, 2012 (6).

[49] 聂智, 曾长秋. 负面心态治理: 虚拟社会管理新视阈 [J]. 学术论坛, 2012, 35 (11).

[50] 闫雨辰. 论政府新闻发言人制度的成因及其对我国新闻事业的影响 [J]. 新闻世界, 2012 (2).

[51] 汪锦军. 构建公共服务的协同机制: 一个界定性框架 [J]. 中国行政管理, 2012 (1).

[52] 刘行芳. 社会情绪的网络扩散及其应对 [J]. 新闻爱好者, 2011 (23).

[53] 姜胜洪, 毕宏音. 转型期社会心态方面存在的问题、特点及对策研究 [J]. 兰州学刊, 2011 (10).

[54] 张勇锋. 舆论引导的中国范式与路径: "坚持正面宣传为主的方针"新探 [J]. 现代传播 (中国传媒大学学报), 2011 (9).

[55] 夏学銮. 当前中国八种不良社会心态 [J]. 人民论坛, 2011 (12).

[56] 丁柏铨. 新形势下提高舆论引导能力研究论纲 [J]. 当代传播, 2009 (3).

[57] 翟学伟. 信任与风险社会: 西方理论与中国问题 [J]. 社会科学研究, 2008 (4).

[58] 杨宜音. 个体与宏观社会的心理关: 社会心态概念的界定 [J]. 社会学研究, 2006 (4).

[59] 陈翔. 媒介整合社会: 建构媒介功能新理论 [J]. 西南民族大学学

报：人文社会科学版，2004（4）.

[60] 孙芳令. 移动网络舆论场的现状与引导［J］. 青年记者，2014（32）.

[61] 闫雨辰. 论政府新闻发言人制度的成因及其对我国新闻事业的影响［J］. 新闻世界，2012（2）.

[62] 汪丁丁. 何谓"新闻敏感性"［J］. 新世纪周刊，2011（44）.

[63] 戴皖文. 个人化行销：资讯时代的网路信赖机制［J］. 新闻学研究，2006（89）.

[64] 张志安，吴涛. 互联网治理与国家治理［J］. 社会工作与管理，2014（1）.

[65] 李晓虎. 中国新闻发布制度［D］. 上海：复旦大学新闻学院，2007.

[66] 龙强. 政权调适视野下党媒话语模式变迁研究：以人民日报微博为例［D］. 广州：中山大学传播与设计学院，2014.

[67] 中国互联网络信息中心. 第43次《中国互联网络发展状况统计报告〉》［EB/OL］. http://www.cnnic.net.cn/hlwfzyj/hlwxzbg/hlwtjbg/201902/t20190228_70645.htm.

[68] 新浪认证博客"破破的桥". 退朋友圈保智商［EB/OL］. http://blog.sina.com.cn/s/blog_56fc0caa0102vrvq.html?tj=1.

[69] 佚名. 健康谣言泛滥朋友圈：谣言背后商业利益作祟［EB/OL］. http://epaper.jinghua.cn/html/2015-08/25/content_229454.htm.

[70] 佚名. 习近平总书记在第二届互联网大会开幕式上的讲话［EB/OL］. http://news.xinhuanet.com/politics/2015-12/16/c_1117481089.htm.

[71] 佚名. 国办：加强政府信息公开回应社会关切提升政府公信力［EB/OL］. http://politics.people.com.cn/n/2013/1015/c1001-23204203.html.

[72] 佚名. 完善新闻发言人制度，建透明政府［EB/OL］. http://news.sina.com.cn/pl/2013-09-26/023928301466.shtml.

[73] 国务院办公厅. 《关于全面推进政务公开工作的意见》实施细则［EB/OL］. http://www.gov.cn/zhengce/content/2016-11/15/content_5132852.htm.

［74］国务院办公厅. 关于在政务公开工作中进一步做好政务舆情回应的通知［EB/OL］. http://www.gov.cn/zhengce/content/2016-08/12/content_5099138.htm.

［75］国家网信办. 大力推动即时通信工具政务公众账号发展［EB/OL］. http://news.ifeng.com/a/20140910/41929306_0.shtml.

［76］柴逸扉. "十三五之歌"引海内外关注：走进"复兴路上工作室"［EB/OL］. http://cpc.people.com.cn/n/2015/1105/c83083-27780525.html.

［77］陶魏斌. 神曲"十三五"和背后的"复兴路上工作室"［EB/OL］. http://news.sohu.com/20151108/n425617698.shtml.

［78］周宇. 新闻发布工作优秀单位如何评出？［EB/OL］. http://epaper.ynet.com/html/2017-05/27/content_250731.htm?div=-1.

［79］翟烜. 2016年度新闻发布工作评估考核结果首次发布［EB/OL］. http://news.jinghua.cn/20170523/f300120.shtml.

［80］中国社会科学院法学研究所. 2014年政府信息公开第三方评估报告［EB/OL］. http://www.gov.cn/xinwen/2015-03/30/content_2840082.htm.

［81］中国社会科学院法学研究所. 2015年政府信息公开第三方评估报告［EB/OL］. http://www.gov.cn/xinwen/2016-06/01/content_5078660.htm.

［82］万静. 第三方评估：推动政务公开的重要力量［EB/OL］. http://news.cqnews.net/html/2017-06/08/content_41878283.htm.

［83］政知局. 中央部门就新闻工作给各部委打分出结果前没通气［EB/OL］. http://news.163.com/17/0527/08/CLE9N3DC0001899N.html#.

［84］陈溯. 专家：短视频将成未来新闻发布主要方式［EB/OL］. http://www.chinanews.com/cul/2018/10-10/8646613.shtml.

［85］吴姗. 全国新闻发布考核结果首次公布新闻发布哪家强？［EB/OL］. http://media.people.com.cn/n1/2017/0524/c14677-29295404.html.

［86］严圣禾. 大数据显示深圳罗湖的价值正在被重新发现［EB/OL］. http://difang.gmw.cn/sz/2018-01/20/content_27401612.htm.

[87] 金江军. 以信息化推进国家治理体系和治理能力现代化 [EB/OL]. http://opinion.people.com.cn/n1/2016/0524/c1003-28376417.html.

[88] 于建嵘. 仇富和仇官是因不公平 底层百姓看不到前途 [EB/OL]. http://finance.ifeng.com/opinion/mssd/20110617/4165979.shtml.

[89] 吴旭. 为什么美国民调误读了民意？[EB/OL]. http://www.guancha.cn/WuXu/2016_11_12_380323.shtml.

[90] 佚名. 民意调查反映了美国大选结果吗？[EB/OL]. http://wwwbuild.net/reviewsonnewmedia/481110.html.

[91] 中国互联网络信息中心. 第39次《中国互联网络发展状况统计报告》（全文）[EB/OL]. http://www.cnnic.net.cn/hlwfzyj/hlwxzbg/hlwtjbg/201701/t20170122_66437.htm.

[92] 佚名. 四川阿坝州九寨沟县发生7.0级地震 [EB/OL]. http://mp.weixin.qq.com/s/qHf2ln1sFwftkZyOyZ8yRA.

[93] 陈璐, 刘晨阳. 在人工智能和新闻的结合上，国外媒体已经飞起来了？[EB/OL]. http://mp.weixin.qq.com/s/pwAkf9-VLNoKLOpwEMIIvg.

[100] 企鹅智库. 中国新媒体趋势报告2017：通向媒体新星球的未来地图 [EB/OL]. http://tech.qq.com/a/20171120/025254.htm#p=1.

[101] 陈浩洲. 解读：一点资讯为何能率先拿到"新闻牌照" [EB/OL]. http://wemedia.ifeng.com/35368473/wemedia.shtml.

[102] 中国社会科学院. 中山一院官方微信影响力全国第三 [EB/OL]. http://news.familydoctor.com.cn/a/201412/733618.html.

[103] 佚名. 医院称竞争对手发布自拍照微信号4个月前曾推 [EB/OL]. http://xian.qq.com/a/20141224/022468.htm.

[104] 沈健. 从两次马航危机看互联网思维下的公关危机管控 [EB/OL]. http://www.docin.com/p-1010006389.html.

[105] 黄雅兰, 周珊珊. 英国政府公务员社交媒体使用指南 [EB/OL]. https://mp.weixin.qq.com/s?_biz=MzA5MjkyMDMxMg%3D%3D&idx=1&mid=202990524&sn=44d02956d2fa3491df4b2c537b9b5f0d.

［106］佚名. 习近平出席全国宣传思想工作会议并发表重要讲话［EB/OL］. http://china.cnr.cn/news/201308/t20130821_513374392.shtml.

［107］佚名. 微博月活跃用户增至4.62亿 年度营收破百亿［EB/OL］. https://tech.sina.com.cn/i/2019－03－05/doc－ihrfqzkc1446626.shtml）.

［108］佚名. 马化腾：春节期间微信全球月活跃用户数超过10亿［EB/OL］. http://tech.ifeng.com/a/20180307/44898502_0.shtml.

［109］王婧. 广东公众对政府信息公开评价下降［EB/OL］. http://china.caixin.com/2013－10－10/100589636.html.

［110］郭立场. 信息公开不应成法治社会玻璃门［EB/OL］. http://news.liao1.com/newspage/2012/05/4604167.html.

［111］国家行政学院. 2013年中国政务微博客评估报告［EB/OL］. http://cpc.people.com.cn/n/2014/0408/c64387－24847446.html.

［112］佚名. 知名"大V"分享"秘笈"@问政银川：一小时内必回应［EB/OL］. http://news.cnwest.com/content/2013－07－05/content_9665272.htm.

［113］佚名. 美国之音停止中文广播 对中国广播时代终结［EB/OL］. http://news.sohu.com/20110218/n279396434.shtml.

［114］胡若愚. 美国疑借Twitter插手伊朗选举争端［EB/OL］. http://news.163.com/09/0618/07/5C2TLINU000120GU.html.

［115］桂杰，唐琴. 武和平：在网民骂声中听取诤言［N］. 中国青年报，2012－04－15（03）.

［116］杨雪梅. 中国新闻发言人遭遇"七年之痒"［N］. 人民日报，2011－08－12（17）.

［117］佚名. 新闻发布工作优秀单位如何评出？专家现场"潜伏"［N］. 北京青年报，2017－05－27（A03）.

［118］杨英法，聂雅. 社会思想引导、社会舆论调控与社会情绪管理［N］. 光明日报，2014－09－28（07）.

［119］李钊. 人工智能先驱预测未来媒体十大趋势［N］. 科技日报，2016－10－27（01）.

[120] 王乐文, 方敏. "手术室自拍"引发风波后：来自病人、医生的声音 [N]. 人民日报, 2014 - 12 - 02 (11)

[121] 郑辛遥. 政务微信：能否离我们更近? [N]. 新民晚报, 2014 - 08 - 31 (A07).

[122] 李甘林. 公安微博怎能独独关注 AV 女星 [N]. 中国青年报, 2011 - 01 - 19 (02).

[123] 刘昊. "把大家的钱花得好花得值"："罗伯特议事规则"下的文华社区居民自治实践 [N]. 南方日报, 2013 - 08 - 12 (SC03).

[124] King G. Designing Social Inquiry: Scientific Inference in Qualitative Research [M]. New Jersey: Princeton University Press, 1994.

[125] Finucane M L, et al. The Affect Heuristic in Judgments of Risks and Benefits [J]. Journal of Behavioral Decision Making, 2000 (13).

[126] Anderson M. Technology Device Ownership: 2015 [EB/OL]. (2015 - 10 - 29). http://www.pewinternet.org/2015/10/29/technology - device - ownership - 2015/.

[127] Greenwood S, Perrin A, Duggan M. Social Media Update 2016 [EB/OL]. (2016 - 11 - 11). http://www.pewinternet.org/2016/11/11/social - media - update - 2016/.

[128] Boydstun A E, Glazier R A, Pietryka M T, Resnik P. Real - Time Reactions to a 2012 Presidential Debate: A Method for Understanding Which Messages Matter [J]. Public Opinion Quarterly, 2014, 78: 330 - 343.

[129] German N, Leonie R, et al. Psychosocial Functions of Social Media Usage in a Disaster Situation: A Multimethodological Approach [J]. Computers in Human Behavior, 2014, 34: 28 - 38.

[130] Tong J R. The Formation of an Agonistic Public Sphere: Emotions, the Internet and News Media in China [J]. China Information, 2015, 29 (3): 333 - 351.

[131] Wolfsfeld G, Segev E, Sheafer T. Social Media and the Arab Spring: Politics Comes First [J]. International Journal of Press/Politics, 2013,

18 (2): 115 – 137.

[132] Pang B, Lee L. Opinion Mining and Sentiment Analysis [J]. Foundations and Trends in Information Retrieval, 2008, 2 (1 – 2): 1 – 135.

[133] Tumasjan A, Sprenger T O, Sandner P G, et al. Predicting Elections with Twitter: What 140 Characters Reveal about Political Sentiment [C] //Proceedings of the Fourth International AAAI Conference on Weblogs and Social Media, 2009.

[134] Pasek J, Jang S M, Cobb C L, et al. Can Marketing Data Aid Survey Research? Examining Accuracy and Completeness in Consumer – file Data [J]. Public Opinion Quarterly, 2014, 78 (4): 889 – 916.

[135] Lotan T, Musicant O, Grimberg E. Can Young Drivers be Motivated to Use Smartphone – based Driving Feedback? [C] // Paper Presented at The Transportation Research Board Annual Meeting, 2014.

[136] Grimmer J. We are All Social Scientists Now: How Big Data, Machine Learning, and Causal Inference Work Together [J]. Political Science & Politics, 2015, 48 (1): 80 – 83.

[137] Jungherr A. The Role of the Internet in Political Campaigns in Germany [J]. German Politics, 2015, 24 (4): 427 – 434.

[138] Lynne M S, Lisa J L, Caroline A A, et al. From Aardvark to Zebra: A New Millennium Analysis of Theory Development in Public Relations Academic Journals [J]. Journal of Public Relations Research, 2003, 15 (1): 27 – 29.

[140] Coombs W T. The Protective Powers of Crisis Response Strategies: Managing Reputational Assets During a Crisis [J]. Journal of Promotion Management, 2006, 12 (3): 241 – 260.

[141] Ai Y, He W. VOA, BBC Cease Radio Shows into China [N]. China Daily, 2011 – 05 – 17.

[142] WALL S T. 10 Ways Twitter will Change American Business [N]. Time. com, 2009 – 05 – 29.